湖北民族大学校级人文社科博士科研启动基金项目（MD2019）
2017年湖北民族学院院内青年科研基金项目（MY2017Q011
湖北省高校人文社会科学重点研究基地鄂西生态文化旅游研究
湖北民族大学省属高校优势特色学科群应用经济学学科建设经
湖北民族大学民族学学科建设经费资助成

经济管理学术文库·管理类

董事会对内部控制缺陷
认定标准制订的影响研究

Research on the Impact of Board of Directors on the
Formulation of Internal Control Deficiencies
Identification Standards

李庆玲／著

经济管理出版社
ECONOMY & MANAGEMENT PUBLISHING HOUSE

图书在版编目（CIP）数据

董事会对内部控制缺陷认定标准制订的影响研究/李庆玲著. —北京：经济管理出版社，
2019.9
ISBN 978-7-5096-6889-4

Ⅰ.①董…　Ⅱ.①李…　Ⅲ.①上市公司—董事会—企业管理—研究—中国
Ⅳ.①F279.246

中国版本图书馆 CIP 数据核字（2019）第 183160 号

组稿编辑：杨国强
责任编辑：杨国强　张瑞军
责任印制：黄章平
责任校对：董杉珊

出版发行：经济管理出版社
　　　　　（北京市海淀区北蜂窝 8 号中雅大厦 A 座 11 层　　100038）
网　　　址：www. E-mp. com. cn
电　　　话：(010) 51915602
印　　　刷：三河市延风印装有限公司
经　　　销：新华书店
开　　　本：720mm×1000mm/16
印　　　张：15.25
字　　　数：210 千字
版　　　次：2020 年 5 月第 1 版　　2020 年 5 月第 1 次印刷
书　　　号：ISBN 978-7-5096-6889-4
定　　　价：88.00 元

前　言

　　内控缺陷认定标准既是公司开展内控评价的一把"标尺"，也是公司高质量披露内控缺陷信息的依据和保证，更是公司提升内控质量的"法宝"。我国企业内部控制规范体系与美国证券交易委员会（SEC）发布的系列政策相似，仅就内部控制缺陷分类和认定做出一般性要求，具有普适性，但并没有一套行之有效的内控缺陷认定标准的具体操作指南。由于各个企业所处行业、经营规模、发展阶段、风险偏好等存在差异，加之对内部控制规范体系中内控缺陷认定一般性要求的解读也存在差异，因而我国资本市场内部控制缺陷认定及其评价信息披露不可避免地呈现出一定的乱象。直到2014年初，中国证监会出台《公开发行证券的公司信息披露编报规则第21号——年度内部控制评价报告的一般规定》，要求董事会结合企业自身特点，根据内控规范体系对本企业内控缺陷区分财务报告和非财务报告，从定量和定性两个维度，制订适用于不同缺陷等级的具体缺陷认定标准，这才有所改观。然而，董事会作为内部控制建设的第一责任人，从内控缺陷认定标准的制订到内控缺陷等级的认定，董事会享有内控缺陷认定与追责的"裁量权"。董事会运作过程很复杂，被视为一个"黑箱"。作为公司治理机制的核心和企业战略决策的主体，董事会更是连接股东和管理层的桥梁。理论界与实务界对董事会职能作用的认识主要集中在对董事会监督职能与咨询决策职能权衡和比较上，代理理论视角重点探讨董事会的监督职能，明确监督职能的履行依赖董事会咨询决策职能、资源依赖理论，重点关注董事会的咨询决策职能，肯定咨询决策职能有助于董事会更好地履行监督职能。不同类型董事会的监督职能与咨询决策职能发挥程度不同，而不同职业背景的外部董事对董事会的咨询决策职能与监督职能的影响和侧重也不同，因而对内控缺陷认定标准的制订、裁定及追责的"裁量权"的运用会产生差异性影响。因此，探究由企业董事会自行确定并满足监管规则要求的内控缺陷认定标准选择行为背后的逻辑机理，并为内部控制评价的监管提供实证证据，是本书的研究目的所在。

本书首先介绍相关的内控缺陷认定标准制度背景与理论基础，然后在深度分析内控缺陷认定标准披露现状基础上，揭示董事会类型、会计专长影响内控缺陷认定标准的影响机理，并实证检验董事会类型、会计专长对企业内控缺陷认定标准制订及其后续变更的影响因素与效果，最后得出相关结论、提出对策建议。本书重点解决的问题如下：第一，多维度分析上市公司内控缺陷认定标准披露现状；第二，董事会类型、会计专长影响内控缺陷认定标准制订方向（严格或宽松）的内在机理与实证检验；第三，董事会类型、会计专长影响内控缺陷认定标准后续调整方向（更为严格或更为宽松）的内在机理与实证检验；第四，董事会制订内控缺陷认定标准对内控缺陷治理作用的效果检验。

通过对内控缺陷认定标准披露现状进行多维度统计与分析发现，整体上大多数上市公司能够执行规范内控评价报告格式，并区分不同缺陷等级列示财报与非财报、定量与定性内控缺陷认定标准，但总体上呈现定量标准披露情况好于定性标准情况。内控缺陷定量认定标准度量方式上，普遍采用资产负债表与利润表上的项目作为评价指标来源，所采用的主要评价指标在不同评价期间基本保持一致，上市公司普遍采用相对率标准设定内控缺陷定量认定标准的临界值，但绝对额标准也是非财报缺陷定量认定标准临界值设定的重要方式。内控缺陷定量认定相对率标准统计层面，上市公司在设定内控缺陷定量认定标准临界值时，尽量在多个评价指标之间保持标准的一致性，且各评价指标年度间变化不大。内控缺陷认定标准在不同行业大类与制造业次类间呈现出一定行业差异性：同一评价期内不同行业内差异较大；不同评价期间内差异性不大；

不同行业大类间的差异性明显大于制造业次类之间的差异性。内控缺陷认定标准变更层面，上市公司倾向于变更为严格的缺陷认定标准，降低相对率标准的比率阈值，且无论是标准变更频率上还是标准变更程度上，财报标准变更程度均大于非财报标准变更程度。

实证考察董事会类型对内控缺陷认定标准制订方向（严格或宽松）及其后续变更程度（更为严格或更为宽松）影响，并进一步探究外部董事会计专长的调节作用。研究发现，当董事会类型为外部型董事会时，董事会倾向于制订与后续调整更为严格的内控缺陷认定标准，且在其他条件不变情况下，相较于非财务报告内控制缺陷认定标准，外部型董事会倾向于制订与后续调整更为严格的财报内控缺陷认定标准。进一步研究外部董事会计专长的调节作用发现，不同专业背景的外部董事在制订内控缺陷认定标准过程中，发挥职能作用不同：会计专长外部董事更多承担咨询专家角色，利用自己的专业特长更好地发挥咨询决策职能；非会计专长外部董事更多体现为"监督者"角色，借助于更为严格的缺陷标准进行内控风险识别与防范，加强对控股股东与管理层监督与约束。最后，实证检验董事会制订内控缺陷认定标准方向（严格或宽松）对内控缺陷治理作用的影响，并进一步区分不同董事会类型探讨治理作用的差异。研究发现，内控缺陷认定标准制订宽严变量与内控缺陷存在与否以及缺陷数量显著负相关：在其他条件不变情况下，公司董事会制订内控缺陷认定标准越严格，内控缺陷发生概率越小，出现内控缺陷数量越少，内控质量得到明显改善。进一步研究董事会类型的调节作用发现，当董事会类型为外部型时，公司董事会制订内控缺陷认定标准越严格，内控缺陷发生概率越小，出现内控缺陷数量越少。

本书在写作过程中，阅读并参考了大量国内外相关文献，同时也获得了多位专家学者的帮助与指导，在此一并表示衷心的感谢。由于水平有限，书中难免有不当之处，恳请广大读者批评指正。

目　录

导　论

一、选题背景与意义

（一）研究背景

企业内部控制评价是企业董事会对内部控制有效性进行全面评价[①]、实现企业内部控制自我监督优化、全方位优化管控制度的内生需求，更是构成企业内部控制体系有机循环的重要组成部分。然而，对于在企业内部控制评价过程中起基础作用的内部控制缺陷认定标准（以下简称"内控缺陷认定标准"），我国《企业内部控制基本规范》及其配套指引（以下简称《企业内控规范体系》）与美国 SEC 发布的系列政策类似，仅就内部控制缺陷分类和认定做出原则性规定，并没有一套行之有效的内控缺陷认定标准的具体操作指南。内控缺陷认定标准既是公司开展内控评价的一把"标尺"，也是公司高质量披露内控缺陷信息的依据和保证，更是公司提升内控质量的"法宝"。内部控制评价即是董事会对照业已制订

_____

[①] 《企业内部控制评价指引》第二条规定，企业内部控制评价是指企业董事会或类似权力机构对内部控制有效性进行全面评价、形成评价结论、出具评价报告的过程。

的内控缺陷认定标准，通过开展内控评价查找和分析企业内控系统中存在的妨碍内控目标实现的各种控制漏洞、目标偏离等，并有针对性地督促落实整改，全方位优化管控制度，完善内控体系，因此，内部控制评价是优化内控自我监督机制的一项重要制度安排（企业内部控制基本规范，2010），是企业完善自身内控质量、提升企业价值的内生需求，而不仅仅是为满足监管者完善内控信息披露硬性要求的外在驱动。2008年以前，我国缺乏内控缺陷认定标准的规则要求，企业内控评价指引对内部控制缺陷的认定侧重于定性评价，并没有提出量化标准的要求。2010年，《企业内部控制评价指引》及其讲解中首次提及非财报内控缺陷认定标准可参照财报内控缺陷认定标准，合理确定定性与定量认定标准①。2012年，财政部发文，要求试点企业从定性和定量的角度综合考虑，确定适合本企业的内部控制缺陷的具体认定要求，并在试点企业推行，从国有控股主板、非国有控股主板再到其他主板上市公司，2014年逐步过渡到全面推行②。由于各个企业所处行业、经营规模、发展阶段、风险偏好等存在差异，加之对内部控制规范体系中内控缺陷认定一般性要求的解读也存在差异，因而我国资本市场内部控制缺陷认定及其评价信息披露不可避免地呈现出一定程度的乱象。直到2014年初证监会出台《公开发行证券的公司信息披露编报规则第21号——年度内部控制评价报告的一般规定》（以下简称《21号文》），规范企业年度内部控制评价报告的具体披露格式与内容，要求董事会结合企业自身特点，根据内控规范体系对本公司的内控缺陷区分财务报告和非财务报告、定量和定性，制定适用于

---

① 2010年4月，《企业内部控制评价指引》第十七条规定，"企业自行确定重大、重要以及一般缺陷的具体认定标准"，并在其讲解中针对财报、非财报内控缺陷定量认定标准列举简单例示，仅仅做出定量标准制订的引导性说明，未做明确而具体的要求。

② 2012年2月，财政部在《企业内部控制规范体系实施中相关问题解释第1号》中明确要求试点企业结合本企业规模、行业特征、风险水平等因素，从定性和定量的角度综合考虑，确定适合本企业的内部控制缺陷的具体认定要求，并在试点企业推行，从国有控股主板、非国有控股主板再到其他主板上市公司，2014年逐步过渡到全面推行。

不同等级缺陷（重大、重要以及一般缺陷）的具体认定标准才有所改观①。

作为公司治理机制的核心和企业战略决策的整体，董事会更是连接股东和管理层的桥梁，董事会职能考察的是董事会在公司治理中承担的职能与作用，多元化职能恰好充分展示了董事会所担任的角色多元化和在公司治理架构中的重要性。董事会具有监督管理层建立并执行内部控制的职责（COSO，1992；2013）。Fama 和 Jensen（1983）基于代理理论视角，认为董事会挑选任命经理层并对其进行监督和激励，以减少股东和经理人之间的利益冲突，解决代理问题，实现代理成本最小化。董事会功能不再局限于传统的监督与控制职能，向经理层提供战略咨询与建议的职能越来越重要（Schmidt and Brauer，2006）。在董事会中，外部董事致力于公司利润最大化（Harris and Raviv，2008），与股东的利益取向一致，归属于董事成员中实施监督的一方，在企业任职的内部董事，他们的利益函数可能与股东不一致，是接受董事会监督的一方。管理层的谈判能力越强，内部董事比例越高，董事会的独立性越低，董事会的监督效力越低。监管管理层的董事会可能被管理层所俘获，从而不能发挥有效的监督效果（权小锋等，2010）。然而，过度监督必然适得其反，势必破坏管理层与董事分享战略决策信息的"主观愿望"，两者间的信息不对称程度进一步加剧（Holmsrtom，2005）。Adams 和 Ferreira（2007）认为，降低董事会的独立性可以诱使管理层揭示信息，从而有助于董事会咨询决策职能的行使，却也为董事会监督提供了便利，导致监督强度的进一步提升，反过来又遏制了管理层的信息揭示动机。Kim 等（2014）研究却表明，外部董事的监督职能与咨询决策职能可以相容，不存在此消彼长的关系。内部董事参与企业的经营管理，因而掌握了企业经营活动的私人信息，相较于外部董事具有信息优势，可以更好地发挥咨询决策职能。外部董事具有行业专长或者咨询能力，如果能够在董事会会议中与管理层进行充分沟通，降低信息不对称，可以了解企业经营过程中的

---

① 为规范我国上市公司内部控制信息披露，2014 年 1 月 3 日，证监会和财政部联合发布《21 号文》。

薄弱环节和风险所在，自然可以对企业决策的有效性进行合理判断。

从 2008 年的《企业内部控制规范》明确董事会对内部控制的建立健全以及有效实施负责，到 2010 年的《企业内部控制评价指引》规定企业重大缺陷应当由董事会予以最终认定，并追究相关责任。可以认为，董事会被赋予内部控制缺陷认定与追责的"裁量权"。内部控制缺陷认定标准是董事会进行内部控制评价的一把"尺子"，从缺陷标准的制订到缺陷等级的认定，享有自由裁量权的董事会，究竟如何影响内控缺陷认定标准的制订方向？不同类型董事会，其职能作用不同。对董事会职能的认识也经历一个不断深化的过程，最终落脚在对董事会监督职能与咨询决策职能的权衡与比较上，代理理论视角重点探讨董事会的监督职能，明确监督职能的履行依赖董事会咨询决策职能，资源依赖理论重点关注董事会的咨询决策职能，肯定咨询决策职能有助于董事会更好地履行监督职能。鉴于不同类型董事会的监督职能与咨询决策职能发挥程度应有不同，而不同职业背景的外部董事对董事会的咨询决策职能与监督职能的影响与侧重也不同，从而对内控缺陷认定标准的制订、裁定及追责的"裁量权"的运用也会产生差异性影响。

（二）研究意义

探究由企业董事会自行确定并满足监管规则要求的内控缺陷认定标准选择行为背后的逻辑机理，并为内部控制评价的监管提供实证证据，正是本书研究目的所在。本书首次采用 2014~2016 年沪深主板上市公司内控评价报告所披露的财报与非财报、重大与重要缺陷定量认定相对率标准作为研究对象，在深度分析我国上市公司内控缺陷认定标准披露现状基础上，重点从代理理论与资源依赖理论视角出发，尝试研究董事会类型、会计专长对内控缺陷认定标准制订方向的影响，深入分析外部型董事会的监督职能与咨询决策职能在制订缺陷认定标准过程中的作用机理。不仅从静态视角关注董事会类型、会计专长影响内控缺陷认定标准的制订方向，还从动态视角关注董事会类型、会计专长影响内控缺陷认定标准后续变更程度，采用动静结合的视角研究内控缺陷认定标准制订及其后续变更的影响因素。最后，本书另辟蹊径从内控缺陷认定标准的变化方向来研究不同类型董事的决策行为，探究董事会治理内控缺陷深层次机理，拓展关于验证董事会治理效率问题新的研究视角，论证监管部门关于公司治理机制与内控制度权责设计有效的初衷，引导上市公司完善公司治理机制，合理制订内控缺陷认定标准，加强内部控制建设。

本书的理论价值：主要基于委托代理理论和资源依赖理论，探讨不同类型董事会其监督职能与咨询决策职能在制订内控缺陷认定标准过程中的作用机理，丰富了内部控制评价的相关研究；另辟蹊径从内控缺陷认定标准的变化方向来研究不同类型董事的决策行为，探究董事会治理内控缺陷深层次机理，拓展关于验证董事会治理效率问题新的研究视角，丰富了公司治理的相关研究。

本书的现实意义：梳理了由企业董事会自行确定并满足监管规则要求的内控缺陷认定标准选择行为背后的逻辑机理，为内部控制评价的监管提供实证证据，论证监管部门关于公司治理机制与内部控制制度权责设计有效的初衷，引导上市公司完善公司治理机制，合理制订内控缺陷认定标准，加强内部控制建设。

二、文献综述

（一）董事会职能

1. 国外研究

董事会广泛存在于不同的组织形式中，必然有其存在的合理性，绝不仅仅只是为了满足各国监管制度的规定。继亚当·斯密（1776）首次提及董事会，Berle 和 Means（1932）从委托代理视角再次论述董事会后[①]，董事会作为公司治理领域热点问题，引起国内外学者广泛关注与研究。董事会职能（Board Functions）又称为董事会角色（Board Roles），考察的是董事会在公司治理中承担的职能与作用，大量涌现的研究，分别基于不同的理论依据和研究需要，对董事会职能范围展开深入探究。

董事会作为组织应对外部环境不确定性和依赖性的工具，可以为组织带来四方面好处：咨询与建议、信息流通的渠道、资源优先获取权以及合法性资源等（Pfeffer and Salancik，1978）。Fama 和 Jensen（1983）将董事会决策过程分为四步，分别为启动、批准、实施和监督，其中启动和实施步骤视为"决策管理"，批准和监督视为"决策控制"，从而表明董事会的管理职能和监督职能都很重要，尽管董事会将大多数时间花费在监督职能上，但对于管理职能关注也占据其时间不可忽略的一部分（Schwartz-Ziv and Weisbach，2013）。Zahra 和 Pearce（1989）通过回顾董事会与公司绩效之间的文献，整合不同理论视角，指出董事会所承担的三种职能（服务职能、控制职能和战略职能）会影响公司绩效。Johnson 等（1996）重点回顾和梳理 Zahra 和 Pearce（1989）研究之后的董事会文献，认为董事会广泛认可的三种职能分别为控制职能（监督职能）、服务职能和资源依赖职能。控制职能从代理理论的视角指出董事代表股东监督管理者，以确保股东利益不受损害；服务职能指出，董事会最普遍的职能之一便是为 CEO 提供咨询和建议，但并不是要取代 CEO，他们只是在完成日常最为关键的职责而已（Lorsch and Maclver，1989）；资源依赖职能表明管理层利用董事掌握的资源获取对公司成功至关重要的资源。有关董事会职能的分歧，在一定程度上取决于公司管理层在多大程度上主导公司董事会（Johnson et al.，1996）。

---

① 继亚当·斯密首次《国富论》中提及董事会的 156 年之后，Berle 和 Means 秉持相似观点再次提及董事会。

后续关于董事会职能研究，主要集中在董事会监督职能与咨询决策职能权衡与比较上。董事会主要执行两项职能，即监督管理层和为管理层提供咨询建议，董事既可以是监督类型的，也可以是咨询类型的（Jensen，1993；The Business Roundtable，1990）。监督职能是指监督管理层，以尽量减少潜在的代理问题，而咨询决策职能是指协助管理层进行战略制定和执行，以及在其他高层决策领域为管理层提供咨询建议。Adams 和 Ferreira（2007）在权衡董事会对管理层的咨询与监督职能后果时，指出外部型董事会是一个更为严厉的监督者，CEO 可能不愿与之分享信息，为鼓励 CEO 分享信息，研究表明，管理层友好型董事会可能是最优的。Schwartz-Ziv 和 Weisbach（2013）以来自以色列政府持有大量股权的商业公司董事会及其委员会会议记录数据显示，董事会花大部分的时间监督管理层，所讨论近 2/3 的问题具有监督性质，但有时董事会确实会发挥管理职能。董事会过度强化监督职能，在提升监督绩效同时会弱化咨询决策职能，最终导致公司价值的下降（Faleye et al.，2011）。Daily等（2003）基于代理理论视角得出有限的结果，认为董事会职能研究未来重点不应放在董事控制高管的意愿或能力上，而是协助为公司带来宝贵的资源，并为 CEO 提供咨询和建议，从而产生更有成效的结果。Hillman 和 Dalziel（2003）分别基于代理理论和资源依赖理论提出董事会主要为公司提供两项主要职能，分别为代表股东监督管理层和提供资源。

2. 国内研究

国内学者从不同视角关注和研究董事会职能，对董事会职能的认识也经历了一个不断深化的过程，最终也落脚在对董事会监督职能与咨询决策职能权衡与比较上，或者重点突出董事会某一类董事的某一种特定的职能作用。

何卫东（1999）认为，董事会承担三种职能，分别为服务职能、战略职能和控制职能，并重点关注非执行董事履行战略职能的作用。随着公司规模日趋扩大，董事会监督职能凸显，通过加强信息的有效沟通，从而实现董事会合议和共管方式（邓峰，2011）。汪丽等（2006）研究公司董事会两个重要职能（监督和咨询建议）对决策质量的作用机理。董事会监督职能采用间接手段（薪酬激励 CEO）来提高公司绩效，战略咨询决策职能则直接采用董事会权能提高公司绩效（杨青等，2011）。万伟和曾勇（2013）基于策略信息传递模型探讨外部董事如何在投资决策过程中提高监督和咨询绩效。龚辉锋和茅宁（2014）将董事会成员分为两类，即咨询董事和监督董事，研究发现，董事会咨询董事越多，其咨询绩效越高，且不会削弱董事会的监督绩效；董事会监督董事越多，其监督绩效越高，但其咨询绩效却下降。董事会具有监督与咨询的双重职能，CFO 内部董事在履行咨询决策职能同时更好地帮助董事会发挥监督职能（孙光国和郭睿，2015）。外部董事任期越长，越有利于咨询决策职能发挥，却是以牺牲监督效率为代价的（段海艳，2016）。银行关联董事可以较好地发挥咨询决策职能，然而，其监督职能在产业政策支持的企业中并没有得到有效发挥（祝继高等，2015）。联结董事（同时任职多家公司董事身份）的声誉机制可以降低并购双方的信息不对称，从而提高其咨询绩效，然而，其监督职能发挥却受限于代理问题制约（晏国菀和谢光华，2017）。

祝继高等（2015）通过研究董事会投票数据，重点关注不同类型董事（非控股股东、独立董事）对控股股东和管理层的监督效率。王斌等（2015）认为，随着董事会中国有大股东非执行董事超额席位的增加，降低了董事会对 CEO 的监督效率。非执行董事在治理股东与管理层之间的第一类代理冲突中监督作用明显（桂荷发和黄节根，2016）。

（二）董事会类型与其会计专长

1. 董事会类型

董事会类型在相关法规中并没有明确的界定，相关文献对董事会进行类型划分的也较少，倒是对"董事"进行界定与分类的较多。国际上一般根据公司董事是否来自公司内部，将董事分为"内部董事"（Inside

Director）和"外部董事"（Outside Director）两类。内部董事是指由本公司员工担任的董事，外部董事是指非本公司员工的外部人员担任的董事，除董事身份以外，与公司不存在其他关系的人员。国外研究一般不严格区分外部董事和独立董事含义，两者混用。2002 年，SOX 法案 301 条款定义"独立董事"是指"除了董事薪酬外不接收公司任何费用，且与公司及其附属机构不存在任何关联关系的人员"；2003 年，美国证券交易委员会（SEC）在上市规则中扩大董事独立性定义，其中，纽约证券交易所（NYSE）定义"独立董事"是指"与公司没有实质性关系的人员"，纳斯达克（NASD）定义"独立董事"为"与公司不存在关联且不影响其独立判断的人员"①。与这一划分比较接近的概念是执行董事和非执行董事，执行董事是指董事会成员，又担任公司高级管理职务的人员；非执行董事是指不在公司担任具体职务，也不负责公司日常经营管理的董事。当非执行董事既不在公司担任除董事外的其他职务，也未与所受聘的上市公司及其主要股东存在可能妨碍其进行独立客观判断关系的董事，即为"独立非执行董事"，简称"独立董事"②。

外部董事制度是西方市场经济国家为解决两权分离条件下管理层的委托代理问题而引入的机制安排，独立性是董事会运行有效与否的指示器，一直以来都处在公司治理改革政策辩论的中心地位。常见的刻画独立性指标是内外部董事占比（Insider or Outsider Ratio）。代理理论认为，为了防止代理人（管理层）的机会主义行为并降低代理成本，公司要建立治理机制，而董事会正是公司重要的内部控制机制，对公司运作负有最终的责任（Jensen and Meckling，1976）。外部董事相对于内部人员的独立性，除董事职位之外，并不在公司任职，更有利于其作为股东的受托人监督管理层（Johnson et al.，1996），内部董事或执行董事在公司中担

① 纽约证券交易所（NYSE）发布的 New York Stock Exchange Rule 303A 与纳斯达克（NASD）发布的 NASDAQ Market Place Rule4350（c）关于"独立性"的含义。
② 2001 年，证监会发布《关于在上市公司建立独立董事制度的指导意见》（证监发〔2001〕102号）明确给出"独立董事"的定义。

任具体职务，与管理层具有相同的利益或者直接的利害关系，因此其决策的独立性和客观性也受到质疑，更多外部董事的存在可以提高董事会决策的独立性、客观性和专业性（Zahra and Pearce，1989；Johnson et al.，1996；Hillman and Dalziel，2003），多元化的董事会不仅为公司治理带来不同的治理视角，也使董事会更不容易受制于管理层。资源依赖理论认为，董事会有利于公司形成一个开放渠道，获取组织发展所需要的资源，资源是"任何可以被称为公司优势或劣势的东西"（Wernerfelt，1984），董事是从环境中提取资源的边界扳手（Pfeffer，1972），董事会中资源丰富的外部董事任职越多，越有利于其引入公司所需资源，且异质性外部董事的多样性，有利于董事会咨询职责履行，从而提高公司业绩（Peng，2004；Dalton et al.，1999；Dalton et al.，1998），正式承担资源依赖职能的董事通常是外部董事，因此外部董事比率有时也被用作董事会资源依赖职能的指标。在肯定外部董事的同时，委托代理理论并未全盘否定内部董事的作用，它认为内部董事是董事会重要的信息源，董事会成员中应有一定比例的内部董事，董事会中至少应有几名内部董事，他们日常接触 CEO，可以更好地发挥内部监督职能，缺乏内部董事的存在，CEO 可能会因信息不对称而享有更大的优势（Fama and Jensen，1983）。由于直接参与公司日常经营，内部董事比一般董事会成员更了解公司的经营状况，只要不存在故意欺瞒的情况，内部董事所提供的信息能够有效地减少董事会成员之间，特别是外部董事与其他成员之间的信息不对称，有助于提高董事会的工作质量和决策效率（Hillman and Dalziel，2003；Harris and Ravia，2008；Faleye et al.，2011）。

监管规则普遍要求公司董事会中增加外部董事比例，以提高董事会的独立性，保持董事会相对于管理层的独立性（COSO，2013）。2002 年，SOX 法案要求审计委员会成员全部为独立董事[①]，2003 年，NYSE 和 NASD 监管规则超越 SOX 法案的要求，要求董事会中大多数董事应为独

---

① SOX 法案 301 条款明文要求审计委员会成员全部为独立董事。

立董事，并设置了薪酬委员会和提名委员会中独立董事人数的最小值[1][2]，外部董事作为股东利益的重要托管人，通过进驻董事会和关键委员会来实现股东利益。董事会类型在相关法规中并没有明确的界定，理论研究涉及较少。无论是内部董事，还是外部董事，都可以控制董事会（Harris and Ravia，2008），仅有的几篇研究中以董事会中外部董事占大多数来定义董事会类型属于"外部董事占优型董事会"（Outsider-Dominated Boards），或者外部董事控制型董事会（Outsider-Controlled Boards）。代理理论认为，当股东利益与管理层利益冲突时，对现任 CEO 或公司的依赖会导致内部董事偏离股东利益最大化方向，外部董事在董事会占据多数席位，可避免董事会的尴尬地位，因而由外部董事占优型的董事会被认为是更好的监督者（Hillman and Dalziel，2003；Bang and Nielsen，2010）。Johnson 等（1993）研究董事会参与公司重组的情况，发现外部董事主导型董事会将在其他公司治理机制失效的情况下发起公司重组。Faleye 等（2011）认为，监督强化型董事会里，独立董事将大量时间用于履行监督职责，董事会监督质量会提高，然而，过分强调监督职责，会弱化董事会的咨询职责。万伟和曾勇（2013）发现，在董事会投资决策过程中，外部董事占优型董事会可以有效监督制衡内部董事，通过确保内部董事信息传递渠道的收益性，较好发挥外部董事监督职能，提高企业投资绩效。

2. 会计专长

监管部门努力增加董事会里的财务专家，是基于"对公认会计原则和财务报表的理解"将导致更好的董事会监督和咨询决策职能，从而"更好地满足股东的利益"（Güner et al.，2008）。SOX 法案最初定义的审

---

[1] 纽约证券交易所（NYSE）发布的 New York Stock Exchange Rule 303A .01-05 条款明确指出，公众公司董事会成员大多数由独立董事组成，审计委员会、提名/治理委员会、薪酬委员会成员全部由独立董事组成。

[2] 纳斯达克（NASD）发布的 NASDAQ Market Place Rule4350（c）条款明确指出公众公司董事会成员大多数由独立董事组成，NASDAQ Market Place Rule4350（d）条款明确审计委员会成员全部由独立董事组成，提名/治理委员会、薪酬委员会成员大多数由独立董事组成。

计委员会财务专家仅仅包括会计财务专家，批评人士认为，其狭隘的对会计相关专业知识的关注，是不必要的限制，其极大地限制了合格董事的数量（Defond et al.，2005），SOX 法案最终通过条款放宽了财务专家定义，赋予董事会聘任具备财务专家资格董事的自由，建议董事会可以聘任通过监督员工财务报告职责、监督公司业绩以及其他相关监督经验来获得这些专业知识（SEC，2003），从而成为非会计财务专家。Defond 等（2005）将董事会财务专家细分为会计财务专家与非会计财务专家以研究市场反应，研究发现，市场只认可会计财务专家所具备会计专业知识与技能是呈现高质量财务报告的保证。Dhaliwa 等（2006）研究了三种类型审计委员会财务专家（会计、财务与监管）在抑制盈余管理方面的作用，仅发现会计财务专家具备抑制盈余管理，提供高质量财务报告的能力。董事会职能的发挥可以经由董事会的财务专家予以强化，财务专家可能会对公司的财务报告更加挑剔，从而强化董事会的监督职能，也可以向CEO 提供更好的财务沟通策略建议，从而强化董事会的咨询决策职能，或者董事会财务专家的存在可能会让潜在的投资者和债权人放心，这会更容易吸引新的财务资源，进而强化董事会的资源依赖职能（Jeanjean and Stolowy，2009）。增加审计委员会财务专家和提高董事会独立性双重监管压力导致审计委员会相对于管理层的地位较低，这种地位转变会弱化审计委员会财务专家监督能力。研究发现，只有当审计委员会具有很高地位时，财务专家才能抑制公司违规行为（Badolato et al.，2014）。Kim 等（2014）研究发现，外部董事财务专长可以改善财务报告监控绩效，对咨询绩效的负面影响很小，这表明财务报告监控绩效的增加并不一定是以咨询绩效为代价的。同时，具备某一领域行业专长与会计专长的董事，相较于仅仅具备会计专长的董事，更能提高审计委员会监督财务报告过程的效率（Cohen et al.，2014）。基于中国情境下，拥有财务背景的独立董事能够显著抑制公司的盈余管理行为（吴清华和王平心，2007；胡奕明和唐松莲；2008；曹洋和林树，2011）。

（三）董事会类型、会计专长与内部控制缺陷

内部控制缺陷的存续可能会导致内部控制无法实现其控制目标，进而无法合理保证其所依附的组织或单位的目标实现。美国公众公司会计监察委员会（PCAOB）于 2004 年发布审计准则第 2 号（AS.2）[①]，按照内部控制缺陷导致财务报表重大错报发生的可能性，将内部控制缺陷划分为控制缺陷（Control Deficiency）、重要缺陷（Significant Deficiency）和重大缺陷（Material Weakness）。内部控制缺陷是管理层和外部审计师对财务报告内部控制有效性认定的核心，根据 SOX404 报告的要求，财务报告内部控制（ICFR）有效性仅仅在重大缺陷不存在时才被认定为是有效的（李庆玲和沈烈，2016）。

增强董事会独立性，有利于强化董事会对内控缺陷的治理效果，研究发现，董事会独立性越强，内控缺陷发生的可能性越小（Chen et al.，2014；Chen et al.，2016）。Johnstone 等（2011）研究表明，董事会特征改善，与控制环境和信息与交流缺陷相关的内部控制重大缺陷改进之间相关性最强，而与监督相关的内部控制重大缺陷改进不相关。董事会的独立性与内部控制缺陷修复的及时性相关（Chen et al.，2016），董事会成员中独立董事的比例越高越有可能及时改进重大缺陷（Goh，2009）。为确保审计委员会有效地监督审计过程和财务报告质量，立法者对审计委员会成员的独立性实施更严格要求。审计委员会特征改善，与控制活动和监督相关的内部控制重大缺陷改进之间的相关性更强，而与 COSO 内部控制其他分类的内部控制重大缺陷却没有相关性（Johnstone et al.，2011）。企业拥有财务专家和地位相对高的审计委员会，其盈余管理（以会计违规和异常应计质量作为测量方式）水平较低（Badolato et al.，

[①] 由于在确定错报"可能性"大小上存在困难，PCAOB 于 2007 年发布 AS.5 代替了有争议的 AS.2。

2014)。那些内部审计委员会成员更多，召开审计委员会议更频繁的公司，更有可能出现内部控制问题早期预警（Munsif，2013）。Hammersley等（2012）的研究表明，审计委员会较小的公司不太可能改进先前披露的内部控制缺陷。Goh（2009）发现更多的审计委员会成员以及审计委员会含有更多非会计财务专家成员的公司更可能去及时改进重大缺陷，表明在加速重大缺陷改进方面，似乎有效地监督和监督改进过程的能力可能比会计专业知识更重要。披露内部控制缺陷的公司其审计委员会成员有更少的财务专家（Zhang et al.，2007），审计委员会中具有财务专长的人士越多，企业发生内部控制缺陷的概率越小（Johnstone et al.，2011）。

国内研究也发现，董事会独立性比例与内部控制缺陷负相关。在修复会计错报行为方面，应该提高独立董事在董事会中的比重，保证董事会的独立性，建立有效的公司治理机制（黄志忠等，2010）。当年新成立审计委员会公司披露内部控制缺陷的可能性更大（刘亚莉等，2011），审计委员会中独立董事占比越高，审计委员会更能发挥作用，存在内部控制缺陷的可能性越小（董卉娜和朱志雄，2012），审计委员会的设置和企业内部控制有效性正相关（丁沛文，2014）。审计委员会独立性、专业性越强，内部控制缺陷存在的可能性就越小，信息披露质量就越高（韩传模和刘彬，2012）。

（四）内部控制缺陷认定标准

内部控制缺陷认定标准，即董事会认为一项缺陷在何种重要性水平下构成内部控制重大或重要缺陷。给定其他条件相同时，内控缺陷认定标准重要性水平临界值设置得越高（标准越宽松），一项业已存在的缺陷就越不容易达到标准临界值，董事会需要对外报告的重大或重要缺陷数量越少；相反，内控缺陷认定标准重要性水平临界值设置得越低（标准越严格），一项业已存在的缺陷就越容易达到标准临界值，董事会需要对外报告的重大或重要缺陷数量越多。

SOX 法案颁布以后，国外关于内部控制研究主要聚焦于 SOX 法案实施的成本效益性分析，公司治理特征改善对内部控制缺陷改进的影响，以及内控信息披露的影响因素和经济后果检验等方面（李庆玲和沈烈，2016），关于内控缺陷认定标准研究还存在较大空白，直接越过内控缺陷认定标准研究的盲区，假定上市公司可以对内控缺陷进行专业认定和披露，从而依据各自研究角度对内部控制缺陷进行了各种各样的分类和认定。Ge 和 Mcvay（2005）从业务类别的角度将内控重大缺陷分为九大类。Doyle 等（2007）将内控重大缺陷按其严重程度分为公司层面和账户层面（会计层面）两类，同时也将重大缺陷按其成因分为人员问题、复杂性问题和一般性问题三类。Hammersley 等（2008）将内控缺陷按照审计难易程度划分为较难审计和容易审计两个类别。Klamm 等（2012）研究内控缺陷持续存在的影响时，将内控缺陷划分为与信息技术相关的公司层面缺陷、与信息技术不相关的公司层面缺陷以及会计账户层面缺陷三个类别。可见，研究人员内控缺陷认定的划型标准不一，且多为自身服务，没有形成一致性的内控缺陷认定标准与认定结果。

国内关于内控缺陷认定标准研究刚刚起步，相关研究成果较少。王慧芳（2011）从制度、理论以及操作三个层面对内控缺陷认定困境进行分析并构建缺陷认定的基本框架。李宇立（2012）基于管理层视角分析内控缺陷识别与认定的一般程序以及缺陷认定的标准。陈武朝（2012）研究 SOX 法案执行初期在美上市公司财务报告内控重大缺陷认定和披露对我国上市公司执行企业内控规范体系的借鉴作用。田娟和余玉苗（2012）针对内控缺陷识别与认定中存在的问题进行研究并提出相应的解决措施。丁友刚和王永超（2013）从内控缺陷认定标准的本质入手，研究内控缺陷认定标准的内涵、归属权以及披露等问题，以期为内控缺陷认定标准相关规范的制定提供思路。尹律（2016）实证检验盈余管理对于内控缺陷认定标准披露的影响，研究发现，盈余管理程度越高，内控缺陷认定标准披露越不透明。尹律（2016）研究发现，内控缺陷认定标准的透明程度在地区、行业、规模和企业性质四个维度未形成明显的集聚，锚定效应不明显。谭燕等（2016）从董事会"裁量"角度分析企业内控缺陷定量认定标准制订行为及其影响因素。实证研究发现，董事会的监督职能越强，企业制定的财报内控缺陷定量认定标准越严格，董事会的咨询决策职能在后续定量标准制订作用明显。尹律等（2017）研究发现，在充分信息比较效应下，产品市场竞争作为公司的外部治理机制，有助于提升企业的内控缺陷认定标准披露质量。王俊和吴溪（2017）基于新任管理层卸责动机，考察管理层变更后财报内控缺陷认定标准的变化特征，研究发现在新任管理层的首个完整任职年份，内控缺陷标准更可能向宽松方向调整。

（五）文献述评

综上所述，国内外研究董事会职能视角较多，普遍采用且广为认可的视角是委托代理理论视角和资源依赖理论视角。董事会具体职能因各国治理环境与公司治理模式的不同而呈现一定差别，对董事会职能的认识也经历一个不断深化的过程，最终也落脚在对董事会监督职能与咨询决策职能权衡与比较上，或者重点突出董事会某一类董事的某一种特定的职能作用。代理理论视角重点探讨董事会的监督职能，但也明确监督职能的履行依赖董事会咨询决策职能，资源依赖理论重点关注董事会的咨询决策职能，却也肯定咨询决策职能有助于董事会更好地履行监督职能。

董事会类型在相关法律中并没有明确的界定，国内外直接探讨董事会类型治理效应的文献较少，研究成果较丰富的是探讨不同类型董事履行监督职能与咨询决策职能情况，并研究董事会计专长对董事会履行监督职能与咨询决策职能的效果。国内外学者普遍认同外部董事相对于管理层的独立性与客观性，有利于董事会监督职能履行，同时，外部董事所具有的财务专长，尤其是财务会计背景，也有利于董事会监督职能与咨询决策职能发挥，外部董事多样性、异质性为董事会带来资源，深化外部董事分析问题的多重视角，从而提高董事会监督绩效与咨询绩效。

内部董事参与企业经营，相较于外部董事，属于掌握企业经营信息的优势方，在董事会决策中主要发挥咨询决策职能，然而，正是因为内部董事服务于企业内部，是外部董事获取信息的重要渠道，从而可以更好地发挥内部监督职能。国内外研究普遍认可董事会对内部控制缺陷披露及其缺陷修复的治理作用，董事会独立性越强，越有利于内部控制缺陷披露与缺陷修复；并且肯定了具有财务专长的外部董事在内部控制缺陷披露与修复过程的重要性。

国内外关于董事会与内控缺陷披露与改进的研究成果颇丰，但关于内控缺陷认定标准研究则是屈指可数，尤其是国外关于内控缺陷认定标准研究相对空白，国内对于内控缺陷认定标准研究也刚刚起步，相关研究关注的是搭建内控缺陷识别与认定的一般程序和原则框架等规范性研究。目前，内控缺陷认定标准研究，基本上就内控重大缺陷认定标准展开，往往根据内部控制可能存在重大缺陷的重要迹象来认定和披露；仅有的几篇关于内控缺陷认定标准实证研究仅仅关注财报内控缺陷标准，并未涉及非财报内控缺陷标准；而且所采用的数据样本均为 2014 年以前，《21 号文》下发前，上市公司内控缺陷认定标准未统一披露格式，很多上市公司并未进行标准披露，即使进行标准披露，随意性较大，样本本身就不具有可靠性。鉴于监管部门始终没有颁布一套行之有效的内控缺陷认定标准，内控缺陷严重程度的衡量缺乏统一尺度，董事会享有从缺陷标准制订到缺陷等级认定的"裁量权"，董事会会制订何种缺陷认定标准进行缺陷认定与披露呢？董事会监督职能与咨询决策职能究竟是如何影响内控缺陷认定标准的制订方向（更严格或是更宽松）？探究由企业董事会自行确定并满足监管规则要求的内控缺陷认定标准选择行为背后的逻辑机理，并为内部控制评价的监管提供实证证据，这正是本书的研究目的所在。

三、研究内容、思路与方法

（一）研究内容

本书主要研究董事会类型、会计专长对企业内控缺陷认定标准制订及其变更的影响机理与实证检验。首先介绍相关的制度背景与理论基础，然后在深度分析内控缺陷认定标准披露现状基础上，揭示董事会类型、会计专长影响内控缺陷认定标准的影响机理，并实证检验董事会类型、会计专长对企业内控缺陷认定标准制订及其变更的影响因素与效果，最后得出相关结论、提出对策建议。本书重点解决的问题如下：第一，多维度分析上市公司内控缺陷认定标准披露现状；第二，董事会类型、会计专长影响内控缺陷认定标准制订方向（严格或宽松）的内在机理与实证检验；第三，董事会类型、会计专长影响内控缺陷认定标准后续调整方向（更为严格或更为宽松）的内在机理与实证检验；第四，董事会制订内控缺陷认定标准对内控缺陷治理的作用机理与效果检验。

全书除导论与研究总结外共分为六章：第一章为制度背景与理论基础；第二章为上市公司内控缺陷认定标准披露现状分析；第三章为董事会类型、会计专长对内控缺陷认定标准影响的机理分析；第四章为董事会类型、会计专长对内控缺陷认定标准影响的实证分析；第五章为董事会类型、会计专长对内控缺陷认定标准变更影响的实证分析；第六章为董事会制订内控缺陷认定标准的治理效应检验。具体研究内容如下：

1. 制度背景与理论基础

在介绍内控缺陷认定的概念与分类基础上，重点回顾我国财政部、证监会等监管部门逐步推进上市公司实施内控缺陷认定标准相关规范文件的制度背景，并结合本书的理论基础分别为委托代理理论、信息不对称理论、资源依赖理论、高管梯队理论以及信号传递理论，详细阐述董事会类型、会计专长对制订内控缺陷认定标准方向的影响。

2. 上市公司内控缺陷认定标准披露现状分析

为较好地了解我国 A 股上市公司内控缺陷认定标准披露现状，本章分别从整体层面和具体层面区分财报与非财报内控缺陷认定标准，对我国上市公司内控缺陷认定标准披露现状进行多角度统计与分析。整体层面，以所有上市公司内控评价报告所披露的财报与非财报定量、定性缺陷认定标准作为研究对象，综合对比不同板块内控信息披露情况。具体层面，仅以沪深主板上市公司内控评价报告所披露的财报与非财报、重大与重要缺陷定量认定标准作为研究对象，分别从内控缺陷认定标准度量方式、相对率标准以及标准变更等角度统计分析沪深主板上市公司内控财报与非财报、重大与重要缺陷定量认定标准的具体披露情况。

3. 董事会类型、会计专长对内控缺陷认定标准影响的机理分析

从理论层次，深度分析董事会类型对内控缺陷认定标准制订方向的影响机理，进一步探究外部董事会计专长对董事会类型与内控缺陷认定标准制订方向影响的调节机理，并深入探究董事会制订内控缺陷认定标准治理内控缺陷的作用机理，为后续三章实证提供了翔实的理论支撑。

4. 董事会类型、会计专长对内控缺陷认定标准影响的实证分析

以沪深主板上市公司内控评价报告所披露的财报与非财报、重大与重要缺陷定量认定相对率标准作为研究对象，实证考察董事会类型对内控缺陷认定标准制订方向（严格抑或宽松）影响，并进一步研究外部董事会计专长对董事会类型与内控缺陷认定标准制订宽严影响的调节作用。

5. 董事会类型、会计专长对内控缺陷认定标准变更影响的实证分析

以内控缺陷相对率认定标准相比前一年发生财报与非财报、重大与重要缺陷定量认定标准变更的上市公司为研究对象，从动态视角实证考察后续发生内控缺陷认定标准变更的样本公司，提供"准自然实验"契机，实证检验董事会类型对内控缺陷认定标准后续变更程度（更为严格

或更为宽松）影响，并且进一步研究外部董事会计专长对董事会类型与内控缺陷认定标准后续变更程度的调节作用。

6. 董事会制订内控缺陷认定标准的治理效应检验

以沪深主板上市公司内控评价报告所披露的财报与非财报、重大与重要缺陷定量认定标准为研究对象，实证考察董事会制订内控缺陷认定标准方向（严格或宽松）对内控缺陷存在与否以及缺陷数量的影响，并进一步区分董事会类型研究不同董事会类型下内控缺陷认定标准制订方向对内控缺陷的治理作用差异。

（二）研究思路

本书主要研究董事会类型、会计专长对企业内控缺陷认定标准制订及其变更的影响机理与实证检验。

（1）回顾我国监管部门逐步推进内控缺陷认定标准量化要求与规范披露的制度背景，并详细阐述董事会类型、会计专长影响内控缺陷认定标准制订方向的理论基础。

（2）在深度分析我国上市公司内控缺陷认定标准披露现状基础上，揭示董事会类型、会计专长影响内控缺陷认定标准制订的影响机理。

（3）分别从静态与动态视角实证检验董事会类型、会计专长对内控缺陷认定标准制订及其变更影响。

（4）实证检验董事会制订内控缺陷认定标准对内控缺陷的治理效果。

（5）得出相关结论，提出对策建议，并依据本书可能存在的局限性拓展未来的研究方向。全书除导论与研究总结外共分为六章，具体研究思路如图0-1所示。

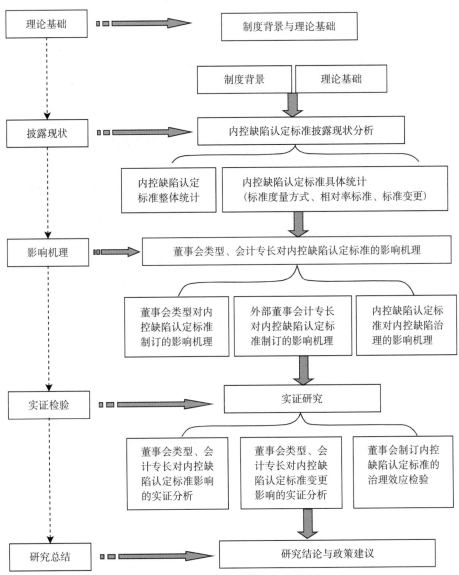

图 0-1 董事会类型、会计专长与内控缺陷认定标准的研究思路

（三）研究方法

本书理论研究与实证研究并重，定性分析和定量分析相结合，主要

采用文献研究法、逻辑演绎和归纳法、工作分解法和计量分析法等研究方法。

首先，采用文献研究法对国内外现有相关文献进行梳理和评述，在此基础上，以委托代理理论、信息不对称理论、资源依赖理论、高阶梯队理论以及信号传递理论为基础，通过理论归纳和演绎分析，确定拟研究董事会类型、会计专长对企业内控缺陷认定标准制订及其变更的影响机理与实证检验问题。

其次，采用工作分解法对董事会类型、会计专长与企业内控缺陷认定标准制订及其变更的影响问题进行细分，明确主要研究内容的体系和框架，对其进行系统分析。

最后，采用实证研究方法对董事会类型、会计专长与企业内控缺陷认定标准制订及其变更的影响机理进行进一步的实证检验。具体检验时，采用描述性统计分析，单变量、多变量分析，普通最小二乘法、逻辑回归、解释变量滞后一期等计量分析方法。

第一章　制度背景与理论基础

任何一项研究均是基于一定的制度背景和基础性理论而提出问题、分析问题并解决问题的过程。本章主要介绍内部控制缺陷认定的概念、原则及其基本分类，梳理我国内控理论与实务发展历程及相应的内控缺陷认定标准、信息披露及监管制度建立的原因、环境条件及重大演进标志，搜寻、挖掘影响这些进程的重要基础理论及其内在联系，从而为后续开展的董事会类型、会计专长对内控缺陷认定标准制订的影响的研究奠定充分的制度环境基础与分析逻辑基础。

第一节　内部控制缺陷认定制度背景

一、内部控制缺陷概念及分类

内部控制缺陷（以下简称"内控缺陷"）是指企业内部控制系统中某些方面潜在或已有的缺点，并会对企业实现目标的能力造成不利影响①。内控缺陷是管理层和外部审计师对财务报告内部控制有效性认定的核心，

---

① 1992 年，美国反虚假财务报告委员会下属的发起组织委员会（COSO）发布内部控制框架，并于 2013 年修订该框架，指出"内部控制缺陷是企业内部控制系统中某些方面潜在或已有的缺点，并会对企业实现目标的能力造成不利影响"。

根据 SOX 404 法案的要求，财务报告内部控制（ICFR）有效性仅仅在重大缺陷不存在时才被认定为是有效的。2004 年，PCAOB 发布《第 2 号审计准则——与财务报表审计相结合的财务报告内部控制审计》（2007 年被第 5 号审计准则所取代），指明按照内控缺陷导致财务报表重大错报发生的可能性和可能导致的后果，将内控缺陷划分为控制缺陷、重要缺陷和重大缺陷。其中，控制缺陷，是指某项控制的设计和运行不能保证管理层或员工在完成指定任务过程中及时阻止或发现错报；重要缺陷，是指一个或多个控制缺陷的组合，负面影响管理层可靠地按照公认会计原则对外报告财务数据的能力，从而可能导致管理层不能阻止和发现财务错报；重大缺陷，是指一个重要缺陷或多个重要缺陷的组合，存在一个合理可能性导致财务报表重大错报不能被防止或发现。

我国企业内控缺陷基本上遵循这一定义和分类。2010 年，《企业内部控制评价指引》将内控缺陷按其影响程度大小依次分类为重大缺陷、重要缺陷和一般缺陷。其中，重大缺陷，是指一个或多个控制缺陷的组合，可能导致企业严重偏离控制目标；重要缺陷，是指一个或多个控制缺陷的组合，其严重程度和经济后果低于重大缺陷，但仍有可能导致企业偏离控制目标；一般缺陷，是指除重大缺陷、重要缺陷之外的其他缺陷。

另外，企业内控缺陷其成因或来源，分别为设计缺陷和运行缺陷。其中，设计缺陷，是指缺少为实现控制目标所必需的控制，或现存的控制设计不当，即使正常运行也难以实现控制目标；运行缺陷，是指设计有效的内部控制由于运行不当而形成的缺陷。我国企业内部控制目标除了包含财务报告目标之外，还包含合规目标、资产安全目标、经营目标以及战略目标等。企业内控缺陷按其影响内控目标的具体形式，分别为财务报告内部控制缺陷和非财务报告内部控制缺陷。其中，财务报告内部控制缺陷（以下简称"财报内控缺陷"），是指不能及时防止或发现并纠正财务报告错报的内控缺陷；非财务报告内部控制缺陷（以下简称"非财报内控缺陷"），是指不能及时防止或发现并纠正财务报告错报以外的其他目标的内控缺陷①。

从我国内控规范体系与美国 SEC 发布的系列政策文件可知，内控缺陷定义仅就内控缺陷认定与分类做出一般的概念性要求和指导性原则，并没有具体可实施的操作指南，容易导致上市公司陷入内控缺陷认定的"困境"，内控评价工作浮于表面，最终引致内控缺陷信息披露质量不高，已披露内控缺陷信息含量低等后果（王慧芳，2011）。

二、内部控制缺陷认定标准制度安排

内部控制评价是实现企业内控自我监督优化、完善内控体系的内生需求，是构成企业内部控制不可或缺的组成部分，而内控缺陷认定标准既是公司开展内部控制评价的一把"标尺"，也是公司高质量披露内控缺陷信息的依据和保证，更是公司提升内控质量的"法宝"。内控缺陷认定标准，即董事会认为一项缺陷在何种重要性水平下构成内控重大、重要或一般缺陷。董事会对公司整体运营负有最终责任，当仁不让处在内部控制运行是否有效的第一责任人位置上，相关内控规范文件明确董事会对内部控制的建立健全以及有效实施负责。内部控制评价即是董事会对照业已制订的内控缺陷认定标准，通过开展内控评价查找和分析企业内控系统中存在的妨碍内控目标实现的各种控制漏洞、目标偏离等，并有针对性地督促落实整改，全方位优化管控制度，完善内控体系，是企业完善自身内控质量、提升企业价值的内生需求，而不仅仅是为满足监管者完善内控信息披露硬性要求的外在驱动。

（一）董事会对内控缺陷认定的"裁量权"及其运用效应

2008 年,《企业内部控制基本规范》明确董事会对内部控制的建立健全以及有效实施负责，董事会作为内部控制设计与运行是否有效的第一责任人，既赋予了加强内部控制建设，提高内部控制质量的义务，也相

---

① 我国企业内部控制缺陷具体分类和定义详见《企业内部控制规范》及其讲解。

应地赋予了其承担内控设计与运行无效后果的责任。

2010年,《企业内部控制评价指引》规定,应当结合内控评价部门编制的缺陷认定汇总表,综合分析并全面复核各类缺陷的性质、成因及其影响,并以适当的形式向治理层报告,而企业重大缺陷应当由董事会予以最终认定,并追究相关责任。

2014年,证监会和财政部联合发布《公开发行证券的公司信息披露编报规则第21号——年度内部控制评价报告的一般规定》,明确要求董事会结合企业自身特点,制定适用本企业内控缺陷认定的定量与定性标准。

内部控制缺陷认定标准是董事会进行内部控制评价的一把"尺子",从缺陷标准的制订到缺陷等级的认定,董事会享有充分裁量权。董事会依据业已制订的内控重大、重要、一般缺陷认定标准,结合企业缺陷性质与发生可能性,进行内控缺陷等级认定。给定其他条件相同时,内控缺陷认定标准重要性水平临界值设置得越高(标准越宽松),一项业已存在的缺陷越不容易达到标准临界值,董事会需要对外报告的重大或重要缺陷数量越少;相反,内控缺陷认定标准重要性水平临界值设置得越低(标准越严格),一项业已存在的缺陷越容易达到标准临界值,董事会需要对外报告的重大或重要缺陷数量越多。因而,为避免董事会操纵内控缺陷认定标准,"避重就轻"地进行缺陷等级认定,逐步推进内控缺陷认定标准制订的量化要求,并与以前年度保持一致,是我国内控规范体系细化缺陷认定标准,规范开展内控评价、完善自我监督机制的明智之举。

(二) 内控缺陷认定标准的量化要求演进

美国上市公司重大缺陷往往根据表明公司内部控制可能存在重大缺陷的重要迹象或者根据重大缺陷的定义来认定(陈武朝,2012)。对于在企业内部控制评价过程中起基础作用的内控缺陷认定标准,我国企业内部控制规范体系与美国SEC发布的系列政策类似,仅就内部控制缺陷分类和认定做出一般性要求,具有普适性,并没有一套行之有效的内控缺陷认定标准的具体操作指南。美国仅在第2号审计准则(后被第5号审计准则取代)中列示表明公司内部控制可能存在重大缺陷的重要迹象以认定内控缺陷①，其他相关内控规范文件很少提及内控缺陷认定标准具体要求，此处本书重点回顾我国内控缺陷认定标准相关规范文件内容。

2008 年 7 月，《企业内部控制基本规范》第四十五条规定，"企业应当制定内部控制缺陷认定标准，针对监督过程中发现的内控缺陷，应当分析缺陷的性质和原因"，《企业内部控制基本规范》首次在"内部监督"中提及内控缺陷认定标准，但并没有针对该标准的制订提出具体实施要求。

2010 年 4 月，《企业内部控制评价指引》第十七条规定，"重大缺陷、重要缺陷和一般缺陷的具体认定标准，由企业自行确定"，并在《企业内部控制评价指引》讲解中再次提及"企业在确定内控缺陷认定标准时，应当充分考虑内控缺陷的重要性及其影响程度，建议区分财报内控缺陷认定标准和非财报内控缺陷认定标准，同时明确鉴于非财报内控缺陷认定涉及面广、认定难度大，可以参照财报内控缺陷认定标准，合理确定定性与定量认定标准，并列举财报、非财报内控重大缺陷发生的迹象及其定量标准简单例示"。显然，《企业内部控制评价指引》及其讲解侧重于对财报、非财报内控缺陷进行定性评价，而针对财报、非财报内控缺陷定量认定标准列举简单例示，仅仅作出定量标准制订的引导性说明，未做明确而具体的要求。

2011 年 4 月，证监会在《上市公司实施企业内部控制规范体系监管问题解答》提及"公司应结合企业内部控制应用指引及本公司情况，确定财报内控重大缺陷、重要缺陷和一般缺陷的具体认定标准"，明确提及财报内控缺陷分类缺陷等级确定具体缺陷认定标准，但未对非财报内控缺陷认定标准做具体要求。

2012 年 2 月，财政部在《企业内部控制规范体系实施中相关问题解释第 1 号》中明确要求试点企业结合本企业规模、行业特征、风险水平等因素，从定性和定量的角度综合考虑，确定适合本企业的内部控制缺陷

---

① A.2（被 A.5 取代）列举了内部控制存在重大缺陷的四种迹象：为反映对一个重大错报的更正而重述以前发布的财务报表，未审财务报表中的重大错报由审计师而非公司发现，发现与高级管理层有关的舞弊，审计委员会对公司的对外财务报告和财务报告内部控制的监督无效。

的具体认定要求，并在试点企业推行，从国有控股主板、非国有控股主板再到其他主板上市公司，逐步过渡到 2014 年全面推行。鉴于企业所处行业、经营规模、发展阶段、风险偏好等存在差异，内控规范体系并没有对其进行统一规定，而是赋予企业董事会一定的"裁量权"。

针对内控缺陷认定标准呈现的披露乱象，格式规范性较差、内容不全面、认定结果随意性较大等问题，2014 年 1 月 3 日，证监会和财政部联合发布《21 号文》，规范企业年度内部控制评价报告的具体披露格式与内容，要求董事会结合企业自身特点，根据内控规范体系对本公司的内控缺陷区分财务报告和非财务报告、定量和定性，制定适用于重大缺陷、重要缺陷和一般缺陷的具体认定标准。

2008 年以前，我国缺乏内控缺陷认定标准的规则要求，2008 年之后，有关内控缺陷认定标准规范文件陆续颁布，从侧重于定性标准未提及量化标准的具体要求，到仅在试点企业明确定性与定量标准的具体要求，逐步过渡到所有上市公司全面推行。

第二节　理论基础

本书的理论基础分别为委托代理理论、信息不对称理论、资源依赖理论、高管梯队理论以及信号传递理论。现结合具体理论阐述董事会类型、会计专长对制订内控缺陷认定标准的影响。

一、委托代理理论

现代股份公司制出现后，股权高度分散，企业往往由拥有少数股权，甚至没有股权的内部经理所控制，形成事实上的"所有权与控制权相分离"（Berle and Means，1932），进而带来所有者与经营者分离的委托代理问题（Jensen and Meckling，1976）。所有股东均成为公司剩余的索取者，股权越是分散，想要所有股东参与并达成决策的谈判成本越高，同时，股权越是分散，单个股东分享公司剩余的份额越低，也就越容易出现决策上的偷懒行为。董事会正是这样一个经济机构，理论上有助于解决组织管理内含的股东与管理者之间的委托代理问题，为降低集体决策成本，股东将部分剩余控制权委托给代表自己利益的董事会，同时又保留对重大问题的决策权，而董事会为了进一步提高决策效率，又将日常经营决策权委托给了经营者，从而所有者成为"委托—代理"关系中的委托人，经营者则成为"委托—代理"关系中的代理人。当代理人与委托人利益目标存在冲突的情况下，代理人可能为了实现自己的利益最大化而去损害委托人的利益，代理问题就相应地存在于公司的所有者与经营者之间。

经营权与所有权分离后，委托人与代理人之间的利益函数不一致，董事会的重要作用就是代表股东监督管理层，采用激励与约束机制在管理层与股东之间建立最佳契约，缓解两者之间的利益冲突，最大化实现股东利益。基于代理理论视角，董事会职能体现为监督职能，董事会成员与管理层之间是监督与被监督关系（Fama and Jesen，1983）。外部董事制度是为解决两权分离条件下管理层的委托代理问题而引入的机制安排，独立性是董事会运行有效与否的指示器，一直以来都处在公司治理改革政策辩论的中心地位。外部董事相对于内部人员的独立性，除董事职位外，并不在公司任职，更有利于其作为股东的受托人监督管理层（Johnson et al.，1996），内部董事或执行董事在公司中担任具体职务，与管理层具有相同的利益或者直接的利害关系，因此其决策的独立性和客观性也受到质疑，当股东利益与管理层利益冲突时，对现任 CEO 或公司的依赖会导致内部董事偏离股东利益最大化方向，外部董事在董事会占据多数席位，可避免董事会的尴尬地位，因而由外部董事占优型的董事会被认为是更好的监督者（Hillman and Dalziel，2003）。在肯定外部董事的同时，代理理论并未全盘否定内部董事的作用，它认为内部董事是董事会重要的信息源，董事会成员中应有一定比例的内部董事，董事会中至少应有几名内部董事，他们日常接触 CEO，可以更好地发挥内部监督职能，缺乏内部董事的存在，CEO 可能会因信息不对称而享有更大的优势 (Fama and Jensen，1983)。

当董事会中外部董事占大多数时，形式上独立于管理层，与股东的利益取向一致，致力于公司利润最大化（Harris and Raviv，2008），具有实施监督的动机与独立性；当董事会中内部董事占大多数时，形式上不独立于管理层，与股东利益可能不一致，监督力度弱化。尤其是，当管理层的谈判能力过强，内部董事占比过高时，就有可能侵蚀董事会的独立性，使董事会的监督效力大打折扣。然而，内部董事任职于公司内部，直接参与公司的经营管理，相较于外部董事具有天然的信息优势，可以更好地发挥咨询决策职能。当董事会由外部董事主导时，董事会监督职能得到凸显，董事会成员整体上与股东利益一致，追求企业价值最大化，具有提升企业内部控制质量的意愿，倾向于制订严格的内控缺陷认定标准，及早警示企业生产经营过程中存在的风险点，及时将风险控制在可控范围之内。在企业任职的内部董事，他们的利益可能与股东不一致，是接受董事会监督的一方，制订宽松的内控缺陷认定标准较符合控股股东和管理层降低自身约束的预期。

二、信息不对称理论

信息不对称理论认为，在不完全市场中，不同人员掌握的信息是有差异的，掌握信息充分的一方相对于信息匮乏的一方，往往被视为信息优势方，而掌握信息较少的一方往往处于劣势地位，需要信息优势方向其传递市场交易信息。经营权与所有权分离后，企业所有者与经营者之间面临着不同程度的信息不对称，经营者直接拥有经营活动的私人信息，变成信息优势一方，所有者不直接从事生产经营活动，需要借助于经营者分享经营相关的私人信息，从而成为信息劣势一方。

内部董事任职于公司内部，直接参与企业的经营管理，相较于外部董事又具有天然的信息优势，可以更好地发挥董事会的咨询决策职能。然而，正是因为内部董事任职于企业内部，尤其是任职位置低于 CEO 这样尴尬的境地，极有可能削弱其客观、公正评价 CEO 的能力（Johnson et al.，1996）。因此，内部董事虽拥有与管理决策相关的私人信息，也具有与股东利益不一致的私人利益动机，可能会引致其偏离股东利益最大化而最大化私人利益的行为。与内部董事相比，外部董事相对独立于管理层，更有利于其作为股东的受托人监督管理层，然而，外部董事的有效性受限于其获取信息的劣势地位，外部董事监督控制与咨询决策的有效性取决于其获取公司信息的成本。

当董事会中外部董事占大多数席位时，独立于管理层，与股东的利益取向一致，然而，外部董事只有与内部董事和管理层进行充分的信息沟通、真正了解企业经营过程的薄弱环节和风险点所在，其才能有的放矢，增强决策的有效性（Adams and Ferreira，2007）。外部董事作为信息劣势一方，需要内部董事、管理层分享与公司决策相关的内部信息，如果能够在董事会会议中与内部董事、管理层进行充分沟通，降低信息不对称程度，充分了解企业经营过程的薄弱环节和风险所在，则倾向于制订符合企业实际的内控缺陷认定标准；然而，如果沟通不畅，信息不对称程度加深，外部董事无法发挥有效的监督与咨询决策职能，则倾向于制订严格的内控缺陷认定标准，借助于更为严格的缺陷标准进行内控风险识别与防范，加强对管理层的监督力度。

三、资源依赖理论

资源依赖理论将公司视为一个开放的系统，依赖于外部环境，尽管公司受到外部环境的影响与限制，但管理者可以采取行动来减少环境的不确定性和依赖性。公司在确保其生存和持续发展时，可以采取两种截然不同却又并非相互排斥的策略：一是集中精力提高内部转化过程的效率，使资源可以尽可能经济地使用、保持或改进交换；二是通过与外部组织的政治行动来改善或确保有利的交换（Pfeffer，1972）。董事会作为组织应对外部环境不确定性和依赖性的工具，可以为公司带来四方面好处：咨询建议、信息流通的渠道、资源优先获取权以及合法性资源（Pfeffer and Salancik，1978）。资源依赖理论认为，董事会有利于公司形成一个开放渠道，获取组织发展所需要的资源，资源是"任何可以被称为公司优势或劣势的东西"（Wernerfelt，1984），董事是从环境中提取资源的边界扳手（Pfeffer，1972），董事会中资源丰富的外部董事任职越多越有利于其引入公司所需资源，且异质性外部董事的多样性，有利于董事会咨询职责履行，从而提高公司业绩（Peng，2004；Dalton et al.，1999；Dalton et al.，1998），正式承担资源依赖职能的董事通常是外部董事，因此外部董事比率有时也被用作董事会资源依赖职能的指标。

董事会运作过程很复杂，被视为一个"黑箱"，其治理有效性依赖于全体董事共同作用的结果，董事的不同来源、异质性专业背景等都会成为董事在监督与决策过程中的行为驱动因素，实现董事会监督与咨询决策职能的基石作用。资源依赖理论表明，企业发展受限于资源获取的有限性，外部董事所拥有的专业知识、行业经验、管理才能等资源，将降低企业在内部经营环境中面临的诸多不确定性，减少对外部经济环境的过多依赖。Daily 等（2003）基于资源依赖理论视角认为，董事会职能研究未来重点不应放在董事控制高管的意愿或能力上，而是协助为公司带来宝贵的资源，并为 CEO 提供咨询和建议，从而产生更有成效的结果。资源依赖理论突出董事战略决策与咨询建议职能，外部董事所具有任职经历、管理经验等资源，为内部董事和管理层贡献多样性的战略咨询建议，从而获取管理层的信任，进而降低信息不对称程度，充分了解企业经营过程的薄弱环节和风险所在，倾向于制订符合企业实际的内控缺陷认定标准。

四、高阶梯队理论

高阶梯队理论认为，由于企业处在一个动态开放的环境系统中，内外部环境复杂性、不确定性频现，管理者不可能完全摆脱内外部环境的影响与限制，对企业管理的方方面面都认识到位。管理者作为企业战略决策的主体，在有限理性的前提下，面对战略决策的复杂性，其已有的认知结构与价值观等必然影响管理者对复杂战略信息的处理能力，管理者团队的认知能力、感知能力和价值观等心理结构决定了战略决策过程和对应的绩效结果。尽管管理者团队的心理结构难以度量，但管理者已有的认知基础都是由经验演化而来的，管理者团队可度量的人口统计特征（性别、年龄、种族、少数群体、教育）、人力资本（任期、职业、经验）以及社会资本等能够作为其认知能力和价值观等的外在表征（Hambrick and Mason，1984）。因此，高阶梯队理论是以高层管理者的人口背景特征、团队构成等外在可识别特征，去替代内在的个性、认知、行为等不可辨别的心理特征（Pettigrew，1992）。

内部控制作为一项由公司高层管理者所主导的制度建设行为，必然受到高层管理者内在风险意识、经营理念与外在管理哲学等的影响（李端生和周虹，2017）。董事的行业专长是具有价值的，他所具备的某一领域的行业知识以及对某一特定事件处理的经验（如并购、破产处理、诉讼等）无疑会影响董事处理相关信息的方式，也会影响董事在董事会中的影响力（Johnson et al.，2013）。董事来源的多维化与专业背景多元化，必然使董事在行业、技能、经验等方面形成差异，从而有利于拓宽董事会资本的深度与广度，有助于董事会成员更好地发挥监督控制与咨询决策职能。监管规则普遍要求公司董事会中增加外部董事比例，以提高董事会的独立性，保持董事会相对于管理层的独立性（COSO，2013），普遍要求董事会成员必须包含财务专长的外部董事，是基于"对公认会计原则和财务报表的理解"将导致更好的董事会监督和咨询决策职能，从而更好地满足股东的利益（Güner et al., 2008）。监管规则无不表明董事发挥监督控制与咨询决策职能必须具备两大要素，分别为其独立性与专业特长，前者体现为形式上具备监督动机，后者则体现为实质上具备监督与咨询的能力。

当外部董事具备财务专长时，其扎实的专业知识和丰富的从业经验，更有利于董事会甄别财报中的欺诈性信息，识别盈余操纵手段，对财务报告、内部控制等实施有效的监督。同时，由于其专业知识涉及会计处理流程、财务运营与战略提升、内控风险管理全程，往往更能准确把握公司经营管理与内部控制中存在的薄弱环节与风险，往往又是董事会贡献咨询决策信息所倚重的专业特长。当外部董事具有行业专长时，往往是相关领域的专家，扎实的行业背景使其能够深入了解行业的演化架构和行业发展重要驱动因素，准确评估公司发展战略和参与经营活动的能力，约束管理层的违法行为，防范公司涉诉风险，从而更好地发挥外部董事监督控制与咨询决策职能。鉴于不同职业背景的外部董事在行业、技能、经验等方面所形成的差异，拓宽了董事会资本的深度与广度，导致董事会发挥其监督职能与咨询决策职能的侧重不同，从而对内控缺陷认定标准的制订方向产生不同的影响。

五、信号传递理论

信号传递理论分析了市场中具有信息优势的一方（Sender）如何通过信号传递将信息传递给处于信息劣势的一方（Receiver）以实现有效率的市场均衡（Spence，1973）。企业内部控制质量好坏，是否能够为实现内部控制各项目标提供合理保证，作为信息劣势一方的投资者，只能依据公司对外披露的内控自评报告和内控审计报告，获取公司内控设计与运行情况信息，而信息优势一方的管理层也希望向市场传递公司内控设计与运行良好的信号。然而，内部控制缺陷的存续可能会导致内部控制无法实现其控制目标，进而无法合理保证其所依附的组织或单位的目标实现。内部控制缺陷信息的披露作为资本市场一项"负面信息"，势必为使用内部控制信息各方利益相关者带来一定的经济后果。董事会作为内部控制运行是否有效的最终负责人，有义务也有责任加强内部控制建设，提高内部控制质量。从长远来看，通过制订严格的内控缺陷认定标准，及早识别与防范内部控制的薄弱环节与关键风险点，最终必然伴随着上市公司整体内控质量的提升，向股东和外部投资者传递上市公司内控有效的信号，更好地实现资本市场的资源配置。

内控缺陷认定标准既是公司开展内控评价的一把"标尺"，也是公司高质量披露内控缺陷信息的依据和保证，更是公司提升内控质量的"法宝"。内部控制评价即是董事会对照业已制订的内控缺陷认定标准，主动排查企业内部控制设计与运行环节中存续的各类缺陷与不足，及早防范偏离目标的各种风险，并实施有针对性的督促整改，全方位完善内控管理体系，是企业完善自身内控质量、提升企业价值的内生需求，而不仅仅是为满足监管者完善内控信息披露硬性要求的外在驱动。内生于企业内控长远发展需要，内控缺陷认定标准制订方向（严格或宽松）必然会从不同方向影响企业内控缺陷认定，而内控缺陷信息的披露向资本市场传递了企业内控设计与运行无效的"负面信号"，作为资本市场一种消极因素，势必为使用内控信息各方利益相关者带来一定的经济后果。董事会作为内控建设第一责任人，当其制订严格内控缺陷认定标准并依据该严格标准开展内控评价时，可以及时发现内控体系中存在的薄弱环节与关键风险点，监督管理层加强内部控制建设，最终实现内部控制质量提升，向市场传递内控质量良好的信号，从而展示公司在资本市场的良好形象，有利于提振投资者信心。

本章小结

    本章在介绍内控缺陷认定的概念与分类基础上，重点回顾我国财政部、证监会等监管部门逐步推进上市公司实施内控缺陷认定标准相关规范文件的制度背景，并结合本书的理论基础分别以委托代理理论、信息不对称理论、资源依赖理论、高管梯队理论以及信号传递理论详细阐述董事会类型、会计专长对制订内控缺陷认定标准方向的影响。

第二章　上市公司内控缺陷认定标准披露现状分析

　　现象往往是偶然中的必然，通过对现象与现状的分析，是认识事物的重要切入方式之一。2012~2014年沪深A股上市公司内部控制评价报告平均披露比例高达93.9%，披露内控重大缺陷的比例还不到0.89%（深圳迪博企业风险管理技术公司，2012，2013，2014）①，究竟是内控建设起步较晚的我国上市公司后劲勃发内控质量本身较高，还是拥有"自由裁量权"董事会在内部控制评价过程中避重就轻地进行内控缺陷的认定呢？为避免董事会操纵内控缺陷认定标准，"避重就轻"地进行缺陷等级认定，我国内控规范体系细化缺陷认定标准，规范内控评价的依据和"标尺"，从侧重于定性标准的制订要求，到仅在试点企业明确定性与定量标准制订的具体要求，逐步过渡到所有上市公司全面推行，我国内控规范体系走上了逐步推进内控缺陷认定标准制订量化要求的规范之路。本章分别从整体统计和具体统计角度区分财报内控缺陷认定标准与非财报内控缺陷认定标准，对我国上市公司内控缺陷认定标准披露现状进行多角度统计与分析，全方面、立体化呈现《21号文》颁布后我国上市公司内控缺陷认定标准的披露现状，厘清我国上市公司内控缺陷定量认定标准常用的度量方式，揭示内控缺陷认定相对率标准在不同评价指标与不同行业间的差异性趋势，深挖内控缺陷认定相对率标准变更的方向与幅

---

　　① 数据来源于深圳市迪博企业风险管理技术有限公司开发的"DIB内部控制与风险管理数据库"之"内部控制库"。

度，从而为后续理论与实证打开研究思路与方向，以构建更为契合本书研究思路与方向的准确而可靠的研究变量，由表及里、层层推进、深入探究董事会治理内控缺陷深层次机理，拓展关于验证董事会治理效率问题全新的研究视角。

第一节　上市公司内控缺陷认定标准整体统计分析

由于深市中小板和创业板上市公司与主板上市公司在上市条件、监管要求以及内部控制规范建设等方面存在差异，为更好地进行内控缺陷认定标准的比较与分析，本章的初始样本锁定为沪市与深市披露内控自评报告且披露内控缺陷认定标准的 A 股上市公司。

一、样本选择与数据来源

鉴于《21 号文》颁布前，内控评价报告规范披露格式尚未出台，内控信息披露存在一定程度上的披露乱象问题，本书采用 2014~2016 年披露内控缺陷认定标准的沪深 A 股上市公司作为研究样本，所有内控缺陷认定标准数据均源于手工整理巨潮资讯网披露的内控评价报告。《21 号文》规范企业年度内部控制评价报告的具体披露格式与内容，要求董事会结合企业自身特点，根据内控规范体系对本公司的内控缺陷区分财务报告和非财务报告、定量和定性，制定适用于重大缺陷、重要缺陷和一般缺陷的具体认定标准。因而，从 2014 年上市公司披露内控评价报告规范性强且具有可比性，本节选取 2014~2016 年上市公司内控评价报告所披露的财务报告与非财务报告定量、定性缺陷认定标准作为研究对象。

二、上市公司内控缺陷认定标准披露家数统计

（一）上市公司内控评价报告披露情况统计分析

伴随我国《企业内部控制基本规范》及其配套指引的颁布，我国内部控制信息披露也步入了强制披露阶段。我国内部控制规范体系建设步伐加快，监管部门在充分考虑上市公司治理基础、公司规模、盈利水平等方面差异的前提下，分类分批推进内部控制建设，国有控股主板上市公司、非国有控股主板上市公司、其他主板上市公司应加快内控体系建设，加大内控信息披露力度，具体情况如表 2-1 所示。

表 2-1　2014~2016 年上市公司内部控制评价报告披露情况

年份	上市公司家数					披露内控评价报告家数					规范内控评价报告格式数				
	沪主[①]	深主	深中	深创	合计	沪主	深主	深中	深创	合计	沪主	深主	深中	深创	合计
2014	1005	468	740	419	2632	965	464	738	419	2586	908	423	545	212	2088
2015	1077	467	782	497	2823	931	462	780	479	2670	926	420	626	291	2263
2016	1217	466	833	602	3118	972	459	832	601	2864	967	420	685	378	2450

由表 2-1 可知，近三年以来上市公司数量攀升，2014~2016 年内控评价报告披露数量逐年增加，分别为 2586 家、2670 家和 2864 家，分别占近三年上市公司家数（2632 家、2823 家和 3118 家）比例为 98.25%、94.58% 和 91.85%，披露绝对家数逐年增加，披露占比却略有回落，主要原因在于监管部门分类分批实施内控规范体系的通知要求，主板上市公司因当年进行重大资产重组或新上市等情况豁免披露，而于下一年度披露[②]。近三年上市公司披露规范内控评价报告的家数逐年增加，披露规范

---

① 由于表格篇幅原因，将沪市主板简写为"沪主"，深市主板简写为"深板"，深市中小板简写为"深中"，深市创业板简写为"深创"，下同。

② 具体规定参见财政部与证监会于 2012 年 8 月 14 日下发的《关于 2012 年主板上市公司分类分批实施企业内部控制规范体系的通知》（财办会〔2012〕30 号）。

内控评价报告的占比也呈现逐年上升趋势，表明上市公司在进行内控信息披露过程中，尽量按照监管部门的要求应规披露，有利于内控信息的可比性与可靠性。

从不同板块来看，沪市主板内控评价报告披露比例低于深市主板、中小板以及创业板披露比例，主要囿于沪市主板新上市及发生重大重组等上市公司数量居多，导致整体上披露低于其他深市各板块。然而，从近三年所披露规范内控评价报告比例来看，2014~2016 年沪市主板上市规范披露家数分别为 908 家、926 家和 967 家，分别占近三年内控评价报告披露家数（965 家、931 家和 972 家）的比例依次为 94.09%、99.46%、99.49%，近三年平均规范披露比例高达 97.68%；深市主板上市规范披露家数分别为 423 家、420 家和 420 家，分别占近三年内控评价报告披露家数（464 家、462 家和 459 家）的比例依次为 91.16%、90.91%、91.50%，近三年平均规范披露比例为 91.19%，远高于深市中小板与创业板上市公司近三年平均规范披露比例的 78.81% 和 58.08%。这也与目前我国各层次资本市场内控建设实际情况吻合，整体上内控信息披露质量呈现逐年上升的势头，却也鉴于中小板、创业板与主板上市公司在上市条件、公司治理基础、企业规模、承受风险能力等方面的差异，分别适用不同的监管政策，势必带来信息披露质量差异。

（二）上市公司内控缺陷认定标准披露情况统计分析

内控缺陷认定标准是上市公司开展内控评价的一把"标尺"，仅仅采用描述性的定性标准无法较好地实现内部控制的量化评价，然而完全的量化标准也无法应对企业在经营实际中的各种突发情况，缺乏适度的弹性与普适性。从 2010 年，《企业内部控制评价指引》讲解首次强调在内控评价工作中要合理确定定性与定量认定标准，到 2014 年要求上市公司董事会结合企业规模、行业特征和风险承受度等情况，区分财务报告内部控制（以下简称"财报内控"）和非财务报告内部控制（以下简称"非财报内控"），并区分缺陷等级（重大缺陷、重要缺陷和一般缺陷）分别制定定量和定性认定标准，上市公司内控缺陷认定标准制定与披露工作开始步入正轨。具体情况如表2-2所示。

表2-2 2014~2016年上市公司内控缺陷认定标准披露情况

Panel A：2014~2016年上市公司内控缺陷认定标准披露家数情况

年份	内控缺陷认定标准披露家数			财报内控缺陷认定标准		非财报内控缺陷认定标准	
	沪主	深主	家数合计	沪主	深主	沪主	深主
2014	942	438	1380	942	438	942	438
2015	929	461	1390	929	461	929	461
2016	969	455	1424	969	455	957	438

Panel B：2014~2016年上市公司内控缺陷定量与定性标准披露家数情况

年份	财报内控缺陷认定标准				非财报内控缺陷认定标准			
	定量标准		定性标准		定量标准		定性标准	
	沪主	深主	沪主	深主	沪主	深主	沪主	深主
2014	926[①]	419	867	395	887	392	835	372
2015	922	458	900	436	911	422	882	421
2016	966	445	934	439	957	428	916	411

由表2-2 Panel A中可知，近三年以来主板上市公司加大内控缺陷认定标准披露力度，2014~2016年沪市主板上市公司披露认定标准家数分别为942家、929家、969家，占披露内控评价报告比例依次为97.62%、99.79%、99.69%；2014~2016年深市主板上市公司披露认定标准家数分别为438家、461家、455家，占披露内控评价报告比例依次为94.60%、99.78%、99.13%，整体上披露比例较高。沪深主板上市公司2014~2015年披露内控缺陷认定标准时，同时区分财报与非财报内控缺陷认定标准披露，2016年非财报标准披露家数少于财报标准披露家数，存在少数上市公司仅仅披露财报认定标准，未披露非财报认定标准。

表2-2 Panel B中列示了近三年以来沪市主板上市公司财报缺陷认定

———————————

① Panel B中2014~2016年度财报内控缺陷定量认定标准与Panel A中上市公司披露财报内控缺陷认定标准数据不一致的原因是Panel B中在统计具体定量与定性标准时去掉上市公司披露标准为"不适用"或者"只披露标题无实质性标准内容"等情况。

的定量、定性标准与非财报缺陷认定的定量、定性标准披露情况。2014~2016年沪市主板上市公司财报定量标准披露家数分别为926家、922家、966家，占已披露内控标准上市公司比例为98.30%、99.25%、99.69%；财报定性标准披露家数分别为867家、900家、934家，占已披露内控标准上市公司比例为92.04%、96.88%、96.39%，不难发现财报缺陷认定定量标准披露情况好于定性标准披露情况。2014~2016年沪市主板上市公司非财报定量标准披露家数分别为887家、911家、957家，占已披露内控标准上市公司比例为94.16%、98.06%、98.76%；非财报定性标准披露家数分别为835家、882家、916家，占已披露内控标准上市公司比例为88.64%、94.94%、94.53%，同样发现非财报缺陷认定定量标准披露情况好于定性标准披露情况。

表2-2 Panel B中列示了近三年以来深市主板上市公司财报缺陷认定的定量、定性标准，非财报缺陷认定的定量、定性标准披露情况。2014~2016年深市主板上市公司财报定量标准披露家数分别为419家、458家、445家，占已披露内控标准上市公司比例为95.66%、99.35%、97.80%；财报定性标准披露家数分别为395家、436家、439家，占已披露内控标准上市公司比例为90.18%、94.58%、96.48%；2014~2016年深市主板上市公司非财报定量标准披露家数分别为392家、422家、428家，占已披露内控标准上市公司比例为89.50%、91.54%、94.07%；非财报定性标准披露家数分别为372家、421家、411家，占已披露内控标准上市公司比例为84.93%、91.32%、90.33%，同样发现非财报缺陷认定定量标准披露情况好于定性标准披露情况。

从表2-2综合分析看，对比沪深上市公司披露内控缺陷认定标准的财报与非财报、定量与定性标准，本书发现，沪深上市公司普遍存在财报缺陷认定标准披露比例整体上高于非财报标准，且无论是财报还是非财报标准均存在定量标准披露比例高于定性标准，同期沪市主板上市公司内控缺陷认定标准披露情况整体上好于深市主板上市公司披露情况。

（三）上市公司不同等级内控缺陷认定标准披露情况统计分析

近三年以来沪深主板上市公司内控重大、重要及一般缺陷认定的定量与定性标准披露情况如表 2-3 所示。

表 2-3　2014~2016 年上市公司内控重大、重要及一般缺陷认定标准披露情况

Panel A：2014~2016 年上市公司财报内控重大、重要及一般缺陷认定标准披露情况

年份		财报定量标准			财报定性标准		
		重大标准	重要标准	一般标准	重大标准	重要标准	一般标准
2014	沪主	909	905	901	867	785	686
	深主	412	411	409	392	379	378
2015	沪主	921	919	921	900	894	893
	深主	449	447	448	436	394	375
2016	沪主	964	962	965	934	925	925
	深主	445	443	444	426	391	380

Panel B：2014~2016 年上市公司非财报内控重大、重要及一般缺陷认定标准披露情况

年份		非财报定量标准			非财报定性标准		
		重大标准	重要标准	一般标准	重大标准	重要标准	一般标准
2014	沪主	887	873	871	835	674	624
	深主	392	379	378	372	282	274
2015	沪主	911	909	909	882	876	888
	深主	442	428	429	421	374	364
2016	沪主	957	953	953	916	913	925
	深主	425	423	423	410	387	384

表 2-3 Panel A 中列示了近三年以来沪深主板上市公司财报内控重大、重要及一般缺陷认定的定量与定性标准披露情况。近三年沪市主板上市公司财报定量标准分类重大、重要及一般标准平均披露家数分别为 931 家、929 家、929 家，财报定性标准分类重大、重要及一般标准平均披露家数分别为 900 家、868 家、835 家，表明 98%以上沪市公司在披露财报内控缺陷定量认定相对率标准时能够区分缺陷等级进行标准披露，91%以上沪市公司在披露财报内控缺陷定性认定标准时能够区分缺陷等级

进行标准披露，且普遍存在定量标准分类缺陷等级披露占比高于定性标准。近三年深市主板上市公司财报定量标准分类重大、重要及一般标准平均披露家数分别为 435 家、434 家、434 家，财报定性标准分类重大、重要及一般标准平均披露家数分别为 418 家、388 家、378 家，表明 96%以上深市公司在披露财报内控缺陷定量认定标准时能够区分缺陷等级进行标准披露，87%以上深市公司在披露财报内控缺陷定性认定标准时能够区分缺陷等级进行标准披露，且普遍存在定量标准分类缺陷等级披露占比高于定性标准。

表 2-3 Panel B 中列示了近三年以来沪深主板上市公司非财报内控重大、重要及一般缺陷认定的定量与定性标准披露情况。近三年沪市主板上市公司非财报定量标准分类重大、重要及一般标准平均披露家数分别为 918 家、912 家、911 家，非财报定性标准分类重大、重要及一般标准平均披露家数分别为 878 家、821 家、812 家，表明 96%以上沪市公司在披露非财报缺陷定量认定标准时能够区分缺陷等级进行标准披露，88%以上沪市公司在披露非财报缺陷定性认定标准时能够区分缺陷等级进行标准披露，且普遍存在定量标准分类缺陷等级披露占比高于定性标准。近三年深市主板上市公司财报定量标准分类重大、重要及一般标准平均披露家数分别为 420 家、410 家、410 家，财报定性标准分类重大、重要及一般标准平均披露家数分别为 401 家、348 家、341 家，表明 91%以上深市上市公司在披露内控缺陷定量认定标准时能够区分缺陷等级进行标准披露，80%以上深市公司在披露内控缺陷定量认定标准时能够区分缺陷等级进行标准披露，且普遍存在定量标准分类缺陷等级披露占比高于定性标准。

从表 2-3 综合分析看，对比沪深上市公司披露内控缺陷认定标准分类重大、重要、一般缺陷定量与定性标准，本书发现，沪深上市公司普遍存在财报重大、重要、一般缺陷认定标准披露比例整体上高于非财报标准，且无论是财报还是非财报标准均存在不同缺陷等级定量标准披露比例高于定性标准，同期沪市主板上市公司不同缺陷等级认定标准披露情况整体上好于深市主板上市公司披露情况。

从表 2-1、表 2-2、表 2-3 整体分析看，《21 号文》颁布后，大多数主板上市公司能够执行规范内部控制评价报告格式，结合上市公司自身实际情况制定内控缺陷认定标准，并区分不同缺陷等级列示财报与非财报、定量与定性内控缺陷认定标准，但总体上呈现内控缺陷认定标准的定量标准披露情况好于定性标准披露情况。

第二节 上市公司内控缺陷认定标准
具体统计分析

内部控制缺陷认定标准是上市公司高质量披露内部控制缺陷信息的依据和保证。在原则式内控缺陷认定标准框架下，享有标准制订"裁量权"的董事会，依据业已制订内控重大、重要、一般缺陷认定标准，结合企业缺陷性质与发生可能性，进行内控缺陷等级认定，固然有利于上市公司结合实际情况进行缺陷标准制订、识别以及披露，却也难以避免存在部分上市公司董事会操纵内控缺陷认定标准，避重就轻进行缺陷等级认定与披露。相较于一般缺陷，重大、重要缺陷导致企业偏离控制目标的程度与后果更为严重，尤其是重大缺陷的影响程度更为深远，享有标准制订"裁量权"的董事会，相较于一般缺陷认定标准，更为关注重大、重要缺陷认定标准的制订与博弈。本节主要统计与分析沪深主板上市公司的内控重大、重要缺陷认定标准具体披露情况。

一、样本选择与研究设计

（一）样本选择

《21 号文》颁布后，上市公司内控评价报告规范性提高，大多数上市会应规披露财务报告与非财务报告缺陷认定的定量与定性标准，却普遍存在定量标准披露情况优于定性标准披露情况。定性标准相较于定量标准，一般以纯文字形式进行缺陷等级分类与认定，差异化的表述方式难以进行较为准确的量化比较与分析，从而降低数据的可靠性与可比性。相较于一般缺陷认定标准，享有标准制订"裁量权"的董事会，更为关注重大、重要缺陷认定标准的制订与博弈。本节选取 2014~2016 年沪深主板上市公司内控评价报告所披露的财报重大、重要缺陷定量认定标准与非财报重大、重要缺陷定量认定标准作为研究对象。为提高统计分析的可靠性与可比性，剔除样本中当年度被 ST、*ST 以及披露标准存在明显错误与矛盾的上市公司，最终财报样本量为 3879 家，其中 2014 年 1233 家，2015 年 1272 家，2016 年 1374 家；非财报样本量为 3679 家，其中 2014 年 1150 家，2015 年 1220 家，2016 年 1309 家。

（二）研究设计

上市公司内控缺陷定量认定标准，普遍采用内控缺陷导致的潜在错报、漏报、损失或影响金额与评价标准临界值进行比较，而上市公司在设定评价标准临界值时往往借助于内控评价指标的一定百分比，比如重大标准采用资产总额的 1%、营业收入的 2%，重要标准采用资产总额的 0.5%、营业收入的 1%等。上市公司通常会采用多个内控评价指标，多维度衡量内控缺陷定量认定标准临界值，财报内控缺陷评价指标平均采用 2.8 个[1]，多则达 8 个，非财报内控缺陷评价指标平均采用 1.9 个，多则达 10 个。因此，为更好考量与比较上市公司披露财报重大、重要缺陷认定标准、非财报重大、重要缺陷认定标准，仅仅基于上市公司分类年度披露标准统计，远远无法满足本书分析需要，本书将其细化至上市公司分类年度、财报与非财报、重大与重要标准以及分类评价指标进行研究。

---

① 2014~2016 年财报内控缺陷认定标准评价指标平均数分别为 2.33 个、2.83 个、2.81 个，2014~2016 年非财报内控缺陷认定标准评价指标平均数分别为 1.90 个、1.93 个、1.89 个，近三年平均来看，财报内控缺陷认定标准评价指标平均数达 2.8 个，非财报内控缺陷认定标准评价指标平均数达 1.9 个。

二、内控缺陷认定标准度量方式

(一) 内控缺陷定量认定标准评价指标使用情况

内控评价指标的多样性可以多维度度量内控缺陷定量认定标准，通过手工检索上市公司内控评价报告，发现内控缺陷定量认定标准普遍采用资产负债表与利润表上的项目作为评价指标来源。内控缺陷重要影响主要体现在对内控目标实现的障碍，基于对财务报告目标与其他内控目标实现的影响程度，划分为财报内控重大、重要、一般缺陷与非财报内控重大、重要、一般缺陷。鉴于财报内控缺陷与非财报内控缺陷影响范围不同，财报缺陷存在主要是导致财务报告发生潜在错报、漏报、损失，非财报缺陷存在主要是影响除财务报告目标以外内控目标的实现程度，故而，相较于财报内控缺陷认定标准，非财报内控缺陷认定标准设定难度大，范围较广，所采用的内控评价指标更加多样化。

1. 财报内控缺陷定量认定标准评价指标

财报内控缺陷定量认定标准评价指标主要采用资产负债表与利润表上的项目，归类于主要评价指标。资产负债表上使用频率较高的项目为资产总额、所有者权益总额指标，也不乏上市公司会采用流动资产、负债总额等指标；利润表上使用频率较高的项目为营业收入、营业利润、利润总额、净利润指标，也有少数上市公司采用主营业务成本、主营业务利润以及毛利额等指标。财报内控缺陷定量认定标准评价指标也采用资产负债表与利润表以外项目，如偏离目标程度、直接或潜在错报金额、经营净现金流、舞弊潜在经济损失等指标，归类于其他评价指标。

2. 非财报内控缺陷定量认定标准评价指标

非财报内控缺陷定量认定标准评价指标也主要采用资产负债表与利润表上的项目，归类于主要评价指标。资产负债表上使用频率较高的项目为资产总额、所有者权益总额、直接财产损失金额等指标，利润表上使用频率较高的项目为营业收入、营业利润、利润总额、净利润等指标。

非财报内控缺陷定量认定标准评价指标"对外投资失误造成损失""法律纠纷""违法违规罚款"等借助于资产负债表与利润表上的项目衡量，也归类于主要评价指标。非财报内控缺陷定量认定标准评价指标也采用资产负债表与利润表以外项目，如集团声誉恢复时间、安全生产事故伤亡人数、中高级管理人员流失率、行政处罚次数、预算偏离度等指标，涵盖范围广，设定难度大，归类于其他评价指标。内控缺陷定量认定标准评价指标使用情况如表2-4所示①。

表2-4　2014~2016年上市公司内控缺陷定量认定标准评价指标使用情况

评价指标	2014年		2015年		2016年	
	财报标准	非财报标准	财报标准	非财报标准	财报标准	非财报标准
资产总额	726	348	757	367	833	400
所有者权益总额	404	147	399	164	429	179
营业收入	657	198	676	202	726	215
利润总额	730	296	760	322	825	345
净利润	98	35	98	33	101	32
直接财产损失金额	—	431	—	442	—	472
主要评价指标合计	2615	1455	2690	1530	2914	1643
其他评价指标合计	67	33	69	44	73	41
所有评价指标合计	2682	1488	2759	1574	2987	1684
主要评价指标占比（%）	97.50	97.78	97.50	97.20	97.56	97.57

　　表2-4列示了2014~2016年上市公司内控缺陷定量认定标准采用的主要评价指标具体使用情况。近三年财报内控缺陷定量认定标准主要评价指标为资产总额、所有者权益总额、营业收入、利润总额、净利润等指标，2014~2016年资产总额、所有者权益总额、营业收入、利润总额、

　　① 表2-4中列示了上市公司财报与非财报缺陷认定标准评价指标使用情况，是针对重大和重要标准均采用的标准评价指标，在检索上市公司内控评价报告过程，按照本节样本统计只有3家上市公司存在重大标准与重要标准采用评价指标不一致的情况，本书予以剔除。同理，表2-5中上市公司内控缺陷认定标准临界值设定，同样是重大和重要标准均采用的标准临界值。

净利润等指标近三年平均使用个数分别为 772 个、411 个、686 个、771.7 个、99 个，按照使用频率高低排序依次为资产总额、利润总额、营业收入、所有者权益以及净利润指标。近三年非财报内控缺陷定量认定标准主要评价指标为直接财产损失金额、资产总额、所有者权益总额、营业收入、利润总额、净利润等指标，2014~2016 年直接财产损失金额、资产总额、所有者权益总额、营业收入、利润总额、净利润等指标近三年平均使用个数分别为 448 个、372 个、163 个、205 个、321 个、33 个，按照使用频率高低排序依次为直接财产损失金额、资产总额、利润总额、营业收入、所有者权益以及净利润指标。财报认定标准与非财报认定标准主要评价指标使用频率年度间差异不大，基本上保持平衡。

表 2-4 中列示 2014~2016 年财报内控缺陷定量认定标准所有评价指标个数分别为 2682 个、2759 个、2987 个，主要评价指标个数为 2615 个、2690 个、2914 个，主要评价指标占所有评价指标比例为 97.50%、97.50%、97.56%，表明上市公司财报内控缺陷定量认定标准在不同评价期间基本保持一致，不存在随意变更标准情况，所采用的主要评价指标具有很强的代表性与稳定性。2014~2016 年非财报内控缺陷定量认定标准所有评价指标个数分别为 1488 个、1574 个、1684 个，主要评价指标个数为 1455 个、1530 个、1643 个，主要评价指标占所有评价指标比例为 97.78%、97.20%、97.57%，说明上市公司非财报内控缺陷定量认定标准在不同评价期间基本保持一致，也不存在随意变更标准情况，所采用的主要评价指标具有很强的代表性与稳定性。

（二）内控缺陷定量认定标准临界值设定情况

上市公司普遍采用内控缺陷导致的潜在错报、漏报、损失或影响金额与设定的内控缺陷定量认定标准重要性水平临界值进行比较，分类确定内控缺陷等级（重大缺陷、重要缺陷、一般缺陷）。通过手工检索上市公司内控评价报告，发现内控缺陷认定标准临界值设定主要有如下几种：

（1）评价指标相对率标准。通常采用资产负债表项目（资产总额、所有者权益总额等）和利润表项目（营业收入、利润总额、净利润等）等评价指标的一定百分比来确定内控缺陷认定标准重要性水平的临界值。

（2）评价指标绝对额标准。通常直接指定资产负债表项目（资产总额、所有者权益总额等）和利润表项目（营业收入、利润总额、净利润等）等评价指标的具体金额标准来确定内控缺陷认定标准重要性水平的临界值。

（3）评价指标相对率标准与绝对额标准相结合。通常在采用资产负债表项目（资产总额、所有者权益总额等）和利润表项目（营业收入、利润总额、净利润等）等评价指标的一定百分比标准的同时，也指定评价指标的具体金额标准来双向确定内控缺陷认定标准重要性水平的临界值。

上市公司所采用的内控缺陷定量认定标准临界值具体情况如表 2-5 所示。

表 2-5　2014~2016 年上市公司所采用内控缺陷定量认定标准临界值披露情况

内控缺陷定量认定标准临界值	2014 年		2015 年		2016 年	
	财报标准	非财报标准	财报标准	非财报标准	财报标准	非财报标准
相对率标准	2697	1106	2486	1025	2406	956
绝对额标准	22	496	19	462	17	448
相对率与绝对额相结合标准	195	41	185	43	192	51
合计数	2914	1643	2690	1530	2615	1455

表 2-5 列示了 2014~2016 年上市公司所采用内控缺陷定量认定标准临界值设定情况。近三年在内控缺陷定量认定标准临界值使用数量中，最多是相对率标准，次之是相对率与绝对额相结合标准，最少的是绝对额标准。2014~2016 年财报相对率标准使用个数依次是 2697 个、2486 个、2406 个，占所有财报标准使用个数比例依次是 92.55%、92.42%、92.01%；2014~2016 年非财报相对率标准使用个数依次是 1106 个、1025 个、956 个，占所有非财报标准使用个数比例依次是 67.32%、66.99%、65.70%。不同于财报缺陷认定标准临界值普遍采用相对率标准的情况，上市公司非财报标准临界值采用绝对额标准方式也不在少数，2014~2016 年非财报

绝对额标准使用个数依次是 496 个、462 个、448 个，占所有非财报标准使用个数比例依次是 30.19%、30.20%、30.79%，表明上市公司普遍相对率标准设定内控缺陷定量认定标准的临界值，但绝对额标准也是非财报缺陷定量认定标准临界值设定的重要方式。

三、内控缺陷定量认定标准相对率标准披露统计分析

上市公司内控缺陷认定标准以相对率作为主要的标准临界值设定方式，非财报内控缺陷认定标准采用直接财产损失金额等绝对额作为标准临界值设定方式的上市公司也不在少数。内控缺陷认定相对率标准更容易消除上市公司规模差异，以一种更为直观的相对率方式便于不同资产规模、不同行业上市公司之间缺陷标准进行比较，也便于了解上市公司不同时期缺陷标准变化的方向和程度。2014~2016 年样本量分别为 7203 个、7478 个、8076 个，合计 22757 个。

（一）不同评价指标下内控缺陷认定相对率标准的披露情况

此处重点关注上市公司内控缺陷定量认定标准所采用的主要评价指标相对率标准披露情况。财报与非财报内控缺陷定量认定标准所采用的主要评价指标为资产总额、所有者权益总额、营业收入、利润总额、净利润等，其主要评价指标的相对率标准均值具体披露情况如表 2-6 所示。

表 2-6　2014~2016 年不同评价指标下内控缺陷认定标准相对率标准均值情况

Panel A：财报内控缺陷认定相对率标准分类不同评价指标均值披露情况

评价指标	2014 年财报		2015 年财报		2016 年财报	
	重大标准	重要标准	重大标准	重要标准	重大标准	重要标准
资产总额	0.014	0.006	0.014	0.006	0.014	0.006
所有者权益总额	0.019	0.008	0.018	0.007	0.019	0.007
营业收入	0.017	0.007	0.016	0.007	0.016	0.007
利润总额	0.058	0.027	0.058	0.027	0.058	0.028
净利润	0.061	0.027	0.058	0.024	0.057	0.024

Panel B：非财报内控缺陷认定标准分类不同评价指标的相对率标准均值情况

评价指标	2014 年非财报		2015 年非财报		2016 年非财报	
	重大标准	重要标准	重大标准	重要标准	重大标准	重要标准
资产总额	0.010	0.004	0.010	0.004	0.010	0.004
所有者权益总额	0.015	0.006	0.014	0.006	0.014	0.006
营业收入	0.016	0.007	0.014	0.006	0.015	0.006
利润总额	0.056	0.026	0.056	0.026	0.056	0.026
净利润	0.061	0.027	0.061	0.030	0.059	0.030

表 2-6 中列示内控缺陷定量认定标准主要评价指标的相对率标准均值。Panel A 中为财报内控缺陷定量认定标准主要评价指标的相对率均值，无论是财报内控缺陷认定重大标准还是重要标准，主要评价指标相对率均值排列由高到低均为净利润、利润总额、所有者权益总额、营业收入、资产总额，均值最高的净利润指标重大标准均值为 0.060，重要标准均值为 0.027，均值最低的资产总额指标重大标准均值为 0.010，重要标准均值为 0.004，均值最高评价指标是均值最低评价指标重大标准 5 倍之多，重要标准 4 倍之多，基本上符合资产负债表和利润表上相关项目的钩稽关系。通常情况下，资产负债表上资产总额高于所有者权益总额，利润表上营业收入高于利润总额，而利润总额高于净利润，整体上可知上市公司在设定财报内控缺陷定量认定标准临界值时会以较高评价指标金额与较低相对率标准相乘，尽量在多个评价指标之间保持标准的一致性，符合内在的逻辑性。财报标准各评价指标年度间变化不大，基本上保持了在不同评价期间的一致性，不存在随意变更缺陷认定标准的情况。以资产总额指标为例，2014~2016 年财报内控缺陷认定重大标准均值为 0.014，重要标准均值为 0.006，不同评价期间内标准均值不变；以所有者权益总额指标为例，2014~2016 年财报内控缺陷认定重大标准均值依次为 0.019、0.018、0.019，重要标准均值依次为 0.008、0.007、0.007，年度

间变化不大，基本上保持评价标准一致性。

　　Panel B 中为非财报内控缺陷定量认定标准主要评价指标的相对率均值，无论是非财报内控缺陷认定重大标准还是重要标准，主要评价指标相对率均值排列由高到低均为净利润、利润总额、营业收入、所有者权益总额、资产总额，均值最高的净利润指标重大标准均值为 0.060，重要标准均值为 0.027，均值最低的资产总额指标重大标准均值为 0.010，重要标准均值为 0.004，均值最高评价指标是均值最低评价指标 6 倍之多，基本上符合资产负债表和利润表上相关项目的钩稽关系。通常情况下，资产负债表上资产总额高于所有者权益总额，利润表上营业收入高于利润总额，而利润总额高于净利润，整体上可知，上市公司在设定非财报内控缺陷定量认定标准临界值时会以较高评价指标金额与较低相对率标准相乘，尽量在多个评价指标之间保持标准的一致性，符合内在的逻辑性。非财报各评价指标年度间变化不大，基本上保持了在不同评价期间的一致性，不存在随意变更缺陷认定标准的情况。以利润总额指标为例，2014~2016 年非财报内控缺陷认定重大标准均值为 0.056，重要标准均值为 0.026，不同评价期间内标准均值不变；以营业收入指标为例，2014~2016 年非财报内控缺陷认定重大标准均值依次为 0.016、0.014、0.015，重要标准均值依次为 0.007、0.006、0.006，年度间变化不大，基本上保持评价标准一致性。

　　一般情况下，无论是内控缺陷认定重大标准还是重要标准，财报内控缺陷相对率标准均高于非财报相对率标准，具体评价指标之间却也呈现出一定程度的差异性。资产总额、所有者权益总额指标，2014~2016 年财报重大标准均高于非财报重大标准 0.004 之多，财报重要标准分别高于非财报重要标准的 0.002 和 0.001 之多；利润总额指标，2014~2016 年财报重大标准高于非财报重大标准 0.002 之多，财报重要标准高于非财报重要标准的 0.001 之多；营业收入指标，2014~2016 年财报重大、重要标准均高于非财报重大、重要标准 0.001；净利润指标，2014 年财报与非财报、重大与重要标准一致，2015~2016 年财报重大标准高于非财报重大标准 0.002 之多，非财报重要标准高于财报重要标准 0.006 之多。

（二）不同行业内控缺陷认定相对率标准分类评价指标的披露情况

1. 一级行业上市公司内控缺陷认定相对率标准披露情况

此处重点关注上市公司内控缺陷定量认定标准所采用的主要评价指标相对率标准在不同行业披露情况。不同行业市场竞争程度不同，面临市场监管条件也不同，行业特征是上市公司设定内控缺陷定量认定标准高低不容忽视的重要影响因素。本书以上市公司行业分类指引（2012 年修订）作为内控缺陷认定标准行业分类基础，然后以评价指标聚集较多（以非财报标准评价指标行业内数 25 个作为筛选条件下限①）的行业进行相对率标准研究，最后再以评价指标聚集最多的制造行业分类二级行业次类，同样选取评价指标数较多的二级制造业次类进行相对率标准研究，以此观察内控缺陷认定标准的一级行业门类与二级行业次类间行业差异性。一级行业门类涉及的是采矿业（B），制造业（C），电力、热力、燃气及水生产和供应业（D），建筑业（E），批发和零售业（F），交通运输、仓储和邮政业（G），信息传输、软件和信息技术服务业（I），金融业（J），房地产业（K）以及文化、体育和娱乐业（R）10 个行业，二级制造业次类分别是酒、饮料和精制茶制造业（C15），化学原料和化学制品制造业（C26），医药制造业（C27），非金属矿物制品业（C30），通用设备制造业（C34），专用设备制造业（C35），汽车制造业（C36），电气机械和器材制造业（C38）以及计算机、通信和其他电子设备制造业（C39）9 个行业次类。不同行业上市公司内控缺陷认定相对率标准在一级行业门类和二级行业次类所采用的主要评价指标标准均值披露情况如表2-7 所示。

---

① 非财报相对率标准所采用的标准评价指标个数通常比财报相对率标准的评价指标个数少，又涉及行业内评价指标均值的计算，个数太少，均值计算意义不大，所以此处行业筛选条件设定为非财报相对率标准所采用单个评价指标个数平均在 5 个以上，一共有 5 个非财报相对率评价指标，共计 25 个。

表 2-7 2014~2016 年一级行业上市公司内控缺陷认定相对率标准均值披露情况

Panel A: 2014 年一级行业上市公司内控缺陷认定标准的相对率标准分类不同评价指标的均值披露情况

一级行业	资产总额				所有者权益总额				营业收入				利润总额				净利润			
	财报标准		非财报标准		财报标准		非财报标准		财报标准		非财报标准		财报标准		非财报标准		财报标准		非财报标准	
	重大	重要	重大	重要	重大	重要	重大	重要	重大	重要	重大	重要	重大	重要	重大	重要	重大	重要	重大	重要
B	0.013	0.006	0.013	0.005	0.012	0.005	0.008	0.004	0.014	0.006	0.023	0.008	0.049	0.024	0.048	0.023	0.050	0.020	—	—
C	0.014	0.006	0.011	0.004	0.019	0.008	0.015	0.006	0.017	0.007	0.018	0.015	0.060	0.028	0.058	0.027	0.058	0.024	0.060	0.030
D	0.011	0.004	0.007	0.003	0.018	0.006	0.010	0.004	0.014	0.006	0.008	0.010	0.053	0.027	0.050	0.026	0.046	0.017	0.050	0.010
E	0.015	0.004	0.009	0.003	0.026	0.009	0.013	0.007	0.020	0.006	0.011	0.013	0.059	0.021	0.050	0.018	0.075	0.030	—	—
F	0.016	0.006	0.012	0.005	0.023	0.009	0.011	0.006	0.014	0.005	0.014	0.011	0.063	0.031	0.060	0.030	0.071	0.036	0.073	0.045
G	0.011	0.005	0.009	0.003	0.012	0.005	0.010	0.010	0.015	0.007	0.019	0.010	0.054	0.024	0.049	0.020	0.050	0.014	0.050	0.013
I	0.016	0.008	0.010	0.004	0.031	0.011	0.040	0.014	0.019	0.009	0.008	0.040	0.057	0.026	0.057	0.027	—	—	—	—
J	0.017	0.006	0.023	0.010	0.018	0.006	0.009	0.003	0.021	0.007	0.030	0.009	0.057	0.020	0.055	0.022	0.046	0.016	0.050	0.015
K	0.014	0.006	0.008	0.004	0.022	0.009	0.013	0.006	0.021	0.009	0.013	0.013	0.059	0.026	0.058	0.028	0.080	0.039	0.057	0.028
R	0.014	0.005	0.010	0.005	0.008	0.005	0.007	0.007	0.010	0.005	0.011	0.007	0.050	0.024	0.050	0.024	—	—	—	—

续表

Panel B: 2015 年一级行业上市公司内控缺陷认定标准的相对率标准分类不同评价指标的均值披露情况

一级行业	资产总额				所有者权益总额				营业收入				利润总额				净利润			
	财报标准		非财报标准		财报标准		非财报标准		财报标准		非财报标准		财报标准		非财报标准		财报标准		非财报标准	
	重大	重要	重大	重要	重大	重要	重大	重要	重大	重要	重大	重要	重大	重要	重大	重要	重大	重要	重大	重要
B	0.012	0.005	0.012	0.005	0.011	0.004	0.005	0.003	0.013	0.005	0.013	0.005	0.047	0.021	0.057	0.021	0.050	0.020	—	—
C	0.014	0.006	0.010	0.004	0.019	0.008	0.015	0.005	0.016	0.007	0.016	0.007	0.059	0.029	0.058	0.027	0.055	0.024	0.061	0.031
D	0.011	0.004	0.007	0.003	0.016	0.006	0.009	0.005	0.014	0.005	0.007	0.003	0.054	0.026	0.050	0.026	0.047	0.015	0.050	0.010
E	0.015	0.005	0.007	0.002	0.023	0.010	0.018	0.009	0.015	0.005	0.008	0.003	0.060	0.023	0.058	0.023	0.030	0.010	—	—
F	0.016	0.006	0.015	0.007	0.019	0.008	0.011	0.006	0.014	0.005	0.013	0.005	0.060	0.029	0.054	0.027	0.068	0.033	0.073	0.045
G	0.012	0.005	0.009	0.003	0.011	0.005	0.008	0.004	0.012	0.005	0.020	0.005	0.054	0.026	0.050	0.022	0.050	0.015	0.050	0.015
I	0.016	0.007	0.010	0.004	0.022	0.009	0.018	0.009	0.017	0.008	0.008	0.004	0.055	0.027	0.053	0.025	—	—	—	—
J	0.015	0.005	0.019	0.008	0.018	0.006	0.016	0.007	0.019	0.007	0.008	0.003	0.058	0.021	0.052	0.021	0.047	0.013	0.050	0.013
K	0.014	0.006	0.007	0.003	0.020	0.008	0.014	0.006	0.020	0.008	0.011	0.005	0.060	0.027	0.058	0.028	0.078	0.038	0.057	0.028
R	0.009	0.005	0.010	0.005	0.007	0.003	0.008	0.004	0.010	0.005	0.011	0.005	0.050	0.025	0.050	0.027	0.050	0.030	0.050	0.030

续表

Panel C: 2016年一级行业上市公司内控缺陷认定标准的相对率标准分类不同评价指标的均值披露情况

一级行业	资产总额				所有者权益总额				营业收入				利润总额				净利润			
	财报标准		非财报标准		财报标准		非财报标准		财报标准		非财报标准		财报标准		非财报标准		财报标准		非财报标准	
	重大	重要	重大	重要	重大	重要	重大	重要	重大	重要	重大	重要	重大	重要	重大	重要	重大	重要	重大	重要
B	0.012	0.005	0.011	0.004	0.011	0.004	0.005	0.003	0.014	0.006	0.013	0.005	0.051	0.023	0.055	0.018	0.050	0.020	—	—
C	0.014	0.006	0.011	0.004	0.019	0.008	0.015	0.006	0.016	0.007	0.017	0.007	0.059	0.029	0.058	0.027	0.052	0.023	0.058	0.032
D	0.012	0.004	0.009	0.003	0.020	0.006	0.013	0.005	0.016	0.005	0.009	0.003	0.056	0.027	0.050	0.026	0.064	0.025	0.050	0.010
E	0.022	0.008	0.007	0.002	0.026	0.012	0.018	0.009	0.019	0.007	0.008	0.004	0.057	0.022	0.058	0.023	0.030	0.010	—	—
F	0.015	0.006	0.014	0.006	0.018	0.008	0.011	0.006	0.012	0.005	0.013	0.005	0.059	0.029	0.052	0.027	0.074	0.036	0.078	0.048
G	0.011	0.005	0.008	0.003	0.013	0.005	0.008	0.004	0.017	0.008	0.025	0.008	0.056	0.027	0.052	0.022	0.050	0.014	0.050	0.015
I	0.014	0.006	0.009	0.004	0.024	0.010	0.020	0.009	0.020	0.009	0.008	0.004	0.058	0.031	0.060	0.032	—	—	—	—
J	0.013	0.005	0.016	0.007	0.017	0.007	0.016	0.007	0.017	0.006	0.017	0.008	0.056	0.022	0.052	0.022	0.046	0.014	0.050	0.010
K	0.015	0.006	0.006	0.003	0.022	0.009	0.014	0.006	0.019	0.008	0.011	0.005	0.059	0.026	0.059	0.029	0.075	0.036	0.035	0.018
R	0.009	0.005	0.009	0.005	0.008	0.004	0.008	0.004	0.011	0.006	0.012	0.006	0.052	0.026	0.050	0.027	0.075	0.040	0.050	0.030

表 2-7 列示了上市公司一级行业内控缺陷认定相对率标准均值。内控缺陷认定相对率标准不同评价期间内差异性不大，在同一评价期内不同行业内呈现出较大差异，然而不同评价期间内行业差异也呈现一定规律，相对率标准较高的行业年度间变化不大。分析一级行业上市公司内控缺陷认定相对率标准在不同评价期间与同一评价期内行业差异性时，本章此处分别以资产负债表上资产总额评价指标进行和利润表上利润总额评价指标做比较分析。

2014~2016 年资产总额评价指标财报相对率重大标准均值最大值依次为 0.017、0.016、0.022，最小值依次为 0.011、0.009、0.009，最大值与最小值平均相差 0.009；财报相对率重要标准均值最大值依次为 0.008、0.007、0.008，最小值依次为 0.004、0.004、0.004，最大值与最小值平均相差 0.004。2014~2016 年资产总额评价指标非财报相对率重大标准均值最大值依次为 0.023、0.019、0.016，最小值依次为 0.007、0.007、0.006，最大值与最小值平均相差 0.013；非财报相对率重要标准均值最大值依次为 0.010、0.008、0.007，最小值依次为 0.003、0.002、0.002，最大值与最小值相差 0.006。2014 年资产总额财报相对率重大标准均值排名前五名行业依次为金融业（J）、批发和零售业（F）、软件和信息技术服务业（I）、建筑业（E）、制造业（C）；财报相对率重要标准均值排名前五名行业依次为软件和信息技术服务业（I）、批发和零售业（F）、金融业（J）、制造业（C）、房地产业（K）；资产总额非财报相对率重大标准均值排名前五名行业依次为金融业（J）；批发和零售业（F）；采矿业（B）；制造业（C）；文化、体育和娱乐业（R）；非财报相对率重要标准均值排名前五名行业依次为金融业（J）、批发和零售业（F）、采矿业（B）、文化、体育和娱乐业（R）、制造业（C）。2015 年资产总额财报相对率重大标准均值排名前五名行业依次为批发和零售业（F）、软件和信息技术服务业（I）、建筑业（E）、金融业（J）、制造业（C）；财报相对率重要标准均值排名前五名行业依次为金融业（J）、批发和零售业（F）、采矿业（B）、软件和信息技术服务业（I）、制造业（C）；资产总额非财报相对率重大标准均值排名前五名行业依次为金融业 (J)，批发和零售业 (F)，采矿业 (B)，制造业 (C)，文化、体育和娱乐业 (R)；非财报相对率重要标准均值排名前五名行业依次为金融业 (J)，批发和零售业 (F)，采矿业 (B)，文化、体育和娱乐业 (R)，制造业 (C)。2016 年资产总额财报相对率重大标准均值排名前五名行业依次为建筑业 (E)、批发和零售业 (F)、房地产业 (K)、软件和信息技术服务业 (I)、制造业 (C)；财报相对率重要标准均值排名前五名行业依次为金融业 (J)、批发和零售业 (F)、采矿业 (B)、制造业 (C)、文化、体育和娱乐业 (R)；资产总额非财报相对率重大标准均值排名前五名行业依次为金融业 (J)、批发和零售业 (F)、采矿业 (B)、制造业 (C)、文化、体育和娱乐业 (R)；非财报相对率重要标准均值排名前五名行业依次为金融业 (J)，批发和零售业 (F)，文化、体育和娱乐业 (R)，采矿业 (B)，制造业 (C)。资产总额相对率标准表现出同一评价期内不同行业均值差异性明显，最大值与最小值差异较大，不同评价期间行业差异性存在，但差异性不明显，财报相对率重大标准较宽松的行业集中分布在建筑业、批发和零售业、房地产业、软件和信息技术服务业、制造业、金融业等行业，重大标准较严格行业集中分布在采矿业、电力、热力、燃气及水生产和供应业、交通运输、仓储和邮政业、信息传输，以及文化、体育和娱乐业等行业；财报相对率重要标准较宽松的行业集中分布在金融业、批发和零售业、软件和信息技术服务业、采矿业、制造业等行业，重要标准较严格行业集中分布在电力、热力、燃气及水生产和供应业、建筑业、交通运输、仓储和邮政业、房地产业以及文化、体育和娱乐业等行业；非财报相对率重大标准较宽松行业集中分布在金融业、批发和零售业、采矿业、制造业、文化、体育和娱乐业等行业，重大标准较严格行业集中分布在电力、热力、燃气及水生产和供应业、建筑业、交通运输、仓储和邮政业、信息传输、软件和信息技术服务业以及房地产业等行业；非财报相对率重要标准较宽松行业集中分布在金融业、批发和零售业、采矿业、文化、体育和娱乐业、制造业等行业，重要标准较严格行业集中分布在电力、热力、燃气及水生产和供应业、建筑业、交通运输、仓储和邮政业、信息传输、软件和信息技术服务业以及房地产业，行业间差异性在同一评价期内和不同评价期间内都呈现出一定差异稳定趋势。

2014~2016 年利润总额评价指标财报相对率重大标准均值最大值依次为 0.063、0.060、0.059，最小值依次为 0.049、0.047、0.051，最大值与最小值平均相差 0.011；财报相对率重要标准均值最大值依次为 0.031、0.029、0.031，最小值依次为 0.020、0.021、0.022，最大值与最小值平均相差 0.010；2014~2016 年利润总额评价指标非财报相对率重大标准均值最大值依次为 0.060、0.058、0.060，最小值依次为 0.048、0.050、0.050，最大值与最小值平均相差 0.010；非财报相对率重要标准均值最大值依次为 0.030、0.028、0.032，最小值依次为 0.018、0.021、0.018，最大值与最小值平均相差 0.011。2014 年利润总额财报相对率重大标准均值排名前五名行业依次为批发和零售业（F），制造业（C），建筑业（E），房地产业（K），交通运输、仓储和邮政业（G）；财报相对率重要标准均值排名前五名行业依次为批发和零售业（F），制造业（C），电力、热力、燃气及水生产和供应业（D），软件和信息技术服务业（I），房地产业（K）；利润总额非财报相对率重大标准均值排名前五名行业依次为金融业批发和零售业（F）、制造业（C）、房地产业（K）、软件和信息技术服务业（I）、金融业（J）；非财报相对率重要标准均值排名前五名行业依次为批发和零售业（F），制造业（C），房地产业（K），电力、热力、燃气及水生产和供应业（D），文化、体育和娱乐业（R）。2015 年利润总额财报相对率重大标准均值排名前五名行业依次为批发和零售业（F）、建筑业（E）、房地产业（K）、制造业（C）、金融业（J）；财报相对率重要标准均值排名前五名行业依次为批发和零售业（F），制造业（C），房地产业（K），软件和信息技术服务业（I），电力、热力、燃气及水生产和供应业（D）；利润总额非财报相对率重大标准均值排名前五名行业依次为建筑业（E）、制造业（C）、房地产业（K）、采矿业（B）、批发和零售业（F）；非财报相对率重要标准均值排名前五名行业依次为房地产业（K），批发和零售业（F），制造业（C），文化、体育和娱乐业（R），电力、热力、燃气及水生产和供应业（D）。2016年利润总额财报相对率重大标准均值排名前五名行业依次为批发和零售业（F），制造业（C），房地产业（K），交通运输、仓储和邮政业（G），建筑业（E）；财报相对率重要标准均值排名前五名行业依次为软件和信息技术服务业（I），批发和零售业（F），制造业（C），电力、热力、燃气及水生产和供应业（D），交通运输、仓储和邮政业（G）；利润总额非财报相对率重大标准均值排名前五名行业依次为软件和信息技术服务业（I）、房地产业（K）、建筑业（E）、制造业（C）、采矿业（B）；非财报相对率重要标准均值排名前五名行业依次为（I），房地产业（K），制造业（C），建筑业（E），文化、体育和娱乐业（R）。利润总额相对率标准表现出同一评价期内不同行业均值差异性明显，不同评价期间行业差异性存在，但存在一定程度的差异稳定，财报相对率重大标准较宽松行业集中分布在批发和零售业、建筑业、房地产业、制造业、交通运输、仓储和邮政业等行业，重大标准较严格行业集中分布在采矿业、电力、热力、燃气及水生产和供应业、信息传输、软件和信息技术服务业、金融业以及文化、体育和娱乐业等行业；财报相对率重要标准较宽松行业集中分布在批发和零售业、制造业、电力、热力、燃气及水生产和供应业、软件和信息技术服务业、房地产业等行业，重要标准较严格行业集中分布在采矿业、建筑业、交通运输、仓储和邮政业、金融业以及文化、体育和娱乐业等行业；非财报相对率重大标准较宽松行业集中分布在批发和零售业、制造业、房地产业、建筑业、采矿业等行业，重大标准较严格行业集中分布在电力、热力、燃气及水生产和供应业、交通运输、仓储和邮政业、信息传输、软件和信息技术服务业、金融业以及文化、体育和娱乐业等行业；非财报重要标准较宽松行业集中分布在房地产业、批发和零售业、制造业、电力、热力、燃气及水生产和供应业、文化、体育和娱乐业等行业，重要标准较严格行业集中分布在采矿业、建筑业、交通运输、仓储和邮政业、信息传输、软件和信息技术服务业以及金融业等行业，行业间差异性在同一评价期内和不同评价期间内都呈现出一定差异稳定趋势。

2. 二级行业次类上市公司内控缺陷认定相对率标准披露情况

制造业行业上市公司数目在所有行业门类里最多，同时涵盖二级行业次类也为上市公司之最，此处以包含内控缺陷认定标准评价指标个数超过 25 个的制造业 9 个二级行业次类，考察其内控缺陷认定标准相对率标准均值披露情况。制造业二级行业次类所采用的主要评价指标标准均值披露情况如表 2-8 所示。

表 2-8 列示了上市公司制造业二级行业次类内控缺陷认定相对率标准均值。分析制造业二级行业次类上市公司内控缺陷认定相对率标准在不同评价期间与同一评价期内行业次类差异性时，本书此处以资产负债表上资产总额评价指标进行比较分析。2014~2016 年资产总额评价指标财报相对率重大标准均值最大值依次为 0.015、0.015、0.015，最小值依次为 0.010、0.010、0.011，最大值与最小值平均相差 0.005，财报相对率重要标准均值最大值依次为 0.006、0.007、0.007，最小值依次为 0.004、0.004、0.004，最大值与最小值平均相差 0.003；2014~2016 年资产总额评价指标非财报相对率重大标准均值最大值依次为 0.015、0.016、0.015，最小值依次为 0.008、0.009、0.008，最大值与最小值平均相差 0.007，非财报相对率重要标准均值最大值依次为 0.006、0.006、0.005，最小值依次为 0.003、0.004、0.002，最大值与最小值平均相差 0.003。相较于上市公司一级行业内控缺陷认定相对率标准在不同评价期间与同一评价期内的明显差异，二级行业次类内内控缺陷认定相对率标准不同评价期间与同一评价期内差异明显缩小，但不同评价期间内年度差异不大，同一评价期内制造业行业次类内依然存在一定程度差异。资产总额相对率标准表现出同一评价期内制造业次类存在一定程度差异，不同评价期间行业次类差异性依然存在，但差异性并不明显。财报相对率标准较宽松制造业次类分别为化学原料和化学制品制造业、医药制造业、汽车制造业等行业，财报相对率标准较严格制造业次类分别为酒、饮料和精制茶制造业、电气机械和器材制造业、专用设备制造业等行业；非财报相对率标

表2-8 2014~2016年二级行业次类上市公司内控缺陷认定相对率标准均值披露情况

Panel A: 2014年二级行业次类上市公司内控缺陷认定标准的相对率标准分类标准分类不同评价指标的均值披露情况

一级行业	资产总额 财报标准 重大	财报标准 重要	非财报标准 重大	非财报标准 重要	所有者权益总额 财报标准 重大	财报标准 重要	非财报标准 重大	非财报标准 重要	营业收入 财报标准 重大	财报标准 重要	非财报标准 重大	非财报标准 重要	利润总额 财报标准 重大	财报标准 重要	非财报标准 重大	非财报标准 重要	净利润 财报标准 重大	财报标准 重要	非财报标准 重大	非财报标准 重要
C15	0.010	0.004	0.011	0.006	0.023	0.011	0.050	0.030	0.023	0.010	0.025	0.014	0.057	0.028	0.050	0.026	0.100	0.050	0.050	0.030
C26	0.014	0.006	0.009	0.004	0.016	0.006	0.019	0.005	0.018	0.008	0.017	0.007	0.061	0.029	0.056	0.024	0.046	0.018	0.038	0.013
C27	0.014	0.006	0.010	0.005	0.025	0.013	0.008	0.004	0.023	0.011	0.030	0.014	0.058	0.029	0.066	0.034	0.050	0.011	0.050	0.020
C30	0.014	0.006	0.015	0.006	0.018	0.006	0.024	0.012	0.026	0.012	0.047	0.021	0.052	0.025	0.049	0.019	0.060	0.028	0.083	0.040
C34	0.013	0.005	0.014	0.005	0.016	0.007	0.005	0.003	0.012	0.005	0.012	0.006	0.066	0.028	0.064	0.029	—	—	—	—
C35	0.011	0.005	0.008	0.003	0.013	0.006	0.009	0.004	0.012	0.005	0.013	0.006	0.063	0.031	0.050	0.028	0.040	0.028	—	—
C36	0.015	0.006	0.011	0.005	0.018	0.007	0.013	0.005	0.016	0.006	0.009	0.003	0.055	0.026	0.056	0.026	0.076	0.030	—	—
C38	0.010	0.004	0.010	0.005	0.016	0.006	0.017	0.006	0.014	0.006	0.017	0.008	0.057	0.026	0.060	0.027	0.070	0.030	—	—
C39	0.014	0.006	0.014	0.005	0.015	0.006	0.008	0.004	0.012	0.005	0.010	0.005	0.058	0.028	0.064	0.026	0.053	0.022	0.067	0.030

续表

Panel B: 2015 年二级行业次类上市公司内控缺陷认定标准的相对率标准分类不同评价指标的均值披露情况

一级行业	资产总额				所有者权益总额				营业收入				利润总额				净利润			
	财报标准		非财报标准		财报标准		非财报标准		财报标准		非财报标准		财报标准		非财报标准		财报标准		非财报标准	
	重大	重要	重大	重要	重大	重要	重大	重要	重大	重要	重大	重要	重大	重要	重大	重要	重大	重要	重大	重要
C15	0.011	0.005	0.010	0.005	0.023	0.011	0.050	0.020	0.022	0.010	0.030	0.018	0.053	0.025	0.044	0.022	0.100	0.050	0.050	0.030
C26	0.014	0.006	0.011	0.005	0.013	0.006	0.015	0.004	0.017	0.007	0.016	0.007	0.061	0.029	0.059	0.026	0.042	0.016	0.063	0.030
C27	0.015	0.007	0.009	0.004	0.026	0.013	0.008	0.004	0.020	0.009	0.023	0.010	0.060	0.031	0.058	0.030	0.050	0.014	0.050	0.030
C30	0.014	0.005	0.011	0.004	0.019	0.006	0.019	0.010	0.020	0.009	0.039	0.017	0.057	0.030	0.054	0.027	0.045	0.015	—	—
C34	0.014	0.006	0.016	0.006	0.033	0.007	0.007	0.003	0.016	0.007	0.015	0.008	0.058	0.027	0.059	0.027	—	—	—	—
C35	0.013	0.005	0.010	0.004	0.016	0.007	0.012	0.005	0.013	0.005	0.010	0.004	0.061	0.031	0.050	0.030	—	—	—	—
C36	0.013	0.006	0.009	0.004	0.016	0.007	0.011	0.005	0.015	0.006	0.007	0.003	0.057	0.028	0.056	0.027	0.045	0.019	—	—
C38	0.010	0.004	0.009	0.004	0.016	0.006	0.017	0.006	0.015	0.007	0.016	0.008	0.056	0.026	0.059	0.028	0.067	0.027	—	—
C39	0.012	0.005	0.010	0.004	0.015	0.007	0.008	0.004	0.013	0.006	0.012	0.005	0.059	0.028	0.063	0.028	0.052	0.023	0.067	0.030

续表

Panel C: 2016年二级行业次类上市公司内控缺陷认定标准的相对率标准分类不同评价指标的均值披露情况

一级行业	资产总额				所有者权益总额				营业收入				利润总额				净利润			
	财报标准		非财报标准		财报标准		非财报标准		财报标准		非财报标准		财报标准		非财报标准		财报标准		非财报标准	
	重大	重要	重大	重要	重大	重要	重大	重要	重大	重要	重大	重要	重大	重要	重大	重要	重大	重要	重大	重要
C15	0.011	0.005	0.010	0.005	0.021	0.010	0.035	0.014	0.023	0.010	0.025	0.014	0.055	0.025	0.045	0.021	0.100	0.050	0.050	0.030
C26	0.013	0.005	0.009	0.004	0.014	0.005	0.015	0.004	0.016	0.007	0.016	0.007	0.057	0.027	0.063	0.028	0.043	0.015	0.063	0.030
C27	0.015	0.007	0.008	0.004	0.027	0.014	0.008	0.004	0.020	0.009	0.018	0.007	0.061	0.032	0.059	0.030	0.050	0.014	0.050	0.030
C30	0.015	0.005	0.011	0.005	0.011	0.006	0.018	0.009	0.021	0.010	0.039	0.017	0.057	0.031	0.059	0.031	0.043	0.017	—	—
C34	0.015	0.005	0.015	0.005	0.029	0.007	0.005	0.003	0.016	0.007	0.024	0.011	0.058	0.026	0.059	0.025	—	—	—	—
C35	0.013	0.006	0.010	0.003	0.016	0.007	0.010	0.004	0.014	0.006	0.010	0.004	0.064	0.032	0.050	0.027	—	—	—	—
C36	0.015	0.007	0.011	0.005	0.016	0.007	0.016	0.008	0.016	0.007	0.017	0.008	0.056	0.027	0.053	0.025	0.045	0.019	—	—
C38	0.011	0.004	0.009	0.004	0.014	0.005	0.018	0.007	0.015	0.007	0.017	0.008	0.055	0.026	0.057	0.027	0.052	0.021	—	—
C39	0.013	0.006	0.012	0.004	0.021	0.007	0.007	0.004	0.012	0.005	0.011	0.005	0.059	0.028	0.064	0.028	0.049	0.020	0.067	0.030

准较宽松制造业次类分别为非金属矿物制品业、通用设备制造业、通信和其他电子设备制造业等行业，非财报相对率标准较严格制造业次类分别为化学原料和化学制品制造业、医药制造业、电气机械和器材制造业等行业，制造业次类间差异性在同一评价期内和不同评价期间内都呈现出一定差异稳定趋势。

上市公司内控缺陷认定相对率标准在不同行业大类与制造业次类间呈现出一定行业差异性，无论从不同评价期间还是同一评价期内，不同行业大类间的差异性要明显大于制造业次类之间的差异性。

四、内控缺陷定量认定绝对额标准披露统计分析

上市公司内控缺陷认定标准主要以相对率标准作为标准临界值设定方式，而直接标明绝对额标准的上市公司较少。事实上，内控缺陷认定相对率标准依然采用评价指标的一定百分比来计算标准临界值，而该标准临界值本身即为绝对额，因而，此处本书对内控缺陷认定绝对额标准进行重新界定划分，分别包含相对率标准与评价指标相乘后的标准临界值、单独的绝对额标准、相对率与绝对额标准相结合的绝对额标准三部分。

针对绝对额标准进一步说明：上市公司采用多个评价指标时，就会存在多个内控缺陷认定标准临界值，为避免多重标准临界值交叉重叠，上市公司随意操纵缺陷认定等级等问题，一般都会指定采用"孰低"[1]原则选取标准临界值。另外，部分上市公司考虑经营业务可持续性，针对未来不同经营环境提前设定标准运用条件[2]，不同经营情况下采用不同的

---

[1] 多个评价指标，就存在多个内控缺陷认定标准临界值，上市公司普遍采用"孰低"原则选取标准临界值最低那个，也不乏个别上市公司明确表明采用"孰高"原则选取标准临界值最高那个标准。

[2] 例如，以利润总额作为评价指标时，可以根据如下利润情况选择其中一种标准临界值。具体标准设定如下：在公司业务持续稳定经营的情况下，选取最近一年经审计利润总额的5%；若当年利润总额较前一年减少50%以上，可选取过去三年经审计平均利润总额的5%；若当年利润总额为零或负，可考虑选取最近一年经审计营业收入的1%。

标准，既保证了标准已经设定不能随意变更的情况，又考虑多变的经济环境，具有适度弹性。此处样本全部为采取"孰低"原则、适用不同经营情况下标准选取绝对额标准作为研究对象，2014~2016 年样本量分别为4674 个、4901 个、5286 个，合计 14861 个。

（一）不同评价指标下内控缺陷认定绝对额标准的披露情况

2014~2016 年不同评价指标下上市公司采取内控缺陷认定绝对额标准均值披露情况如表 2-9 所示。

表 2-9　2014~2016 年不同评价指标下内控缺陷认定标准绝对额标准均值情况

Panel A：财报内控缺陷认定绝对额标准分类不同评价指标均值披露情况　　　　单位：万元

评价指标	2014 年财报		2015 年财报		2016 年财报	
	重大标准	重要标准	重大标准	重要标准	重大标准	重要标准
资产总额	11251	4485	15647	6318	18574	7501
所有者权益总额	11353	5183	12700	6019	12391	6274
营业收入	9186	3789	10546	4684	8937	3883
利润总额	10398	3318	15336	4505	17564	6035
净利润	12179	4546	22625	6340	22486	6474

Panel B：非财报内控缺陷认定标准分类不同评价指标的绝对额标准均值情况　　　　单位：万元

评价指标	2014 年非财报		2015 年非财报		2016 年非财报	
	重大标准	重要标准	重大标准	重要标准	重大标准	重要标准
资产总额	11174	4781	11899	5007	13208	5578
所有者权益总额	8969	2435	15910	6338	16795	6614
营业收入	17783	7446	8621	3657	22253	7668
利润总额	17689	5633	25624	10080	20649	7529
净利润	10944	7984	40095	10405	36994	8844
直接财产损失金额	1443	503	1514	516	1467	502

由表 2-9 可知，上市公司财报与非财报内控缺陷认定绝对额标准不同年度间金额变动较大，基本上呈逐年递增趋势。2014~2016 年所有者权

益总额评价指标财报重大标准分别为 11353 万元、12700 万元、12391 万元，财报重要标准分别为 5183 万元、6019 万元、6274 万元，非财报重大标准分别为 8969 万元、15910 万元、16795 万元，非财报重要标准分别为 2435 万元、6338 万元、6614 万元；2014~2016 年净利润评价指标财报重大标准分别为 12179 万元、22625 万元、22486 万元，财报重要标准分别为 4546 万元、6340 万元、6474 万元，非财报重大标准分别为 10944 万元、40095 万元、36994 万元，非财报重要标准分别为 7984 万元、10405 万元、8844 万元，财报与非财报绝对额标准逐年增加，但财报与非财报绝对额标准并未呈现出与相对率标准一致变化趋势。

一般情况下，财报内控缺陷相对率标准均高于非财报相对率标准，具体评价指标之间差异性较小，但绝对额标准却不存在如此规律。非财报与财报绝对额标准与相对率标准表现不一致，最重要原因在于非财报评价指标与财报评价指标选取往往不同，且不同的评价指标由于行业分布不同，绝对额标准往往变动明显。例如，2016 年某一金融行业上市公司非财报定量认定标准选取营业收入一定百分比设定标准临界值，而 2015 年该金融行业上市公司非财报定量认定标准并未选取营业收入作为评价指标，那么 2015 年其他行业上市公司非财报定量认定标准以营业收入一定百分比作为标准临界值，就容易出现同一评价指标不同评价年度间金额差异性明显。这也从另一个侧面解释了为何上市公司普遍采用相对率标准作为内控缺陷认定标准临界值设定方式，相对率标准更容易消除上市公司规模差异，以一种更为直观方式便于在不同资产规模、不同行业上市公司之间进行缺陷标准比较，也便于展示不同时期缺陷标准变化的方向和程度。

（二）不同行业内控缺陷认定绝对额标准分类评价指标的披露情况

不同行业上市公司内控缺陷认定绝对额标准在一级行业门类和二级行业次类所采用的主要评价指标标准均值披露情况如表 2-10 所示。

表2-10　2014~2016年一级行业上市公司内控缺陷认定绝对额标准均值披露情况

单位：万元①

Panel A：2014年一级行业上市公司内控缺陷认定绝对额标准分类不同评价指标的均值披露情况

一级行业	资产总额 财报标准 重大	财报标准 重要	非财报标准 重大	非财报标准 重要	所有者权益总额 财报标准 重大	财报标准 重要	非财报标准 重大	非财报标准 重要	营业收入 财报标准 重大	财报标准 重要	非财报标准 重大	非财报标准 重要	利润总额 财报标准 重大	财报标准 重要	非财报标准 重大	非财报标准 重要	直接财产损失 非财报标准 重大	非财报标准 重要	净利润① 财报标准 重大	财报标准 重要
B	15823	6274	20685	6621	4443	889	3497	1749	4525	2041	4105	1397	7453	2573	3344	1133	1355	395	—	—
C	8523	4031	8718	3631	5378	2187	4829	1876	5361	2105	7503	2659	3961	1861	4921	2309	1156	408	15532	5574
D	19454	6670	9226	4380	2588	975	2673	1200	7853	4059	2276	1131	7985	3277	10551	3987	2591	1040	1759	586
E	1392	617	2146	905	1671	836	5360	2695	46011	15827	148077	65088	23435	11305	34674	17912	1520	380	2164	832
F	4571	1994	9092	4299	4833	1856	4617	2134	7215	3348	5847	1770	2407	1247	3013	1739	1362	514	2690	1340
G	4023	2011	11001	5560	11219	4630	14432	6678	10543	2783	18803	4322	7375	3407	5562	2201	2590	698	3401	816
I	5757	3132	5241	2367	9795	4696	14581	6137	2894	1226	1644	822	8176	1675	10014	1865	1575	264	—	—
J	32530	5421	125328	74654	13866	68252	14211	1005	13946	6169	26168	13130	15994	2958	15599	3838	3000	900	7991	29800
K	11064	4801	21275	9135	2462	1026	2559	877	3628	1490	3542	983	7799	3029	5851	2094	1825	782	3576	2011
R	5558	2779	5558	2779	955	384	3986	2119	1888	966	1916	858	3610	1624	1146	484	1900	840	—	—

① 限于表格篇幅原因，净利润只列示了财报内控缺陷认定绝对额标准，净利润评价指标使用频率较低，尤其是非财报内控缺陷认定绝对额标准使用率更低，较少行业采用该指标。

续表

Panel B：2015年一级行业上市公司内控缺陷认定标准分类不同评价指标的绝对额标准的均值披露情况

一级行业	资产总额				所有者权益总额				营业收入				利润总额				直接财产损失		净利润	
	财报标准		非财报标准		财报标准		非财报标准		财报标准		非财报标准		财报标准		非财报标准		非财报标准		财报标准	
	重大	重要	重大	重要	重大	重要	重大	重要	重大	重要	重大	重要	重大	重要	重大	重要	重大	重要	重大	重要
B	53411	28914	23571	8115	3001	831	17746	8873	44980	22408	202	76	3070	1372	1240	369	1326	409	—	—
C	8766	3843	8632	3586	5948	2642	5742	2175	4246	1762	4999	1964	3791	1800	5157	2440	1306	442	14165	4911
D	18879	5644	5280	2355	2080	1011	2559	1350	7574	3424	6777	2800	6583	2627	10956	4130	2611	988	1936	519
E	97	19	4242	2121	3234	1617	5677	2858	37968	13148	70018	34883	27543	13303	44497	22964	1900	542	857	262
F	4276	1770	11516	4247	3386	1264	2838	1213	8408	3966	4212	1595	3443	1849	5823	3374	1409	519	2290	1321
G	2332	1160	2339	1227	16493	7630	13732	6531	10796	3091	15739	3249	7767	4195	12076	6666	2386	645	1546	419
I	18458	9555	18689	9171	2271	788	2590	1478	5532	2671	2307	1069	7220	1570	9377	1640	1300	444	—	—
J	45716	7619	152389	76194	15105	75006	25352	9645	14070	6644	—	—	25483	5108	23311	8482	2900	760	29402	69130
K	15271	6661	23255	9737	2765	1119	5029	2130	3339	1312	6730	2262	9479	3940	6469	2343	2182	909	2279	1226
R	8589	4520	8589	4520	—	—	6330	3254	1570	779	1392	696	3358	1506	1027	429	929	329	579	347

续表

Panel C: 2016年一级行业上市公司内控缺陷认定标准的绝对额标准分类不同评价指标的均值披露情况

一级行业	资产总额				所有者权益总额				营业收入				利润总额				直接财产损失		净利润	
	财报标准		非财报标准		财报标准		非财报标准		财报标准		非财报标准		财报标准		非财报标准		非财报标准		财报标准	
	重大	重要	重大	重要	重大	重要	重大	重要	重大	重要	重大	重要	重大	重要	重大	重要	重大	重要	重大	重要
B	530	2889	25254	9123	2856	808	21375	10687	38635	18228	4227	1413	12112	3161	34844	7275	1417	404	—	—
C	125	5178	9394	3806	6591	2652	5267	1945	5241	2227	5685	2284	4277	1963	5581	2474	1233	420	15766	5515
D	243	8231	9321	4367	3395	1697	7638	2873	6763	3136	2187	1082	6109	2785	6649	2826	2859	1070	23143	9278
E	97	5	4454	2227	4412	2206	6254	3173	32016	10865	50110	24836	29404	14157	49296	25243	1907	539	930	273
F	627	2485	12605	4613	2459	1096	2673	1181	9806	4736	3552	1439	3928	2106	6677	3874	1359	511	3615	1910
G	139	658	7670	3687	13562	6096	12478	6579	31058	13806	59161	26570	7210	3601	9777	4693	2218	622	3318	772
I	701	3339	14400	6960	14157	6399	11847	5588	3733	1643	1965	902	2354	1327	1981	1106	1200	330	—	—
J	151	3581	80312	40156	24489	14607	19695	7338	635	276	32024	74722	21771	6194	16131	5005	2750	800	19606	39935
K	160	7011	31092	13339	4096	1798	7288	3211	7719	3478	8423	2673	12465	5591	10232	4475	2090	878	8669	5040
R	918	4811	6286	3272	—	—	6292	3218	1341	718	1583	792	5513	2669	8561	4273	867	278	947	568

1. 一级行业上市公司内控缺陷认定绝对额标准均值披露情况

如表 2-10 所示，不同行业上市公司内控缺陷认定绝对额标准行业差异性明显。2014~2016 年资产总额财报重大绝对额标准均值最高行业为金融业，绝对额标准分别为 325300 万元、457167 万元、151575 万元；其次为采矿业，财报重大绝对额标准分别为 15823 万元、53411 万元、53055 万元；财报重大绝对额标准均值最低行业为建筑业，绝对额标准分别为 1392 万元、97 万元、97 万元，资产总额财报重大标准最高值是最低值的 4713 倍。2014~2016 年利润总额非财报重大绝对额标准均值最高行业为金融业，绝对额标准分别为 155997 万元、233116 万元、161310 万元；其次为建筑业，非财报重大绝对额标准分别为 34674 万元、44497 万元、49296 万元；非财报重大绝对额标准均值最低行业为文化、体育和娱乐业，绝对额标准分别为 1146 万元、1027 万元、8561 万元，利润总额非财报重大标准最高值是最低值的 227 倍。内控缺陷认定绝对额标准行业差异性显著，同一评价指标在不同评价期间与同一评价期内绝对额标准波动较大，不同评价指标在不同评价期间与同一评价期内绝对标准呈现不同的变动。

2. 二级行业次类上市公司内控缺陷认定绝对额标准均值披露情况

如表 2-11 所示，上市公司内控缺陷认定绝对额标准在制造业二级行业次类间呈现一定的行业差异性，但差异性相较于一级行业明显缩小。2014~2016 年资产总额财报重大绝对额标准均值最高行业为汽车制造业，金额为 24470 万元、21877 万元、25282 万元，财报重大绝对额标准均值最低行业为酒、饮料和精制茶制造业，金额为 2059 万元、1947 万元、2060 万元，资产总额财报重大标准最高值是最低值的 15.8 倍。2014~2016 年利润总额非财报重大绝对额标准均值最高行业为汽车制造业，金额分别为 13920 万元、16434 万元、12865 万元，非财报重大绝对额标准均值的最低行业为计算机、通信和其他电子设备制造业，金额分别为 1588 万元、1366 万元、1530 万元，利润总额非财报重大标准最高值是最低值的 12 倍。内控缺陷认定绝对额标准二级行业次类有差异性，同一评

表2-11 2014~2016年二级行业次类上市公司内控缺陷认定绝对额标准均值披露情况

Panel A：2014年二级行业次类上市公司内控缺陷认定绝对额标准的分类不同评价指标的均值披露情况

单位：万元

一级行业	资产总额				所有者权益总额				营业收入				利润总额				直接财产损失		净利润	
	财报标准		非财报标准		财报标准		非财报标准		财报标准		非财报标准		财报标准		非财报标准		非财报标准		财报标准	
	重大	重要	重大	重要	重大	重要	重大	重要	重大	重要	重大	重要	重大	重要	重大	重要	重大	重要	重大	重要
C15	2059	770	1979	989	1261	494	—	—	3994	1690	1316	658	2658	1539	4278	2488	1125	310	60582	30291
C26	7975	3156	6486	2528	7409	1277	11744	1731	2812	1221	2919	1075	2117	1130	1837	884	1084	350	5732	2738
C27	2098	1027	3313	1673	2500	1135	4255	2080	5291	2312	9963	3787	3089	1745	4347	2467	1156	391	1744	387
C30	5934	2599	7790	3221	2311	1101	1873	823	9685	4054	4251	2125	7380	3858	7596	3720	1429	664	3852	2370
C34	1598	716	19820	2528	2951	1408	1131	596	3413	1503	3016	1423	3197	1528	5830	2822	715	237	—	—
C35	3787	1205	7862	2159	2330	548	3266	1191	10280	2574	6292	1258	1764	971	3141	1877	1631	661	590	472
C36	24470	7357	20123	10050	6661	3262	2452	1165	23880	8384	16694	7729	12959	5760	13698	5966	941	369	90671	29557
C38	3928	1890	3814	1819	7265	3449	7078	3539	3106	1553	3482	1414	5333	1524	1993	882	1078	319	2590	908
C39	23654	14361	22389	11229	4777	1402	3423	1548	1500	655	1487	580	3671	1860	1588	700	1591	597	2077	868

续表

Panel B：2015年二级行业次类上市公司内控缺陷认定标准的绝对额标准分类不同评价指标的均值披露情况

一级行业	资产总额				所有者权益总额				营业收入				利润总额				直接财产损失		净利润	
	财报标准		非财报标准		财报标准		非财报标准		财报标准		非财报标准		财报标准		非财报标准		非财报标准		财报标准	
	重大	重要	重大	重要	重大	重要	重大	重要	重大	重要	重大	重要	重大	重要	重大	重要	重大	重要	重大	重要
C15	1947	793	2330	894	4159	1074	5902	1180	3854	1621	—	—	3047	1684	3223	1814	1037	284	64105	32052
C26	8506	2835	6865	3309	2618	1338	10923	2097	2373	992	4615	1722	2521	1322	1659	779	1031	326	4245	1838
C27	2680	1292	3494	1597	1973	852	4687	2279	2673	1277	1773	599	4125	2349	4267	2370	1254	400	1317	347
C30	6286	2945	5502	2428	2058	996	2765	1401	8005	4003	5539	2770	4741	2617	5601	3114	1250	550	3467	1056
C34	2213	940	20120	2544	4716	2284	1420	699	3054	1474	4300	2150	4529	2288	8947	4233	631	281	—	—
C35	4915	1479	9528	2796	2102	578	4898	1707	8010	2226	6724	1552	1515	870	2750	1950	1522	661	—	—
C36	21877	11085	20743	10309	10943	5471	5477	2840	13948	5013	10166	4704	9293	4271	16434	7546	1350	483	103944	31865
C38	4921	2099	5065	2146	7633	3616	10611	4554	1655	827	3231	1487	5351	1508	1735	827	1175	251	3756	1402
C39	10183	5091	22800	11403	8624	2386	3721	1657	1707	811	1278	576	3487	1768	1366	605	1843	664	1921	907

续表

Panel C：2016年二级行业次类上市公司内控整缺陷认定标准的绝对额标准分类不同评价指标的均值披露情况

一级行业	资产总额				所有者权益总额				营业收入				利润总额				直接财产损失		净利润	
	财报标准		非财报标准		财报标准		非财报标准		财报标准		非财报标准		财报标准		非财报标准		非财报标准		财报标准	
	重大	重要	重大	重要	重大	重要	重大	重要	重大	重要	重大	重要	重大	重要	重大	重要	重大	重要	重大	重要
C15	2060	824	2416	899	3059	810	3103	621	3743	1607	1983	992	3097	1636	2857	1442	1039	297	70568	35284
C26	9332	3120	6299	2737	7231	1154	14643	2201	3114	1257	4683	1741	2577	1392	1686	750	1056	330	7206	3353
C27	3205	1576	4281	1930	4538	2492	5882	2871	3176	1384	2124	701	4355	2454	4935	2701	1337	426	1346	339
C30	7012	2645	4462	1937	2527	1174	2500	1266	5817	2909	5940	2970	5310	3055	9180	5513	1367	633	6100	1810
C34	13777	1856	13047	1751	7378	3608	2555	1306	4091	2045	4091	2045	5524	1542	13920	3694	544	225	—	—
C35	5282	1890	11749	3161	3128	1110	3758	1441	6621	1976	5668	1334	1044	604	1436	936	1170	495	—	—
C36	25282	12619	20969	10359	8136	4034	3456	1728	14715	5225	16130	7112	9977	4549	12865	5931	1323	485	114677	35362
C38	5763	2464	4959	2005	5909	2672	6325	2583	3487	1711	4524	2109	8236	2695	5955	2597	1081	285	3227	1408
C39	10973	5486	18132	9020	7496	2331	3638	1792	6032	2979	2410	1230	2751	1312	1530	609	1526	576	1831	856

价指标在不同评价期间与同一评价期内绝对额标准波动不大，不同评价指标在不同评价期间与同一评价期内绝对标准变动不同。

整体来说，上市公司内控缺陷认定绝对额标准在不同行业大类与制造业次类间呈现出一定行业差异性，无论从不同评价期间还是同一评价期内，不同行业大类间的差异性要明显大于制造业次类之间的差异性。

五、内控缺陷定量认定标准变更情况统计分析

上市公司董事会应结合企业规模、行业特征和风险承受度等情况，区分财报内控和非财报内控，并区分缺陷等级（重大缺陷、重要缺陷和一般缺陷）分别制定定量和定性具体认定标准，并与以前年度保持一致，如若做出调整的，应阐明调整原因与调整后标准。

（一）内控缺陷定量认定标准变更的度量

诚然，为避免上市公司操纵内控缺陷认定标准，避重就轻进行缺陷等级认定，内控缺陷认定标准一经确定，不得随意变更。然而，当企业经营业务发生重大调整，或者根据上市公司内控建设实际情况等，允许上市公司根据内控实践或参照同业标准对内控缺陷认定标准进行调整，但必须报告调整原因、具体调整情况以及调整后的标准[①]。内控缺陷认定标准变更，就是上市公司调整评价期内控缺陷认定标准，与以前年度标准不一致。内控缺陷认定标准临界值主要采用评价指标相对率标准、绝对额标准以及相对率标准与绝对额标准相结合三种方式，从而内控缺陷认定标准变更方式主要归类为如下几种方式：

（1）相对率标准与绝对额标准互换。上市公司在评价当期发生相对率标准与绝对额标准互换，将以前年度绝对额标准调整为当期相对率标准，或将以前年度相对率标准调整为当期绝对额标准。

---

①《企业内部控制评价指引》讲解明确企业内控缺陷认定标准一经确定，不得随意变更。若是对内控缺陷认定标准进行调整，必须报告调整原因、具体调整情况以及调整后的标准。

（2）相对率标准增减评价指标。上市公司在评价当期调整以前年度相对率标准评价指标，增加或者删减相对率标准具体评价指标。

（3）相对率标准变更比率阈值。上市公司在评价当期调整以前年度相对率标准评价指标的比率阈值，调增或调减具体评价指标比率阈值。

2015~2016 年上市公司内控缺陷定量认定标准变更方式具体情况如表2-12 所示。

表2-12　2015~2016 年上市公司内控缺陷定量认定标准变更方式家数统计

内控缺陷认定标准变更方式	2015 年			2016 年			总计
	财报标准	非财报标准	合计	财报标准	非财报标准	合计	
相对率与绝对额标准互换	1	5	6	2	4	6	12
相对率标准增减评价指标	3	2	5	15	5	20	25
相对率标准变更比率阈值	38	13	51	25	7	32	83
总计	42	20	62	42	16	58	120

通过表2-9 统计可知，相较于2014 年内控缺陷认定标准，2015 年发生标准变更上市公司共计62 家，财报标准变更42 家，其中发生相对率与绝对额标准互换家数为1 家，相对率标准增减评价指标家数为3 家，相对率标准变更比率阈值家数为38 家；非财报标准变更20 家，其中发生相对率与绝对额标准互换家数为5 家，相对率标准增减评价指标家数为2 家，相对率标准变更比率阈值家数为13 家。相较于2015 年内控缺陷认定标准，2016 年发生标准变更上市公司共计58 家，财报标准变更42 家，其中发生相对率与绝对额标准互换家数为2 家，相对率标准增减评价指标家数为15 家，相对率标准变更比率阈值家数为25 家；非财报标准变更16 家，其中发生相对率与绝对额标准互换家数为4 家，相对率标准增减评价指标家数为5 家，相对率标准变更比率阈值家数为7 家。上司公司主要采用相对率标准变更比率阈值方式调整评价期内控缺陷认

定标准，并且重点调整财报缺陷认定标准，更为关注财报内控缺陷认定结果。

（二）样本选择

内控缺陷认定标准变更主要采用相对率标准与绝对额标准互换、相对率标准增减评价指标、相对率标准变更比率阈值等方式，其中将相对率标准与绝对额标准互换以及增减相对率标准具体评价指标两种变更方式，不便于形成前后评价期间标准变更的量化比较。因此，本书重点研究内控缺陷认定标准变更相对率标准比率阈值的情况，同时，为更好地考量与比较上市公司变更财报重大、重要缺陷认定标准、非财报重大、重要缺陷认定标准，仅仅基于上市公司分类年度变更标准统计，远远无法满足分析需要。此处，本书将样本细化至上市公司分类年度、财报与非财报、重大与重要标准以及分类评价指标变更进行研究，共计样本量为156个。

（三）内控缺陷认定标准变更披露情况

本书将从内控缺陷认定标准具体评价指标变更个数、变更方向、变更幅度等维度对2015~2016年上市公司内控缺陷认定标准变更情况进行深入分析。具体变更情况如表2-13所示。

1. 内控缺陷认定标准变更具体评价指标个数统计

2015~2016年上市公司内控缺陷定量认定标准具体评价指标变更情况如表2-13所示。

表2-13中，2015~2016年上市公司内控缺陷认定标准资产总额评价指标变更个数分别为29个、24个，其中2015年财报重大、重要标准变更分别为7个和14个，非财报重大、重要标准变更分别为3个和5个；2016年财报重大、重要标准变更分别为10个和9个，非财报重大、重要标准变更分别为3个和2个，共计53个。2015~2016年上市公司内控缺陷认定标准所有者权益总额评价指标变更个数分别为9个和8个，其中2015年财报重大、重要标准变更分别为2个和2个，非财报重大、重要标准变更分别为2个和3个；2016年财报重大、重要标准变更分别为3

表2-13　2015~2016年上市公司内控缺陷定量认定标准具体评价指标变更个数统计

评价指标	2015年					2016年					总计
	财报标准		非财报标准		合计	财报标准		非财报标准		合计	
	重大	重要	重大	重要		重大	重要	重大	重要		
资产总额	7	14	3	5	29	10	9	3	2	24	53
所有者权益总额	2	2	2	3	9	3	3	1	1	8	17
营业收入	10	13	—	2	25	7	7	1	—	15	40
利润总额	7	13	—	4	24	4	7	1	2	14	38
净利润	3	4	—	—	7	1	—	—	—	1	8
总计	29	46	5	14	94	25	26	6	5	62	156

个和3个，非财报重大、重要标准变更分别为1个和1个，共计17个。2015~2016年上市公司内控缺陷认定标准营业收入评价指标变更个数分别为25个和40个，其中2015年财报重大、重要标准变更分别为10个和13个，非财报重要标准变更为2个；2016年财报重大、重要标准变更分别为7个和7个，非财报重大标准变更为分别1个，共计40个。2015~2016年上市公司内控缺陷认定标准利润总额评价指标变更个数分别为24个和38个，其中2015年财报重大、重要标准变更分别为7个和13个，非财报重要标准变更为4个；2016年财报重大、重要标准变更分别为4个和7个，非财报重大、重要标准变更为分别1个和2个，共计38个。2015~2016年上市公司内控缺陷认定标准净利润评价指标变更个数分别为7个和8个，其中2015年财报重大、重要标准变更分别为3个和4个；2016年财报重大标准变更为1个，非财报重要标准变更为1个，共计15个。从上市公司内控缺陷认定标准评价指标变更频率高低依次排序为资产总额、营业收入、利润总额、所有者权益以及净利润指标，这也与2014~2016年内控缺陷认定标准评价指标使用频率高低排序基本一致。

　　从整体上看，内控缺陷认定标准评价指标财报标准发生变更频率高于非财报标准，重要标准发生变更频率高于重大标准，上市公司倾向于变更财报内控认定重要标准，尽量在保持重大标准一致前提下变更重要标准，不触及重要缺陷性质认定的上限，又可以重新调整重要缺陷等级认定的下限。

2. 内控缺陷认定标准具体评价指标变更情况统计

内控缺陷认定标准变更，就是上市公司调整评价期内控缺陷认定标准，与以前年度标准不一致。上市公司变更内控缺陷认定相对率标准比率阈值的方向只有两种结果：一种是调高相对率标准的比率阈值，本书定义为"标准变宽"；另一种是调低相对率标准的比率阈值，本书定义为"标准变严"。2015~2016 年上市公司内控缺陷认定标准变更方向、变更幅度如表 2-14 所示。

表 2-14　2015~2016 年上市公司内控缺陷定量认定标准变更情况统计

Panel A：2015~2016 年上市公司内控缺陷定量认定标准变更方向情况

年度	2015 年				2016 年			
	财报标准		非财报标准		财报标准		非财报标准	
	重大	重要	重大	重要	重大	重要	重大	重要
标准变宽	8	24	1	7	12	12	3	2
标准变严	21	22	4	7	13	14	3	3
合计	29	46	5	14	25	26	6	5

Panel B：2015~2016 年上市公司内控缺陷定量认定标准变更幅度情况

标准变更幅度①	2015 年				2016 年			
	财报标准		非财报标准		财报标准		非财报标准	
	重大	重要	重大	重要	重大	重要	重大	重要
标准变宽	0.015	0.011	0.004	0.006	0.010	0.007	0.002	0.014
标准变严	0.029	0.016	0.008	0.005	0.028	0.011	0.026	0.015

表 2-14 Panel A 列示了上市公司内控缺陷定量认定标准具体变更方向。2015~2016 年财报重大标准变宽个数分别为 8 个和 12 个，标准变严

---

① 内控缺陷认定标准变更幅度计算，是将上市公司评价期标准与以前年度标准相减。当标准变宽时，两者相减后为正数，当标准变严时，两者相减后为负数。此处是为了更好观察变更幅度大小，变更幅度均取评价期标准与以前年度标准相减数值的绝对值。

个数分别为 21 个和 13 个，财报重要标准变宽个数分别为 24 个和 12 个，标准变严个数分别为 22 个和 14 个；非财报重大标准变宽个数分别为 1 个和 3 个，标准变严个数分别为 4 个和 3 个，非财报重要标准变宽个数分别为 7 个和 2 个，标准变严个数分别为 7 个和 3 个。2015~2016 年财报重大、重要标准变严个数合计为 70 个，变宽个数合计为 56 个；非财报重大、重要标准变严个数合计为 17 个，变宽个数合计为 13 个；财报与非财报重大、重要标准变严个数共计为 87 个，变宽个数共计 69 个。从表 2-11 Panel A 可知，总的来说，上市公司倾向于变更为严格的缺陷认定标准，降低相对率标准的比率阈值。

　　表 2-14 Panel B 列示了 2015~2016 年上市公司内控缺陷认定标准变更幅度。2015~2016 年财报重大相对率标准变宽幅度均值分别为 0.015、0.010，标准变严幅度均值分别为 0.029、0.028，财报重要相对率标准变宽幅度均值分别为 0.011、0.007，标准变严幅度均值分别为 0.016、0.011；非财报重大标准变宽幅度均值分别为 0.004、0.002，标准变严幅度均值分别为 0.008、0.026，非财报重要标准变宽幅度均值分别为 0.006、0.014，标准变严幅度均值分别为 0.005、0.015。由表 2-14 Panel B 可知，上市公司倾向于变更为更为严格的缺陷认定标准，财报标准变更幅度大于非财报标准变更幅度，并且标准变严格幅度大于标准变宽松幅度。

　　从整体上看，上市公司倾向于变更为严格的缺陷认定标准，降低相对率标准的比率阈值。在内控缺陷认定标准变更程度上，财报标准变更程度大于非财报标准变更程度，并且标准变严格程度大于标准变宽松程度。

本章小结

　　为较好地了解我国 A 股上市公司内控缺陷认定标准披露现状，以期为后续实证打开研究思路与方向，构建更为契合本书研究思路与方向的准确而可靠的研究变量，层层推进、深入探究董事会治理内控缺陷深层次机理，本章分别从整体层面和具体层面区分财报与非财报内控缺陷认定标准，对我国上市公司内控缺陷认定标准披露现状进行多角度统计与分析。

整体层面，选取 2014~2016 年度所有上市公司内控评价报告所披露的财报与非财报定量、定性缺陷认定标准作为研究对象，综合对比不同板块内控信息披露情况，鉴于不同板块分别适用不同的监管政策，势必带来信息披露质量差异。整体上看，大多数主板上市公司能够执行规范内部控制评价报告格式，结合上市公司自身实际情况制定内控缺陷认定标准，并区分不同缺陷等级列示财务报告与非财务报告、定量与定性内控缺陷认定标准，但总体上呈现内控缺陷认定标准的定量标准披露情况好于定性标准披露情况，同期沪市主板上市公司内控缺陷认定标准披露情况整体上好于深市主板上市公司披露情况。

具体层面，选取 2014~2016 年沪深主板上市公司内控评价报告所披露的财报与非财报、重大与重要缺陷定量认定标准作为研究对象，分别从内控缺陷认定标准度量方式、相对率标准、绝对额标准以及标准变更等角度统计分析沪深主板上市公司内控财报与非财报、重大与重要缺陷定量认定标准的具体披露情况。具体结论如下：

第一，内控缺陷定量认定标准普遍采用资产负债表与利润表上的项目作为评价指标来源，资产负债表上使用频率较高的项目为资产总额、所有者权益总额、直接财产损失金额等指标，利润表上使用频率较高的项目为营业收入、营业利润、利润总额、净利润等指标，所采用的主要评价指标在不同评价期间基本保持一致，具有很强的代表性与稳定性；内控缺陷定量认定标准临界值主要采用相对率标准、相对率与绝对额相结合标准以及绝对额标准等设定方式，相对率标准是财报与非财报缺陷定量认定标准临界值设定最为常用的方式，但绝对额标准也是非财报缺陷定量认定标准临界值设定的重要方式。

第二，内控缺陷认定相对率标准更容易消除上市公司规模差异，以一种更为直观的方式便于比较分析不同期间、不同行业间内控缺陷认定标准变化的方向和程度。一般情况下，上市公司在设定财报、非财报内控缺陷定量认定标准临界值时会以较高评价指标金额对较低相对率标准相乘，尽量在多个评价指标之间保持标准的一致性；无论是重大标准还是重要标准，财报相对率标准均高于非财报相对率标准，且各评价指标年度间变化不大，基本上保持了在不同评价期间的一致性，不存在随意变更缺陷认定标准的情况；上市公司内控缺陷认定相对率标准在不同行业大类与制造业次类间呈现出一定行业差异性，同一评价期内不同行业内呈现出较大差异，不同评价期间内差异性不大，无论是不同评价期间还是同一评价期内，不同行业大类间的差异性要明显大于制造业次类之间的差异性。

第三，内控缺陷定量认定绝对额标准并未呈现与相对率标准一样的变化规律，其表现不一致的最重要原因在于非财报评价指标与财报评价指标选取往往不同，且不同的评价指标由于行业分布不同，绝对额标准往往变动明显。内控缺陷认定绝对额标准行业差异性显著，无论一级行业门类还是二级行业次类，同一评价指标在不同评价期间与同一评价期内绝对额标准波动较大，不同评价指标在不同评价期间与同一评价期内绝对标准呈现不同的变动，且不同行业大类间的差异性要明显大于制造业次类之间的差异性。

第四，上市公司倾向于变更为更为严格的缺陷认定标准，降低相对率标准的比率阈值。在内控缺陷认定标准变更频率上，财报标准发生变更频率高于非财报标准，重要标准发生变更频率高于重大标准；在内控缺陷认定标准变更程度上，财报标准变更程度大于非财报标准变更程度，并且标准变严格程度大于标准变宽松程度。

第三章 董事会类型、会计专长对内控缺陷认定标准影响的机理分析

从内控缺陷认定标准的制订到内控缺陷等级的认定，董事会享有内部控制缺陷认定与追责的"裁量权"。不同类型董事会的监督职能与咨询决策职能发挥程度应有不同，且不同职业背景的外部董事对董事会的咨询决策职能与监督职能的影响与侧重也不同，从而对内控缺陷认定标准的制订、裁定及追责的"裁量权"的运用也会产生差异性影响，必然带来不同的内控缺陷治理效果。本章欲探究董事会类型影响内控缺陷认定标准制订及其治理内控缺陷的深层次机理，具体安排如下：首先，深度分析董事会类型对内控缺陷认定标准制订方向的影响机理；其次，探究外部董事会计专长对董事会类型与内控缺陷认定标准制订方向影响的调节机理；最后，深入探究董事会制订内控缺陷认定标准治理内控缺陷的作用机理。

第一节 董事会类型对内控缺陷认定标准制订的影响机理

所有权与经营权相分离所带来股东与管理者之间的信息不对称加剧、代理冲突严重（Jensen and Meckling，1976；Shleifer and Vishny，1997），为了防止代理人（管理层）的机会主义行为并降低代理成本，公司要建

立治理机制，而董事会正是公司重要的内部控制机制，对公司运作负有最终的责任（Jensen and Meckling，1976），股东通过向董事会派驻代表自己利益的董事加强对管理层的监督控制，根据股东提名董事来源，将董事分类为内部董事、控股股东董事、非控股股东董事、独立董事。国际上一般根据公司董事是否来自公司内部，将董事分为"内部董事"和"外部董事"两类，其中，内部董事是指由本公司员工担任的董事；外部董事是指由非本公司员工的外部人员担任的董事，除董事身份之外，与公司不存在其他关系的人员。国外研究一般不严格区分外部董事和独立董事含义，两者混用。董事会独立性被视为解决代理问题的关键，提高外部董事比例是增强董事会独立性的有效渠道，而此处刻画的"独立性"就是相对于管理层的独立性。英美股权相对分散，独立董事作为外部董事的典型代表，是解决所有权与经营权相分离条件下委托—代理问题（第一类代理问题）的机制安排。然而，相较于成熟经济体纷纷采用独立董事制度，新兴经济体股权高度集中且投资者保护力度薄弱，大股东与中小股东代理冲突（第二类代理问题）严重，独立董事制度"水土不服"，治理作用有限。

根据股东提名董事来源，将董事分类为内部董事[①]、控股股东董事、非控股股东董事、独立董事。来源于企业内部的执行董事、职工董事以及其他来源于企业内部的董事无疑应划分为"内部董事"；由具有重要影响的非控股股东提名的非控股股东董事以及代表中小股东利益的独立董事应划分为"外部董事"。然而，由控股股东委派进驻上市公司控股股东董事究竟是属于内部董事还是外部董事呢？这是本书划分内、外部董事类型首要解决的问题。

[①] 此处的"内部董事"，仅指来源于企业内部的执行董事、职工董事以及其他来源于企业内部的董事等，未包括"控股股东董事"，不属于笔者通篇强调的两大董事类型之一的内部董事。

一、董事会类型重构

（一）董事类型划分与控股股东董事归属

公司股权相对分散情况下，由所有权与经营权相分离所带来股东与管理者之间的信息不对称加剧、代理冲突严重，此为第一类代理问题；公司股权高度集中，由所有者的现金流权与控制权分离所带来控股股东与中小股东之间信息不对称加剧、代理冲突严重，此为第二类代理问题（Claessens et al.，2000；La Porta et al.，1999）。新兴资本市场股权高度集中，缺乏有效的中小投资者法律保护制度，大股东侵占中小股东利益现象频现（Johnson et al.，2000），某种程度上来说，控股股东与中小股东之间的利益冲突超过了股东与管理层之间的代理问题（Faccio et al.，2001；Harvey et al.，2004）。中国上市公司通常存在单一控股股东，现金流权与控制权分离，薄弱的法制环境与投资者保护制度，致使控股股东侵占中小股东行为普遍存在（Berkman et al.，2009）。控股股东侵占中小股东利益方式多种多样，比如通过关联交易、过度投资、债务融资等方式进行利益侵占（俞红海等，2010；白云霞等，2013；石水平，2010）。控制股东侵占中小股东利益的途径通常是通过向董事会派出董事并控制董事会决策实现。

已有相关文献基于控股股东董事是相对独立于公司的控股股东委派的，所以将其归类于"外部董事"，但本书认为这样归类并不科学，而将其归类为"内部董事"相对更合理，其主要理由有二：其一，基于我国资本市场上控股股东侵占中小股东利益问题的普遍性，且控股股东董事大多数来源于控股股东单位，不乏兼职上市公司关键高级管理人员职务，比如总经理、副总经理、财务负责人等；上市公司董事长由控股股东委派人员担任或者兼任这一现象普遍存在，甚至董事长与总经理"两职合一"，控股股东董事与高管董事重叠，董事会的独立性受到一定程度的侵蚀，代表控股股东利益董事通过控制董事会关键职务以及多数席位，极易与管理层"合谋",这种由控股股东对中小股东的利益侵占和对公司的"掏空"所衍生出的代理问题可称为核心代理问题(石水平,2010)。因此,应将控股股东董事划分为"内部董事"。其二,之所以将控股股东董事划分为内部董事类型,进而研究董事会监督与决策效率,还有来自中国资本市场的经验证据。祝继高等(2015)通过对比内部董事、控股股东董事、非控股股东董事、独立董事等不同类型董事,在监督控股股东和管理层行为方面有差异,发现非控股股东董事在监督控股股东和管理层作用方面最为突出。执行董事身兼高管与董事双重身份,往往容易被高管角色所俘获,所以治理股东与管理层代理冲突问题,主要依赖于非执行董事与独立董事(桂荷发和黄节根,2016)。大股东非执行董事在董事会中的超高席位,将使全体股东董事会仅仅沦为"大股东董事会",进而沦为大股东谋取私利的工具,加重大股东与中小股东之间的代理成本(王斌等,2015)。根据以上分析,所以本书对董事类型的划分如图 3-1所示。

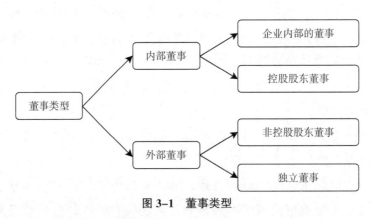

图 3-1 董事类型

(二)董事会性态与类型划分

董事会类型在相关法规中并没有明确的界定,理论研究较少。但常识告诉我们,董事会类型很大程度上取决于其内在董事的类型及其构成比例,也即取决于不同类型董事在董事会中的占比与董事会治理效应的关系,本书将这一关系称为"董事会性态"。代理理论视角倚重董事的监督与控制职能发挥，资源依赖理论则突出董事战略决策与咨询建议职能，董事会属于集体决策机构，无论是内部董事还是外部董事，凡是拥有董事会控制权的一方均可以控制董事会（Harris and Ravia，2008），从而呈现出不同的董事会治理效应。董事会依据其性态分类，可分为"外部董事占优型"和"内部董事占优型"两大类。其中，"外部董事占优型董事会"，是指董事会构成中外部董事居多，董事会控制权由外部董事主导，其治理作用主要体现为监督效应；"内部董事占优型董事会"，是指董事会构成中内部董事居多，董事会控制权由内部董事主导，其治理作用主要体现为咨询决策效应。

董事会作为公司治理机制的核心和企业战略决策的主体，一直处在公司治理改革政策辩论的中心地位，不同类型董事在董事会中构成不同，必然带来董事会治理效应的差异性。该治理效应的差异性其实是与董事会的独立性及相应的代理效应直接相关。董事会独立性是象征董事会治理效率的重要指标，董事会应该保持较小的组织规模，除了CEO担任内部董事外，其余均为外部董事（Jensen，1993）。当董事会成员主要来源于可信赖的外部董事时，董事会决策效率会大大提升（Gillette et al.，2003）。从SOX法案要求审计委员会成员全部为独立董事，到NYSE和NASD监管规则要求董事会中大多数董事应为独立董事，监管规则普遍要求公司董事会中增加外部董事比例，以提高董事会的独立性，保持董事会相对于管理层的独立性（COSO，2013），董事会独立性一直以来被视为解决代理问题的关键，提高外部董事比例是增强董事会独立性的有效渠道。代理理论认为，当股东利益与管理层利益冲突时，对现任CEO或公司的依赖会导致内部董事偏离股东利益最大化方向，外部董事在董事会占据多数席位，可避免董事会的尴尬地位，因而由"外部董事占优型的董事会"被认为是更好的"监督者"（Hillman and Dalziel，2003；Bang and Nielsen，2010；Johnson et al.，1993；Faleye et al.，2011）。

在肯定外部董事的同时，代理理论并未全盘否定内部董事的作用。内部董事却是外部董事发挥积极治理效应不可或缺的信息来源，外部董事源于企业外部，信息不对称依旧是束缚外部董事发挥治理效应的"软肋"，需要借助于内部董事和管理层分享的内部信息搭建"桥梁"，更好地发挥监督与咨询决策职能。内部董事或执行董事在公司中担任具体职务，与管理层具有相同的利益或者直接的利害关系，因此其决策的独立性和客观性备受质疑，内部董事的监督职能相对弱化。然而，内部董事任职于公司内部，直接参与企业的经营管理，相较于外部董事又具有天然的信息优势，可以更好地发挥董事会的咨询决策职能，内部董事在董事会占据多数席位，可畅通董事会的沟通渠道，降低信息不对称程度，因而由"内部董事占优型的董事会"被认为是更好的"咨询决策者"（Harris and Raviv，2008；Adams and Ferreira，2007）。然而，董事会的治理作用发挥还取决于该董事会是否具备实质上的独立性。董事会独立性的缺失直接表现为董事会治理效率的弱化，甚至于侵蚀董事会的治理根基，加重信息不对称程度，进一步恶化代理冲突。我国属于新兴资本市场，股权高度集中，缺乏有效的中小投资者法律保护制度，董事会独立性受到侵蚀问题较为普遍。比如，董事长由控股股东委派人员担任或者兼任这一现象广泛存在，且董事长对企业内部控制的影响是全方位的（陈汉文和王伟程，2014），因此，当企业存在董事长与总经理两职合一时，关键董事与高级管理者重合，极易诱使机会主义倾向，加重第一类委托代理问题；家族企业控股股东和其他有影响力的股东多为自己的家族成员，进驻董事会成员多为控股股东自身或其家族成员，关键高级管理者也多由控股股东自身或其家族成员担任，更容易形成"一言堂""内部人控制"局面，架空董事会，第二类委托代理问题更为突出等。

因此，基于本书所提及的内、外部董事分类和"董事会性态"概念，从实质上加强外部董事占优型董事会的独立性，定义董事会中外部董事占比过半，且不影响董事会控制权由外部董事所主导的董事会为"外部董事主导型董事会"，简称"外部型董事会"；反之，即为"内部董事主导型董事会"，简称"内部型董事会"。具体董事会类型划分如图3-2所示。

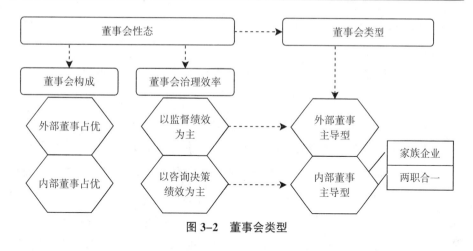

图 3-2　董事会类型

二、董事会类型影响内控缺陷认定标准制订方向的机理分析

代理理论认为，当管理层的私人目标函数有悖于股东的目标函数，且管理层存在最大化其私人控制权收益的动机时，内部董事过于依附于 CEO 导致其监督职能弱化，容易偏离股东目标函数；相反，外部董事在董事会占据多数席位，可避免董事会的尴尬地位，因而由外部董事占优型的董事会被认为是更好的监督者（Hillman and Dalziel，2003；Bang and Nielsen，2010）。Johnson 等（1993）研究董事会参与公司重组的情况，发现外部董事主导型董事会将在其他公司治理机制失效的情况下发起公司重组。Faleye 等（2011）认为，监督强化型董事会里，独立董事将大量时间用于履行监督职责，董事会监督质量会提高，然而，过分强调监督职责，会弱化董事会的咨询职责。万伟和曾勇（2013）发现，在董事会投资决策过程中，外部董事占优型董事会可以有效监督制衡内部董事，通过确保内部董事信息传递渠道的收益性，较好地发挥外部董事监督职能，提高企业投资绩效。龚辉锋和茅宁（2014）研究发现，董事会成员中存在较多数量咨询董事，在提升董事会咨询效率的同时不会削弱其监督效率，然而，董事会成员中存在较多数量监督董事，在提升董事会监督效率的同时却会削弱其咨询效率。段海艳（2016）研究发现，外部董事主

要以监督职能为主，辅之以咨询决策职能。事实上，每位董事都身负监督控制与决策咨询的双重使命，不可分割，只是代理理论视角倚重董事的监督与控制职能发挥，资源依赖理论则突出董事战略决策与咨询建议职能。不同类型董事会，监督职能与咨询决策职能发挥作用应有不同，从而对内控缺陷认定标准制订的影响机理也不同。

当董事会类型为外部型董事会时，董事会监督职能凸显，董事会成员整体上与股东利益函数一致，追求企业价值最大化，具有提升企业内部控制质量的意愿，倾向于调整更为严格的内控缺陷认定标准，及早警示企业生产经营过程中存在的风险点，及时将风险控制在可控范围之内。然而，内部董事任职于公司内部，相较于外部董事又具有天然的信息优势，可以更好地发挥咨询与决策职能，当外部董事与内部董事和管理层能够进行充分的信息沟通、真正了解企业经营过程的薄弱环节和风险点所在，倾向于制订合理的内控缺陷认定标准，否则倾向于制订更为严格的内控缺陷认定标准。事实上，更多的时候外部型董事会的监督职能凸显，不利于激发管理层主动与其分享内部信息的意愿，往往面临着信息不对称程度的加深，最后，必然倾向于调整更为严格的内控缺陷认定标准。

当董事会类型为内部型董事会时，整体上被视为"友好型董事会"，董事会咨询决策职能凸显，监督职能弱化，董事会成员整体上与股东利益函数可能不一致，是接受董事会监督的一方，调整更为宽松的内控缺陷认定标准较符合管理层降低自身约束的预期。内部董事任职于公司内部，尤其是任职位置低于 CEO 这样尴尬的处境，当管理层的谈判能力过强时，内部董事很容易被管理层俘获，使董事会的监督效力大打折扣，变成"管理层的董事会"，倾向于调整更为宽松的内控缺陷认定标准，降低对自身的约束；外部董事来源于企业外部，需要借助于内部董事和管理层分享的内部信息发挥咨询与决策职能，内部型董事会作为"友好型董事会"往往可以激发管理层主动与其分享内部信息的意愿，有利于降低外部董事与管理层之间的信息不对称。若外部董事与内部董事和管理层能够进行充分的信息沟通、真正了解企业经营过程的薄弱环节和风险点所在，倾向于制订合理的内控缺陷认定标准，然而，内部型董事会不会轻易把控制权委托给外部董事，最后，必然倾向于调整更为宽松的内控缺陷认定标准。董事会类型影响内控缺陷认定标准方向如图 3-3 所示。

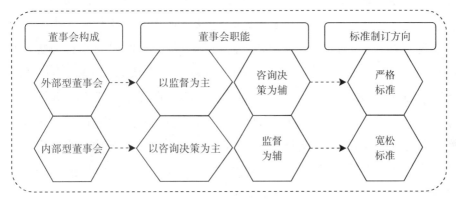

图 3-3　董事会类型影响内控缺陷认定标准方向

第二节　董事会计专长对内控缺陷认定标准制订的影响机理

从 SOX 法案要求审计委员会成员全部为独立董事，到 NYSE 和 NASD 监管规则要求董事会中大多数董事应为独立董事，监管规则普遍要求公司董事会中增加外部董事比例，以提高董事会的独立性。在保持董事会独立性的同时，监管部门基于"对公认会计原则和财务报表的理解"将导致更好的董事会监督和咨询决策职能，增加董事会里的财务专家比例，从而更好地为股东利益服务（Güner et al.，2008）。

一、会计专长董事影响董事会职能作用分析

SOX 法案最初定义审计委员会的财务专家仅仅包括会计财务专家，

比如会计师、审计师、首席财务官、财务总监、会计主管、风险管理师或具有类似经验的人士。批评人士质疑，认为仅仅关注相关会计专业知识与技能，等于将大量合格财务专家董事拒之门外，不利于董事会吸收合格的、富有经验和资源丰富的财务专家进入董事会。从而最终通过的SOX 法案条款放宽了财务专家定义，还包括非会计财务专家，指的是那些通过监督与财务报告流程、监督公司业绩以及其他相关监督经验来获得这些专业知识的人员，比如 CEO、总裁或具有类似管理经验的人士（SEC，2003），将认定财务专家董事资格的自由赋予了董事会。我国《指导意见》① 明确要求各上市公司聘任适当人员担任独立董事，其中至少包括一名会计专业人士，《治理准则》② 明确要求审计委员会中至少应有一名独立董事是会计专业人士，显然我国董事会的财务专家仅指狭隘的会计财务专家，不包含其他的非会计财务专家。

　　Hillman 和 Dalziel（2003）认为，董事会具有的相关经验和专业知识（董事会人力资本）有助于董事会更好地履行监督职能和决策咨询职能。董事会职能的发挥可以经由董事会里财务专家予以强化，财务专家可能会对公司的财务报告更加挑剔，从而强化董事会的监督职能，也可以向 CEO 提供更好的财务沟通策略建议，强化董事会的咨询服务职能，或者董事会财务专家的存在可能会让潜在的投资者和债权人放心，这将更容易吸引新的财务资源，进而强化董事会的资源依赖职能（Jeanjean and Stolowy，2009）。审计委员会一直被视为协助董事会提高财务报告透明度和完整性的重要机构，Defond 等（2005）以审计委员会任命 SOX 法案最初提议的会计财务专家与 SOX 法案最后通过的更广泛的财务专家（包括非会计财务专家）研究市场反应，研究发现，市场只认可会计财务专家所具备会计专业知识与技能是呈现高质量财务报告的保证。无独有偶，

Dhaliwa 等（2006）也依据更为宽泛的财务专家定义，将审计委员会财务专家分类为会计型、财务型和监督型，并分析了他们在抑制盈余管理方面的作用，同样地，仅发现会计型财务专家具备抑制盈余管理、提供高质量财务报告的能力。增加审计委员会财务专家和提高董事会独立性双重监管压力导致审计委员会相对于管理层的地位较低，这种地位转变会弱化审计委员会财务专家监督能力。研究发现，只有当审计委员会具有很高地位时，财务专家才能抑制公司违规行为（Badolato et al.，2014）。不同于监管机构仅仅关注审计委员会里财务专家的重要性，Cohen 等（2014）将研究视角投向了审计委员会里具有行业专长的董事，研究表明，同时具备某一领域行业专长与会计专长的董事，相较于仅仅具备会计专长的董事，更能提高审计委员会监督财务报告过程的效率。Kim 等（2014）研究发现，外部董事财务专长可以改善财务报告监控绩效，对咨询绩效的负面影响很小，这表明财务报告监控绩效的增加并不一定是以咨询绩效为代价的。很显然，外部董事的会计专长某种程度上影响董事会的监督能力（Hoitash et al.，2009）及其咨询能力（Faleye et al.，2011；Güner et al.，2008）。

二、会计专长董事影响内控缺陷认定标准制订的机理分析

董事会应明确、确保和定期评估其履职所需的技能及专业知识[①]。董事来源的多维化与专业背景多元化，必然使董事在行业、技能、经验等方面形成差异，从而有利于拓宽董事会资本的深度与广度，有助于董事会成员更好地发挥监督控制与咨询决策职能（Hillman and Dalziel，2003）。资源依赖理论表明，企业发展受限于资源获取的有限性，外部董事所拥有的专业知识、行业经验、管理才能等资源，将降低企业在内部

---

① 2013 年版 COSO 内部控制实施指南明确，为确保董事成员能够有效履职，董事会定期评估其成员履职所需的技能和专业知识。

经营环境中面临的诸多不确定性，减少对外部经济环境的过多依赖。诚然，实务中董事会成员的专业来源呈现多元化，但监管规则普遍要求董事会成员必须具备财务专长，我国上市公司相关的监管规则也仅对财务专长有硬性要求，且相应的财务专家董事仅指会计财务专家，因此本书重点考察会计专长外部董事在内控缺陷认定标准制订过程中的作用机理。

会计专长外部董事，具备扎实的专业知识和丰富的从业经验，容易甄别财报中的欺诈性信息，识别盈余操纵手段，对财务报告、内部控制等实施有效的监督。同时，会计专长外部董事鉴于其专业知识涉及会计处理流程、财务运营与战略提升、内控风险管理全程，往往更能准确把握公司经营管理与内部控制中存在的薄弱环节与风险，预先与管理层和内部董事进行沟通，相比于其他专业背景董事，管理层可能更愿意与会计专长背景董事分享面临经营管理难题、内控管理中如何对关键风险点实施管控以及企业推进战略发展遭遇"瓶颈"等信息，从而寻求更为专业的改进建议，防患于未然，而不是在内控缺陷等"负面信息"已认定既定事实下，发挥事后治理效应。事实上，事后的监督与惩罚只能"破坏"内部董事和管理层与外部董事分享"内部信息"的主观意愿，从而不利于其发挥战略咨询与监督职能。企业拥有财务专家和地位相对高的审计委员会，其盈余管理水平较低（Badolato et al.，2014），表明会计专长董事发挥了监督职能；披露内部控制缺陷的公司其审计委员会成员中具有会计专长董事越少（Zhang et al.，2007），说明审计委员会缺少会计专长董事，其监督职能与咨询决策职能弱化；审计委员会中具有财务专长的人士越多，企业发生内部控制缺陷的概率越小（Johnstone et al.，2011），说明会计专长董事有效地发挥监督职能与咨询决策职能。在审计委员会成员中，非会计财务专家董事越多，越可能及时改进重大缺陷，由此表明非会计财务专家具备的监督经验同样是董事会成员发挥监督职能中不可或缺的（Goh，2009）。非会计专长外部董事由于具有行业专长，往往是相关领域的专家，扎实的行业背景使其能够深入了解行业的演化架构和行业发展重要驱动因素，准确评估公司发展战略和参与经营活动的能力，约束管理层的违法行为，防范公司涉诉风险，从而更好地发挥外部董事监督控制与战略咨询决策职能。

当董事会类型为外部型董事会时，董事监督职能凸显，会计专长外部董事倾向于借助严格的缺陷标准进行内控风险识别与防范，加强对管理层的监督力度。然而，正是由于会计专长外部董事专业背景的特殊性，又往往有利于其发挥战略咨询决策职能，为内部董事和管理层贡献其会计专长及信息优势，从而获取管理层的信任，进而降低信息不对称程度，充分了解企业经营过程的薄弱环节和风险所在，倾向于制订符合企业实际的缺陷认定标准。非会计专长外部董事如果能够在董事会会议中与管理层进行充分沟通，降低信息不对称程度，充分了解企业经营过程的薄弱环节和风险所在，倾向于制订符合企业实际的缺陷认定标准；然而，如果沟通不畅，信息不对称程度加深，非会计专长外部董事无法发挥有效的监督与咨询功能，倾向于制订严格的缺陷认定标准，借助于严格的缺陷标准进行内控风险识别与防范，加强对管理层的监督力度。会计专长影响外部型董事会制订内控缺陷认定标准的机理如图3-4所示。

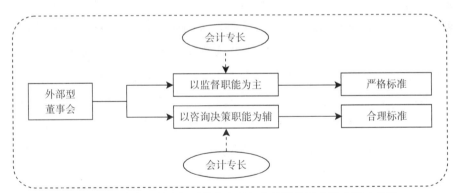

图3-4　会计专长对外部型董事会制订内控缺陷认定标准影响机理

第三节　内控缺陷认定标准对内控缺陷治理的影响机理

内部控制经由一系列的制度安排，上至企业董事会，下至企业全体员工，在公司决策、执行和监督等方面形成逻辑严密、环环相扣的制度体系，旨在最大化确保企业内控目标的实现，契合企业实现可持续发展的长远之路。然而，由于制度设计者的"有限理性"和经济环境的众多不确定性，内部控制制度最大限度为内控目标的实现提供合理保证。

一、企业内控缺陷存在的后果

实务中内控目标实现受到众多不可控因素的影响，完美运行的内部控制制度几乎是不存在的，从而表现为一种"契约不完备性"（林钟高等，2011）。内部控制缺陷就是"契约不完备性"的重要表现，内部控制缺陷的存续可能会导致内部控制无法实现其控制目标，进而无法合理保证其所依附的组织或单位的目标实现（李庆玲和沈烈，2016）。我国企业内部控制规范旨在加强和规范企业内控建设，提高企业经营管理水平，增强企业风险防范能力，最终促进企业实现发展战略。内部控制缺陷的存续可能会导致内部控制无法实现其控制目标，进而无法合理保证其所依附的组织或单位的目标实现。内部控制缺陷信息的披露作为资本市场一种消极因素，势必为使用内部控制信息各方利益相关者带来一定的经济后果。财务报告的可靠性、运营的效率和效果以及法律法规的遵从性即是COSO内控整合框架三大目标要求（COSO，1992，2013），也是我国企业内部控制规范旨在实现的内控基本目标。然而，相比那些未披露内部控制缺陷的公司，披露内部控制缺陷公司通常会面临着贷款利率上升和更严格的非价格条款等（Kim et al., 2011；Dhaliwal et al., 2011；Costello and Regina, 2011）；若公司未能改进以前年度披露的内部控制重大缺陷，尤其是公司整体层面重大缺陷未改进时，将面临更差的信用评级和更高的债务资本成本（Hammersley et al., 2012）；资本市场对内部控制缺陷和重大缺陷披露是负的价格反映（Hammersley et al., 2008），投资者作为对内部控制重大缺陷披露的反应会调整投资风险评估的水平（Rose et al., 2010）；那些未改进重大缺陷的公司更容易收到修改的审计意见和持续经营意见（Hammersley et al., 2012）。因此，那些披露内控重大缺陷的公司表现出较低的盈余稳健性，降低财务报告的可靠性，加剧企业资本成本负担，影响投资者信心，带来消极的市场反应等一系列的经济后果。因而，内部控制评价合理有效地开展，有助于识别企业内控设计与运行环节中存续的各类缺陷与不足，及早防范偏离目标的各种风险。

二、内控缺陷认定标准对内控缺陷治理的机理分析

内控缺陷认定标准既是公司开展内控评价的一把"标尺"，也是公司高质量披露内控缺陷信息的依据和保证，更是公司提升内控质量的"法宝"。内部控制评价即是董事会对照业已制订的内控缺陷认定标准，通过开展内控评价查找和分析企业内控系统中存在的妨碍内控目标实现的各种控制漏洞、目标偏离等，并有针对性地督促落实整改，全方位优化管控制度，完善内控体系，因此，内部控制评价是优化内控自我监督机制的一项重要制度安排[①]，是企业完善自身内控质量、提升企业价值的内生需求，而不仅仅是为满足监管者完善内控信息披露硬性要求的外在驱动。内生于企业内控长远发展需要，内控缺陷认定标准制订方向（严格或宽松）必然会从不同方向影响企业内控缺陷等级（重大缺陷、重要缺陷以及一般缺陷）的认定，而内控缺陷信息的披露向资本市场传递了企业内

---

① 具体内容详见《企业内部控制规范》讲解。

控设计与运行无效的"负面信号",作为资本市场一种消极信号,势必为使用内控信息各方利益相关者带来一定的经济后果。

董事会作为内控建设第一责任人,在进行内控缺陷等级认定时,普遍采用内控缺陷导致的潜在错报、漏报、损失或影响金额与已设定的内控缺陷认定标准重要性水平的临界值进行比较,分类确定内控缺陷等级。给定其他条件相同时,内控缺陷认定标准的重要性水平临界值设置得越高(标准越宽松),一项业已存在的缺陷就越不容易达到该标准临界值,董事会需要对外报告的缺陷数量虽然降低,然而隐藏在内控设计与运行环节中的各种风险和漏洞,便不能及时得到预警和控制,企业偏离目标的可能性加大;相反,内控缺陷认定标准的重要性水平临界值设置得越低(标准越严格),一项业已存在的缺陷就越容易达到该标准临界值,董事会需要对外报告的缺陷数量当下虽然增加,但隐藏在内控设计与运行环节中的各种风险和漏洞,便可能得到及时预警和控制,极大地降低企业偏离目标的可能性。内控缺陷认定标准设定的高低将直接影响内控缺陷数量披露的多寡,而内控缺陷信息的披露必然带来资本市场一定的经济后果。当董事会类型为外部型董事会时,董事会监督职能凸显,董事会成员整体上与股东利益函数一致,追求企业价值最大化,具有提升企业内部控制质量的意愿,倾向于调整更为严格的内控缺陷认定标准的意愿更强烈,及早警示企业生产经营过程中存在的风险点,及时将风险控制在可控范围之内,内控缺陷就越不容易出现,内控缺陷治理作用更为明显。具体的内控缺陷认定标准对内控缺陷治理的机理分析如图 3-5 所示。

图 3-5　内控缺陷认定标准对内控缺陷治理的机理分析

本章小结

　　本章从理论层次探入探究董事会类型、会计专长对内控缺陷认定标准制订的影响机理及其治理内控缺陷的作用机理，为后续三章实证提供了翔实的理论支撑。本章深度分析了如下三个问题：首先，深度分析董事会类型对内控缺陷认定标准制订方向影响机理；其次，探究外部董事会计专长对董事会类型与内控缺陷认定标准制订方向影响的调节机理；最后，深入探究董事会制订内控缺陷认定标准治理内控缺陷的作用机理。

第四章 董事会类型、会计专长对
内控缺陷认定标准影响的实证分析

第一节 问题提出

我国内控规范体系与美国 SEC 发布的系列政策类似，仅就内部控制缺陷分类和认定做出原则性规定，并没有一套行之有效的内控缺陷认定标准的具体操作指南。2008 年之后，有关内控缺陷认定标准规范文件陆续颁布，从侧重于定性标准，到仅在试点企业明确定性与定量标准的具体要求，逐步过渡到 2014 年在所有上市公司全面推行。为提高内控信息披露水平，2014 年 1 月 3 日，《21 号文》要求董事会结合企业自身特点，根据内控规范体系对本企业内控缺陷区分财报和非财报、定量和定性，制订适用于不同等级缺陷的具体缺陷认定标准。企业内控规范体系明确董事会对内部控制的建立健全以及有效实施负责，重大缺陷应当由董事会予以最终认定，《21 号文》要求董事会结合企业自身特点，制订适用本企业内控缺陷认定的定量与定性标准，因此，从内控缺陷认定标准的制订到内控缺陷等级的认定，董事会享有充分"裁量权"。

作为公司治理机制的核心和企业战略决策的主体，董事会是连接股东和管理层的桥梁。委托—代理视角下，董事会通过其对管理层的监督与激励，约束管理层机会主义行为，最小化代理成本从而实现股东利益最大化；资源依赖理论视角下，董事会集合众多董事资源，利用其专业知识、行业背景、声誉机制、政治资本等为公司提供开展经营活动所需的人力资本和社会资本，发挥董事战略决策与咨询作用。国际上一般根据董事是否在公司担任除董事以外的职务分为内部董事和外部董事两类。外部董事来源于公司外部，形式上独立于管理层，与股东的利益取向一致，致力于公司利润最大化（Harris and Raviv，2008），具有实施监督的动机与独立性；内部董事任职于公司内部，形式上不独立于管理层，与股东利益可能不一致，监督力度可能弱化。尤其是当管理层的谈判能力过强、内部董事占比过高时，就有可能侵蚀董事会的独立性，使董事会的监督效力大打折扣。然而，内部董事任职于公司内部，直接参与公司的经营管理，相较于外部董事又具有天然的信息优势，可以更好地发挥咨询与决策职能。外部董事所具有行业专长、任职经历与管理经验等，同样是董事会发挥监督控制与咨询决策职能所不可或缺的。保持信息畅通依然是外部董事有效履职基本条件，只有与内部董事和管理层进行充分的信息沟通、真正了解企业经营过程的薄弱环节和风险点所在，外部董事才能有的放矢，增强决策的有效性。董事会独立性一直以来被视为解决代理问题的关键，提高外部董事比例是增强董事会独立性的有效渠道，董事会中外部董事占优往往被视为满足监管要求的"形式上"独立。

董事会属于集体决策机构，无论是内部董事还是外部董事，凡是拥有董事会控制权的一方均可以控制董事会（Harris and Ravia，2008），从而呈现出不同的董事会治理效应。董事会类型在相关法规中并没有明确的界定，理论研究较少。但常识告诉我们，董事会类型很大程度上取决于其内在董事的类型及其构成比例，也即取决于不同类型董事在董事会中的占比与董事会治理效应的关系，本书将这一关系称为"董事会性态"。董事会依据其性态分类，可分为"外部董事占优型"和"内部董事占优型"两大类。当董事会构成中外部董事居多，董事会控制权由外部董事主导，其治理作用主要体现为监督效应，董事会类型归属于"外部董事占优型董事会"；当董事会构成中内部董事居多，董事会控制权由内部董事主导，其治理作用主要体现为咨询决策效应，董事会类型归属于"内部董事占优型董事会"。因此，基于本书第三章提及的内、外部董事分类和"董事会性态"概念，从实质上加强外部董事占优型董事会的独立性，定义董事会中外部董事占比过半，且不影响董事会控制权由外部董事所主导的董事会为"外部董事主导型董事会"，简称"外部型董事会"；反之，即为"内部董事主导型董事会"，简称"内部型董事会"。

自 2012~2014 年以来，沪深 A 股上市公司内部控制评价报告平均披露比例高达 93.9%，披露内控重大缺陷的比例还不到 0.89%（迪博风险管理公司，2012，2013，2014），究竟是内控建设起步较晚的我国上市公司后劲勃发内控质量本身较高，还是拥有"裁量权"董事会在内部控制评价过程中避重就轻地进行内控缺陷的认定呢？内部控制缺陷是企业的一项"负面信息"，企业趋利避害的本能在原则式缺陷认定标准导向下，不同类型董事会的监督职能与咨询决策职能发挥程度不同，且不同职业背景的外部董事对董事会的咨询决策职能与监督职能的影响与侧重也不同，从而对内控缺陷认定标准的制订产生不同的影响。

本章选取 2014~2016 年沪深主板上市公司内控评价报告所披露的财报与非财报、重大与重要缺陷定量认定相对率标准作为研究对象。考察董事会类型对内控缺陷认定标准制订方向（严格抑或宽松）影响，并进一步研究外部董事会计专长对董事会类型与内控缺陷认定标准制订宽严影响的调节作用。研究发现：①当董事会类型为外部型董事会时，董事会倾向于制订严格的内控缺陷认定标准，且在其他条件不变情况下，相较于非财报内控缺陷认定标准，董事会倾向于制订严格的财报内控缺陷认定标准；②进一步研究外部董事会计专长的调节作用，发现不同专业背景的外部董事在制订内控缺陷认定标准过程中，发挥职能作用不同，会计专长外部董事更多承担咨询专家角色，利用自己的专业特长更好地发挥咨询决策职能；非会计专长外部董事更多体现为"监督者"角色，借助于更为严格的缺陷认定标准进行内控风险识别与防范，加强对控股股东与管理层的监督和约束；③作为内部董事重要组成部分，大股东（控股股东）董事倾向于制订宽松的内控缺陷认定标准，与管理层降低自身约束的预期一致，这也印证了本书董事类型划分的正确性。

本章研究的主要贡献体现在：①从代理理论与资源依赖理论视角出发，研究董事会类型、会计专长对内控缺陷认定标准制订方向的影响，深入分析外部型董事会的监督职能与咨询决策职能在制订缺陷认定标准过程中的作用机理；②本书另辟蹊径，从内控缺陷认定标准的变化方向来研究不同类型董事的决策行为，检验董事会治理内部控制的有效性，拓展关于验证董事会治理效率问题新的研究视角。本章论证监管部门关于公司治理机制与内部控制制度权责设计有效的初衷，引导上市公司完善公司治理机制，合理制订内控缺陷认定标准，加强内部控制建设。

第二节　理论分析和假设提出

一、董事会类型与内控缺陷认定标准

作为公司治理机制的核心和企业战略决策的整体，董事会是连接股东和管理层的桥梁，董事会应根据法律要求和利益相关者等的期望明确自己的监督职责（COSO，2013），股东通过向董事会派驻代表自己利益的董事加强对管理层的监督控制，董事会独立性被视为解决代理问题的关键。当董事会成员主要来源于可信赖的外部董事时，董事会决策效率会大大提升（Gillette et al.，2003）。Dalton 等（1999）充分肯定外部董事有利于董事会咨询职责履行，但也认可董事会中应当有一定比例的内部董事，有助于缓解外部董事与其他成员之间的信息不对称，有助于提高董事会的工作质量和决策效率。基于代理理论视角，董事会职能体现为监督职能，董事会成员与管理层之间是监督与被监督关系（Fama and Jesen，

1983）；基于资源依赖理论视角，董事会职能体现为提供战略咨询与建议，不再是传统的监督与控制职能（Schmidt and Brauer，2006）。国内有关董事会职能与治理效率研究，普遍基于委托代理理论与中国资本市场经验数据展开研究，更多聚焦于董事会监督职能探讨不同类型董事监督有效性，专门研究董事会咨询决策职能研究不多，基本上都是比较监督职能与咨询决策职能孰轻孰重。祝继高等（2015）研究发现，非控股股东董事和独立董事在对控股股东和管理层监督效率方面存在差异性。陆正飞和胡诗阳（2015）认为，相对于独立董事，非执行董事监督管理层的效果更好。王斌等（2015）研究发现，国有大股东非执行董事加重了股东与管理层、大股东与中小股东之间代理成本，降低了董事会的监督效率。事实上，董事会类型不同，其监督职能与咨询决策职能发挥作用不同，代理理论视角倚重董事的监督与控制职能发挥，资源依赖理论则突出董事战略决策与咨询建议职能。

内部控制缺陷是内部控制设计与运行过程中出现的各种控制漏洞与目标偏离，这些控制漏洞与目标偏离很可能对企业实现内控目标的能力造成不利影响。有关董事会独立性与企业内控缺陷的研究文献汗牛充栋，研究普遍认可董事会独立性越强，公司存在内部控制缺陷越少（Chen et al.，2014；Chen et al.，2016），独立董事占比越高，董事会独立性越强，越有利于内控缺陷及时修复（Chen et al.，2016；Johnstone et al.，2011；Goh，2009）。SOX法案颁布以后，国外关于内部控制研究主要聚焦于SOX法案实施的成本效益性分析，公司治理特征改善对内部控制缺陷改进的影响，以及内控信息披露的影响因素和经济后果检验等方面（李庆玲、沈烈，2016），关于内控缺陷认定标准研究还存在较大空白，相关研究均跳过了内控缺陷认定标准研究，直接假设上市公司可以对内控缺陷进行专业认定和披露，从而依据各自研究角度对内部控制缺陷进行了各种各样的分类和认定。

董事会依据业已制订的内控缺陷认定标准，结合企业缺陷性质与发生可能性，进行内控缺陷等级认定，从缺陷标准制订到缺陷等级认定，董事会享有充分的"裁量权"。董事会在进行缺陷等级认定时，普遍采用内控缺陷导致的潜在错报、漏报、损失或影响金额与设定的内控缺陷定量认定标准重要性水平临界值进行比较，分类确定内控缺陷等级（重大缺陷、重要缺陷、一般缺陷）。给定其他条件相同时，内控缺陷认定标准重要性水平临界值设置得越高（标准越宽松），一项业已存在的缺陷越不容易达到标准临界值，董事会需要对外报告的重大或重要缺陷数量越少；相反，内控缺陷认定标准重要性水平临界值设置得越低（标准越严格），一项业已存在的缺陷越容易达到标准临界值，董事会需要对外报告的重大或重要缺陷数量越多。内控缺陷认定标准设定高低将直接影响内控缺陷数量披露多寡，而内控缺陷数量披露多寡必然带来资本市场一定的经济后果。

每位董事都身负监督控制与决策咨询的双重使命，不可分割，只是代理理论视角倚重董事的监督与控制职能发挥，资源依赖理论则突出董事战略决策与咨询建议职能。当董事会类型为外部型董事会时，董事会监督职能凸显，董事会成员整体上与股东利益函数一致，追求企业价值最大化，具有提升企业内部控制质量的意愿，倾向于制订严格的内控缺陷认定标准，及早警示企业生产经营过程中存在的风险点，及时将风险控制在可控范围之内，从而提高组织效率，减少与内控报告相关的成本（COSO，2013）。在企业任职的内部董事，他们的利益函数可能与股东不一致，是接受董事会监督的一方，制订宽松的内控缺陷认定标准较符合管理层降低自身约束的预期。然而，内部董事任职于公司内部，直接参与企业的经营管理，相较于外部董事又具有天然的信息优势，可以更好地发挥咨询与决策职能。资源依赖理论表明，外部董事所具有行业专长、任职经历与管理经验等，同样是外部董事发挥监督控制与战略咨询决策职能所不可或缺的。外部董事只有与内部董事和管理层进行充分的信息沟通、真正了解企业经营过程的薄弱环节和风险点所在，才能有的放矢，增强决策的有效性（Adams and Ferreira，2007）。董事会缺乏独立性可能会形成"内部人控制"问题（Jensen，1993）。尤其是，当管理层的谈判能力过强，内部董事占比过高时，就有可能侵蚀董事会的独立性，使董事会的监督效力大打折扣。新任管理层基于卸责动机，在其首个完整任职年份，更可能将内控缺陷标准向宽松方向调整（王俊和吴溪，2017）。董事长对企业内部控制的影响是全方位的（陈汉文和王伟程，2014）。因此，当企业存在董事长与总经理两职合一时，关键董事与高级管理者重合，极易诱使机会主义倾向，加重第一类委托代理问题。家族企业控股股东和其他有影响力的股东多为自己的家族成员，进驻董事会成员多为控股股东自身或其家族成员，关键高级管理者也多由控股股东自身或其家族成员担任，更容易形成"一言堂""内部人控制"局面，架空董事会，第二类委托代理问题更为突出。

谭燕等（2016）实证研究发现，董事会监督职能越强，其制订的财报内控缺陷定量认定标准越严格，董事会咨询决策职能则在后续定量标准制订过程中作用越明显。因此，当董事会类型为外部型董事会时，董事会监督职能凸显，必然倾向于制订严格的内控缺陷认定标准，更好地对控股股东和管理层实施监督。另外，上市公司管理层内部控制评价基于全面内部控制评价，既要评价财务报告内部控制，也要评价非财务报告内部控制。然而，由于内部控制审计所出具报告更多基于财务报告内部控制有效性进行判断，非财务报告内部控制仅当存在重大缺陷时才予以对外披露，因此，相较于非财务报告内控缺陷认定标准，外部型董事会倾向于制订严格的财务报告内控缺陷认定标准。基于上述分析，提出如下假设：

H1：在其他条件不变情况下，当董事会类型为外部型董事会时，董事会倾向于制订严格的内控缺陷认定标准。

H2：在其他条件不变情况下，相较于非财务报告内控缺陷认定标准，外部型董事会倾向于制订严格的财务报告内控缺陷认定标准。

二、外部董事会计专长与内控缺陷认定标准

董事会应明确、确保和定期评估其履职所需的技能和专业知识（COSO，2013）。王跃堂等（2008）指出，我国董事会成员专业主要分为法律、会计、行业三类，杨婧和郑石桥（2017）研究表明，目前上市公司董事会成员职业背景主要分为法律、财务、经济、金融、计算机和工程六类。董事来源的多维化与专业背景多元化，必然使董事在行业、技能、经验等方面形成差异，从而有利于拓宽董事会资本的深度与广度，有助于董事会成员更好地发挥监督控制与咨询决策职能。资源依赖理论表明，企业发展受限于资源获取的有限性，外部董事所拥有的专业知识、行业经验、管理才能等资源，将降低企业在内部经营环境中面临的诸多不确定性，减少对外部经济环境的过多依赖。《指导意见》明确要求各上市公司聘任适当人员担任独立董事，其中至少包括一名会计专业人士（会计专业人士是指具有高级职称或注册会计师资格的人士）。《治理准则》要求审计委员会中至少应有一名独立董事是会计专业人士。诚然，实务中董事会成员的专业来源呈现多元化，但监管规则普遍要求董事会成员必须具备财务专长，我国上市公司相关的监管规则仅对财务专长有硬性要求，且相应的财务专家仅指会计财务专家，因此本书重点考察会计专长外部董事在内控缺陷认定标准制订过程中的作用机理。

《指导意见》《治理准则》无不表明，董事发挥监督控制与咨询决策职能必须具备两大要素，分别为其独立性与专业专长，前者体现为形式上具备监督动机，后者则体现为实质上具备监督与咨询决策的能力。会计专长外部董事，具备扎实的专业知识和丰富的从业经验，容易甄别财报中的欺诈性信息，识别盈余操纵手段，对财务报告、内部控制等实施有效的监督。同时，会计专长外部董事鉴于其专业知识涉及会计处理流程、财务运营与战略提升、内控风险管理全程，往往更能准确把握公司经营管理与内部控制中存在的薄弱环节与风险，预先与管理层与内部董事进

行沟通，相比于其他专业背景董事，管理层可能更愿意与会计专长背景董事分享面临经营管理难题、内控管理中如何对关键风险点实施管控以及企业推进战略发展遭遇"瓶颈"等信息，从而寻求更为专业的改进建议，防患于未然，而不是在内控缺陷等"负面信息"已认定既定事实下，发挥事后治理效应。事实上，事后的监督与惩罚只能"破坏"内部董事和管理层与外部董事分享"内部信息"的主观意愿，从而不利于其发挥战略咨询与监督职能。非会计专长董事是董事会成员发挥监督职能中不可或缺的重要组成部分，往往是相关领域的专家，扎实的行业背景使其能够深入了解行业的演化架构和行业发展重要驱动因素，准确评估公司发展战略和参与经营活动的能力，约束管理层的违法行为，防范公司涉诉风险，从而更好地发挥外部董事监督控制与咨询决策职能。

每位董事都身负监督控制与咨询决策的双重使命，不可分割，只是代理理论视角倚重董事的监督与控制职能发挥，资源依赖理论则突出董事战略决策与咨询建议职能。当董事会类型为外部型董事会时，董事监督职能凸显，会计专长外部董事倾向于借助严格的缺陷标准进行内控风险识别与防范，加强对管理层的监督力度。然而，正是由于会计专长外部董事专业背景的特殊性，又往往有利于其发挥咨询决策职能，为内部董事和管理层贡献其会计专长和信息优势，从而获取管理层的信任，进而降低信息不对称程度，充分了解企业经营过程的薄弱环节和风险所在，倾向于制订符合企业实际的缺陷认定标准。非会计专长外部董事如果能够在董事会会议中与管理层进行充分沟通，降低信息不对称程度，充分了解企业经营过程的薄弱环节和风险所在，倾向于制订符合企业实际的缺陷认定标准；然而，如果沟通不畅，信息不对称程度加深，非会计专长外部董事无法发挥有效的监督与咨询功能，倾向于制订严格的缺陷认定标准，借助于严格的缺陷标准进行内控风险识别与防范，加强对管理层的监督力度。基于上述分析，提出如下假设：

H3a：在其他条件不变情况下，当会计专长的外部董事占比越高时，外部型董事会倾向于制订严格的内控缺陷认定标准的意愿更强烈。

H3b：在其他条件不变情况下，非会计专长的外部董事占比越高时，外部型董事会倾向于制订严格的内控缺陷认定标准的意愿更强烈。

上市公司管理层内部控制评价基于全面内部控制评价，既要评价财务报告内部控制，也要评价非财务报告内部控制。然而，由于内部控制审计所出具报告基于财务报告内部控制有效性进行判断，非财务报告内部控制仅当存在重大缺陷时才予以对外披露。因此，同样相较于非财务报告内控缺陷认定标准，会计专长（非会计专长）外部董事占比较高时倾向于制订更为严格的财务报告内控缺陷认定标准。基于上述分析，提出如下假设：

H4a：在其他条件不变情况下，相较于非财务报告内控缺陷认定标准，当会计专长的外部董事占比越高时，外部型董事会倾向于制订严格的财务报告缺陷认定标准的意愿更强烈。

H4b：在其他条件不变情况下，相较于非财务报告内控缺陷认定标准，当非会计专长的外部董事占比越高时，外部型董事会倾向于制订严格的财务报告缺陷认定标准的意愿更强烈。

第三节　研究设计

一、样本选择与数据来源

（一）样本选择

本节选取 2014~2016 年沪深主板上市公司内控评价报告所披露的财务报告重大、重要缺陷定量认定标准与非财务报告重大、重要缺陷定量认定标准作为初始研究对象。上市公司内控缺陷认定标准主要以相对率作为标准临界值设定方式，内控缺陷认定相对率标准更容易消除上市公司规模差异，以一种更为直观的方式便于不同资产规模、不同行业上市公司之间缺陷标准进行比较，也便于了解上市公司不同时期缺陷标准变化的方向和程度，因此初始样本锁定为 2014~2016 年沪深主板上市公司内控评价报告所披露的财务报告重大、重要缺陷定量认定相对率标准与非财务报告重大、重要缺陷定量认定相对率标准。鉴于上市公司通常会采用多个内控评价指标，多维度衡量内控缺陷定量认定标准临界值，因此，为更好地考量与比较上市公司披露财报重大、重要缺陷认定标准、非财报重大、重要缺陷认定标准，仅仅基于上市公司分类年度标准，远远无法满足本书分析需要，本书将其细化至上市公司分类年度、财报与非财报、分类评价指标以及重大与重要标准进行研究。

为提高研究数据的可靠性与可比性，在初始样本基础上做进一步处理：①剔除当年度被 ST、*ST 样本公司；②剔除标准披露存在明显错误与矛盾的样本公司；③剔除金融保险行业样本公司；④剔除行业样本量过少不足以形成有效检验结论的样本公司；⑤剔除数据缺失样本公司。最终得到基于"公司—年度—财报与非财报—标准评价指标—缺陷级别"有效观测值共计 19838 个，其中 2014 年观测值为 6316 个；2015 年观测值为 6510 个，2016 年观测值为 7012 个。

（二）数据来源

上市公司内控缺陷认定标准数据均来源于手工整理巨潮资讯网披露的上市公司内控评价报告。董事类型（内部董事、控股股东董事、非控股股东董事、独立董事）数据、外部董事专业特长（会计专长、非会计专长）基础数据来源于 CSMAR "中国上市公司治理结构研究"数据库，结合手工整理上市公司发布年度报告与董事会公告，以确定最终董事类型与行业特长数据。其余公司治理数据、财务数据均来源于 CSMAR 数据库。为了消除极端值的影响，本书对所有使用到的连续变量按上下 1%进行了 Winsorize 处理。本节数据处理采用 Excel 2010、Stata 11.0 软件。

二、变量定义与说明

(一)被解释变量

Mrstd:内控缺陷认定标准宽严程度变量(均值标准),虚拟变量。若上市公司当年度披露内控缺陷认定标准小于同行业均值[①],表明其内控缺陷认定标准相对来说严格,定义 Mrstd=1,否则为 0。

Mdrstd:内控缺陷认定标准宽严程度变量(中位数标准),虚拟变量。若上市公司当年度披露内控缺陷认定标准小于同行业中位数[②],表明其内控缺陷认定标准相对来说严格,定义 Mdrstd=1,否则为 0。

(二)解释变量

根据股东提名董事来源,将董事分类为内部董事、控股股东董事、非控股股东董事、独立董事。外部董事是指由上市公司或控股股东以外的人员(非本公司或控股股东员工的外部人员)担任的董事。因此,来源于企业内部的执行董事、职工董事、其他企业内部董事以及控股股东董事划分为"内部董事";由具有重要影响的非控股股东提名的非控股股东董事和独立董事归属于"外部董事"。

1. 董事会类型变量

Out:外部型董事会变量,虚拟变量。当上市公司董事会外部董事占比超过 50%,不存在董事长与总经理两职合一,不属于家族企业时,定义 Out=1,否则为 0。

Outdrct:外部董事占比变量,外部董事人数占董事会规模比例。其中,外部董事包括非控股股东董事和独立董事。

---

① 上市公司内控缺陷认定标准分类年度、财报与非财报、标准评价指标、重大与重要标准以及分类行业分别计算行业均值标准(中位数标准计算方法相同),其中制造业选取行业二级代码。

② 上市公司在制订内控缺陷认定标准过程中,更可能参照同行业均值标准,而不是中位数标准。本书此处采用中位数标准更多的是从多角度对内控缺陷认定标准宽严变量进行衡量,更好地展示回归结果的稳健性。

2. 会计专长变量

Maoutdrct：外部董事会计专长均值高低变量。当具有会计专长外部董事占比高于均值时，定义为 Maoutdrct=1，否则为 0。

Mdaoutdrct：外部董事会计专长中位数高低变量。当具有会计专长外部董事占比高于中位数时，定义为 Mdaoutdrct=1，否则为 0。

3. 财报内控缺陷认定标准变量

Financals：财报内控缺陷认定标准变量，虚拟变量。若属于财报内控缺陷认定标准，取值为 1，否则为 0，属于非财报内控缺陷认定标准。

（三）控制变量

Material：内控重大缺陷认定标准变量，虚拟变量。若属于内控重大缺陷认定标准，取值为 1，否则为 0，属于内控重要缺陷认定标准。

Sumb：董事会规模变量。董事会人数的自然对数。

Inddrct：独立董事比例变量。独立董事人数占董事会规模比例。

Soe：产权性质，虚拟变量。若属于国有上市公司，取值为 1，否则为 0。

Shrcr1：股权集中度变量。第一大股东持股比例。

Shrcr210：股权制衡度变量。第二大股东至第十大股东持股比例。

Overseas：是否海外上市变量，虚拟变量。若当年在海外上市，取值为 1，否则为 0。

Age：上市年限变量。取上市日期与统计日期差值除以 365 后数值的自然对数。

Roa：总资产收益率。期末净利润/期末总资产。

Lev：资产负债率。负债总额/期末总资产。

Growth：成长性变量（当年营业总收入金额–上年营业总收入金额）/上年营业总收入金额。

Mba：企业价值变量。期末总资产/市值。

Size：资产规模变量。期末总资产取自然对数。

Icbig10：内控审计质量变量，虚拟变量。若内控审计由中注协当年排名前十大事务所审计，取值为1，否则为0。

Icao：内控审计意见是否为标准审计意见变量[①]，虚拟变量。若内控审计意见类型为标准无保留意见，取值为1，否则为0。

Year：年份变量，虚拟变量。当观测值属于当年度，取值为1，否则为0。

Industry：行业变量，虚拟变量。参照上市公司行业分类指引（2012年修订），除制造业采用二级行业次类，其他行业均采用一级行业分类。若观测值属于该类行业，取值为1，否则为0。

Typeasse：具体标准评价指标变量，虚拟变量。内控缺陷认定相对率标准所使用主要评价指标为资产总额、所有者权益总额、营业收入、利润总额、净利润等。若观测值属于该类评价指标，取值为1，否则为0。具体变量定义如表4-1所示。

表4-1 变量定义

变量类型	变量符号	变量定义
被解释变量		
标准宽严程度	Mrstd	若公司当年度披露内控缺陷认定标准小于同行业均值，定义为标准更严格，取值为1，否则为0
	Mdrstd	若公司当年度披露内控缺陷认定标准小于同行业中位数，定义为标准更严格，取值为1，否则为0
解释变量		
外部型董事会	Out	当上市公司董事会外部董事占比超过50%，不存在董事长与总经理两职合一，不属于家族企业时，取值为1，否则为0
	Outdrct	外部董事占比变量，外部董事人数占董事会规模比例
外部董事会计专长	Maoutdrct	外部董事会计专长均值高低变量。当具有会计专长外部董事占比高于均值时，定义为Maoutdrct=1，否则为0
	Mdaoutdrct	外部董事会计专长中位数高低变量。当具有会计专长外部董事占比高于中位数时，定义为Mdaoutdrct=1，否则为0

[①] 内控审计意见若为标准审计意见类型赋值为1，而非标准审计意见（带强调事项段、否定意见或者无法表示意见等）类型，则赋值为0，这与一般内控审计意见类型赋值有别，主要在于本书关注的是内控缺陷认定标准宽严对公司内控质量的影响作用，并非单纯以其来衡量内控审计质量，下同。

续表

变量类型	变量符号	变量定义
解释变量		
财报标准	Financals	若属于财报内控缺陷认定标准，取值为 1，否则为 0，即为非财报内控缺陷认定标准
控制变量		
重大标准	Material	若属于内控重大缺陷认定标准，取值为 1，否则为 0，即为内控重要缺陷认定标准
董事会规模	Sumb	董事会人数的自然对数
独立董事占比	Inddrct	独立董事人数占董事会规模比例
产权性质	Soe	若属于国有上市公司，取值为 1，否则为 0
股权集中度	Shrcr1	第一大股东持股比例
股权制衡	Shrcr210	第二大股东至第十大股东持股比例
海外上市	Overseas	若当年在海外上市，取值为 1，否则为 0
上市年限	Age	上市日期与统计日期差值除以 365 后取其自然对数
总资产收益率	Roa	期末净利润/期末总资产
资产负债率	Lev	负债总额/期末总资产
成长性	Growth	(当年营业总收入金额－上年营业总收入金额)/上年营业总收入金额
公司价值	Mba	期末总资产/市值
资产规模	Size	期末总资产取自然对数
内控审计质量	Icbig10	若内控审计由中注协当年排名前十大事务所审计，取值为 1，否则为 0
内控审计意见	Icao	若内控审计意见类型为标准无保留意见，取值为 1，否则为 0
评价指标	Typeasse	若观测值属于该类评价指标，取值为 1，否则为 0
年份	Year	当观测值属于当年度，取值为 1，否则为 0
行业	Industry	若观测值属于该类行业，取值为 1，否则为 0

三、模型设计

为检验董事会类型、会计专长对内控缺陷认定标准制订方向影响，本章构建如下 Logit 模型：

$$\text{Logit}(\text{Mrstd}) = \alpha_0 + \alpha_1 \text{Out} + \alpha_2 \text{Financals} + \sum \text{Controls} + \sum \text{Typeasse} + \sum \text{year} +$$

$$\sum \text{Industry} + \varepsilon \tag{4-1}$$

上述模型中关于内控缺陷认定标准宽严程度变量可分别采用均值宽严标准 Mrstd 和中位数宽严标准 Mdrstd 两个变量,董事会类型变量可分别采用外部型董事会 Out 和外部董事占比 Outdrct 两个变量。当检验 H1 和 H2 时,直接采用上述模型进行回归检验外部型董事会对内控缺陷认定标准制订方向影响;当检验 H3 和 H4 时,分别基于外部董事会计专长均值高低变量 Maoutdrct 和中位数高低变量 Mdaoutdrct,分组回归检验会计专长外部董事对内控缺陷认定标准制订方向影响。

第四节　实证结果与分析

一、描述性统计分析

(一) 主要变量描述性统计分析

本书所涉及主要变量描述性统计结果如表4-2所示。

表4-2　主要变量描述性统计结果

Variable	N	Mean	Sd	Min	Median	Max
Mrstd	19678	0.693	0.461	0	1	1
Mdrstd	19678	0.751	0.432	0	1	1
Out	19678	0.572	0.495	0	1	1
Outdrct	19678	0.445	0.110	0.330	0.430	0.800
Maoutdrct	19678	0.313	0.464	0	0	1
Mdaoutdrct	19678	0.314	0.464	0	0	1
Financals	19678	0.719	0.450	0	1	1

续表

Variable	N	Mean	Sd	Min	Median	Max
Material	19678	0.500	0.500	0	0.500	1
Sumb	19678	8.925	1.838	4	9	18
Inddrct	19678	0.371	0.055	0.310	0.330	0.570
Soe	19678	0.595	0.491	0	1	1
Shrcr1	19678	0.364	0.157	0.080	0.340	0.780
Shrcr210	19678	0.197	0.126	0	0.170	0.610
Age	19678	15.50	5.977	0.580	17.08	23.92
Lnsize	19678	13.48	1.358	10.27	13.38	17.22
Overseas	19678	0.046	0.209	0	0	1
Roa	19678	0.031	0.049	−0.160	0.030	0.170
Lev	19678	0.499	0.207	0.070	0.510	0.930
Growth	19678	0.139	0.595	−0.610	0.040	4.710
Mba	19678	0.999	0.944	0.059	0.661	4.926
Icbig10	19678	0.584	0.493	0	1	1
Icao	19678	0.960	0.195	0	1	1

表 4-2 列示了主要变量描述性统计结果：①内控缺陷认定标准宽严程度变量 Mrstd 与 Mdrstd，其均值分别为 0.693 和 0.751，标准差分别为 0.461 和 0.462，表明 70% 左右上市公司制订内控缺陷认定标准相对同行业来说更为严格。②董事会类型变量 Out，均值为 0.572，标准差为 0.495，接近 57% 上市公司属于外部型董事会；外部董事占比变量 Out-drct，均值为 0.445，中位数为 0.430，标准差为 0.110，平均来看外部董事占比较高。③外部董事会计专长变量 Maoutdrct 与 Mdaoutdrct，均值分别为 0.313 和 0.314，标准离差同为 0.464，具备会计专长外部董事占比为 30% 左右，非会计专长外部董事占比 70% 左右，表明外部董事职业背景多元化，差异化职业背景必然影响董事决策行为，引致不同的决策结果。④财报与非财报内控缺陷认定标准变量 Financals，均值为 0.719，标准离差为 0.450，近 72% 上市公司使用多维度评价指标制订财报内控缺陷认定

标准①，仅 28%上市公司制订非财报内控缺陷认定标准，由于内控审计仅针对财报内控发表审计意见，故而上市公司更为关注财报内控缺陷认定标准的制订；⑤董事会规模变量 Sumb，均值为 8.925，中位数为 9，标准差为 1.838，最小值为 4，最大值为 18，大多数上市公司董事会规模满足《公司法》②关于董事会成员上、下限要求，个别上市公司董事会规模过小，可能与本书统计截止时间有关，相关董事会成员离任与就任日期衔接不到位；⑥独立董事占比变量 Inddrct，均值为 0.371，中位数为 0.330，标准差为 0.0550，基本上满足监管规定③，上市公司之间差异性不明显；⑦股权集中度变量 Shrcr1，均值 0.364，中位数为 0.34，表明上市公司股权集中度相对较高，实际支配上市公司有表决权股份 30%以上，足以对董事会成员的选任形成重大影响；股权制衡变量 Shrcr210，均值为 0.197，中位数为 0.17，表明非控股股东随着持股比例上升，在上市公司董事会中话语权越来越大，在一定程度上可以与控股股东与内部董事制衡；⑧资产规模变量 Size，均值为 13.48，中位数为 13.38，标准差为 1.358，上市公司之间资产规模差异性明显；⑨内控审计质量变量 Icbig10，均值为 0.584，标准差为 0.493，接近 60%上市公司选择"十大"审计事务所。

（二）单变量差异性检验

主要变量区分董事会类型分组的描述性统计分析如表 4-3 所示。

表 4-3 列示了主要变量分类董事会类型的差异性检验结果。从表 4-3 可知，内控缺陷认定标准宽严程度变量 Mrstd 和 Mdrstd，无论是均值 T 检验还是中位数 Z 检验，其差异性检验均通过 1%显著性水平，初步表明相对于内部型董事会来说，外部型董事会倾向于制订更为严格的内控缺陷

---

① 此处财报与非财报内控缺陷认定标准披露比例大不同于前文第二章统计数据，主要原因在于本节所有内控缺陷认定标准均基于"公司—年度—财报与非财报—标准评价指标—缺陷级别"维度进行列示，前文第二章内控缺陷认定标准披露数据仅仅基于"公司—年度—财报与非财报"维度进行列示。

② 《公司法》（2015 年修订）第 108 条指出，股份有限公司董事会成员为 5~19 人，下同。

③ 《指导意见》提出，各上市公司在 2003 年 6 月 30 日以前，董事会成员中至少包括 1/3 独立董事。

表4-3　主要变量区分董事会类型差异性检验

变量	Out=0			Out=1			差异性检验	
Variable	Number	Mean	Median	Number	Mean	Median	均值差异 T 值	中位数差异 Z 值
Mrstd	8416	0.6634	1	11262	0.7143	1	−7.7003***	−7.689***
Mdrstd	8416	0.7192	1	11262	0.7750	1	−9.0004***	−8.982***
Outdrct	8416	0.4391	0.4300	11262	0.4491	0.4300	−6.3365***	−6.406***
Maoutdrct	8416	0.2907	0	11262	0.3292	0	−5.8002***	−5.795***
Mdaoutdrct	8416	0.2907	0	11262	0.3306	0	−6.0083***	−6.003***
Financals	8416	0.7074	1	11262	0.7275	1	−3.1083***	−3.108***
Sumb	8416	8.5563	9	11262	9.2008	9	−24.8121***	−23.414***
Inddrct	8416	0.3706	0.3300	11262	0.3713	0.3500	−0.9763	−1.427
Soe	8416	0.1273	0	11262	0.9447	1	−198.7381***	−116.032***
Shrcr1	8416	0.3262	0.3000	11262	0.3929	0.3900	−30.3502***	−31.507***
Shrcr210	8416	0.2167	0.1900	11262	0.1814	0.1500	19.6462***	20.621***
Age	8416	14.3556	16.3300	11262	16.3610	17.5800	−23.7092***	−18.273***
Lnsize	8416	13.1446	13.0779	11262	13.7352	13.6325	−31.0187***	−29.304***
Overseas	8416	0.0281	0	11262	0.0592	0	−10.3977***	−10.370***
Icbig10	8416	0.5410	1	11262	0.6153	1	−10.5272***	−10.498***
Icao	8416	0.9540	1	11262	0.9649	1	−3.8957***	−3.894***

注：均值差异检验汇报的是 T 值，中位数差异检验汇报的是 Z 值，***、**、* 分别表示 1%、5%、10%的显著水平（双尾）。

认定标准。财报与非财报内控缺陷认定标准变量 Financals，无论是均值 T 检验还是中位数 Z 检验，其差异性检验均通过 1%显著性水平，初步表明相对于内部型董事会来说，外部型董事会采用多维度评价指标，制订多重财报内控缺陷认定标准。外部董事会计专长变量 Maoutdrct2 与 Mdaout-drct2，无论是均值 T 检验还是中位数 Z 检验，其差异性检验均通过 1%显著性水平，初步表明相对于内部型董事会来说，外部型董事会成员职业背景中，具备会计专长外部董事占比相对较高。另外，在外部型董事会样本组与内部型董事会样本组差异性检验中，除独立董事占比变量 Inddrct 未通过显著性水平检验外，其他主要变量无论是均值 T 检验还是中位数 Z 检验，其差异性检验均通过 1%显著性水平，表明外部型董事会与内部型董事会样本特征存在较大差异性。

二、相关性分析

表 4-4 主要变量相关系数表明，内控缺陷认定标准宽严程度变量 Mrstd 和 Mdrstd，与外部董事会变量 Out 和 Outdrct 之间是显著正相关关系，表明外部型董事会倾向于制订严格内控缺陷认定标准；内控缺陷认定标准宽严程度变量 Mrstd 和 Mdrstd，与外部董事会计专长变量 Mdaout-drct 之间是显著正相关关系，初步表明外部董事倾向于制订严格内控缺陷认定标准；财报或非财报内控缺陷认定标准变量 Financals，与内控缺陷认定标准宽严程度变量 Mrstd 和 Mdrstd 之间是显著正相关关系，与外部董事会变量 Out 之间也是显著正相关关系，表明相对非财报内控缺陷认定标准，外部型董事会倾向于制订严格财报内控缺陷认定标准；其他变量相关系数如表 4-4 所示，各变量之间相关系数不大，模型不存在严重的多重共线性问题。具体情况如表 4-4 所示。

三、回归结果分析

（一）董事会类型与内控缺陷认定标准回归分析

董事会类型对内控缺陷认定标准制订宽严影响的回归结果如表 4-5 所示。

表4-4　主要变量相关系数检验

	Mrstd	Mdrstd	Out	Outdrct	Mdaoutdrct	Financals	Lnsumb	Inddrct	Soe	Shrcr1	Shrcr210	Lnage	Lnsize	Icbig10
Mrstd	1													
Mdrstd	0.807***	1												
Out	0.055***	0.064***	1											
Outdrct	0.027**	0.024***	0.045***	1										
Mdaoutdrct	0.013*	0.015**	0.043***	0.064***	1									
Financals	0.061***	0.028**	0.022**	-0.002	0.008	1								
Lnsumb	0.023**	0.032***	0.172***	-0.114***	-0.047***	-0.001	1							
Inddrct	-0.003	-0.007	0.007	0.367***	0.002	-0.004	-0.486***	1						
Soe	0.038***	0.045***	0.424***	-0.041***	0.024***	0.032***	0.164***	-0.019**	1					
Shrcr1	0.001	0.018**	0.211***	-0.182***	0.009	0.012	0.015**	0.030***	0.225***	1				
Shrcr210	0.019***	0.023**	-0.138***	0.264***	-0.015**	-0.025**	0.071***	-0.016**	-0.193***	-0.375***	1			
Lnage	0.004	0.006	0.183***	-0.005	0.084***	-0.001	0.028	-0.004	0.200***	-0.199***	-0.191***	1		
Lnsize	0.084***	0.090***	0.215***	0.014**	-0.015**	-0.033**	0.249***	0.050***	0.208***	0.267***	0.069***	0.107***	1	
Icbig10	-0.011	-0.016**	0.075***	-0.010	0.013*	-0.006	0.050**	0.040***	0.082***	0.104***	-0.017	-0.033**	0.137***	1

注：***、**、*分别表示1%、5%、10%显著性水平（双尾）。

表 4-5 董事会类型对内控缺陷认定标准制订宽严的影响

Variable	(1) Mrstd	(2) Mrstd	(3) Mdrstd	(4) Mdrstd
Out	0.338** (2.43)		0.360** (2.35)	
Outdrct①		0.767* (1.74)		0.735 (1.52)
Financals	0.308*** (4.76)	0.306*** (4.72)	0.173** (2.56)	0.171** (2.53)
Material	0.427*** (12.17)	0.426*** (12.18)	0.0300 (0.88)	0.0300 (0.88)
Sumb	−0.117 (−0.43)	−0.0990 (−0.36)	−0.0870 (−0.29)	−0.0620 (−0.21)
Inddrct	−0.430 (−0.50)	−0.896 (−0.95)	−0.534 (−0.54)	−0.959 (−0.90)
Soe	−0.105 (−0.70)	0.165 (1.53)	−0.165 (−1.01)	0.125 (1.05)
Shrcr 1	−0.309 (−0.90)	−0.208 (−0.60)	−0.166 (−0.43)	−0.0650 (−0.17)
Shrcr 210	0.202 (0.51)	0.0920 (0.23)	0.246 (0.56)	0.151 (0.34)
Age	−0.0250 (−0.39)	−0.0180 (−0.28)	−0.0120 (−0.16)	−0.00400 (−0.05)
Size	0.206*** (3.88)	0.215*** (4.03)	0.197*** (3.35)	0.206*** (3.48)
Overseas	0.0440 (0.22)	0.0260 (0.13)	0.116 (0.48)	0.0960 (0.40)
roa	−0.122 (−0.14)	−0.171 (−0.19)	−0.0400 (−0.04)	−0.0810 (−0.08)
lev	−0.0960 (−0.34)	−0.101 (−0.35)	−0.136 (−0.44)	−0.141 (−0.46)

---

① 外部董事占比 Outdrct 变量并不能准确衡量董事会类型，即使当外部董事占比 Outdrct 超过50%，也不能认定该上市公司董事会类型属于外部型董事会，只有排除董事长与总经理"两职合一"和非家族企业等影响董事会独立性因素，才能将其归类为外部型董事会。故而，此处只是为展示外部董事占比与内控缺陷制订标准宽严变化趋势。

续表

Variable	(1) Mrstd	(2) Mrstd	(3) Mdrstd	(4) Mdrstd
Growth	−0.0580 (−1.21)	−0.0570 (−1.20)	−0.0590 (−1.14)	−0.0590 (−1.14)
Mba	−0.0220 (−0.32)	−0.0340 (−0.49)	−0.0090 (−0.11)	−0.0210 (−0.28)
Icbig10	−0.112 (−1.31)	−0.109 (−1.27)	−0.147 (−1.57)	−0.144 (−1.53)
Icao	0.110 (0.61)	0.126 (0.69)	0.123 (0.65)	0.138 (0.73)
Cons	−1.867** (−2.00)	−2.195** (−2.35)	−0.805 (−0.76)	−1.151 (−1.09)
Typeasse	Yes	Yes	Yes	Yes
Year	Yes	Yes	Yes	Yes
Industry	Yes	Yes	Yes	Yes
Observations	19678	19678	19678	19678
Pseudo R^2	0.0320	0.0315	0.0186	0.0178

注：括号中汇报的是 Z 值，***、**、* 分别表示 1%、5%、10%显著性水平。模型已控制标准评价指标、年度以及行业的固定效应。

表 4-5 中列示了董事会类型对内控缺陷认定标准制订宽严影响的回归结果。其中，第一列与第二列是基于均值标准宽严的回归结果列示，第三列与第四列是基于中位数标准宽严的回归结果列示。

第一列、第三列董事会类型变量 Out 与内控缺陷认定标准显著正相关，显著性水平为 5%，表明当董事会类型为外部型董事会时，董事会倾向于制订严格的内控缺陷认定标准，H1 得到证实；第二列外部董事占比变量 Outdrct 与内控缺陷认定标准显著正相关，显著性水平为 10%，说明外部董事占比越高，董事会倾向于制订严格的内控缺陷认定标准，H1 得到证实；第四列外部董事占比变量 Outdrct 与内控缺陷认定标准正相关，但未通过显著性检验。整体上来说，当董事会类型为外部型董事会时，董事会倾向于制订严格的内控缺陷认定标准，H1 得到证实。

第一列、第二列、第三列、第四列中财报缺陷认定标准变量 Financals 与内控缺陷认定标准均显著正相关，显著性水平分别为 1%、5%、1% 和 5%，表明在其他条件不变情况下，相较于非财务报告内控缺陷认定标准，董事会倾向于制订严格的财务报告内控缺陷认定标准，H2 得到证实。

控制变量中，资产规模变量 Size 与内控缺陷认定标准均显著正相关，显著性水平均为 1%，表明资产规模越大的企业，制订内控缺陷认定标准越严格。其他控制变量没有通过显著性检验，恰恰凸显了董事会在内控缺陷认定标准制订方向上的影响力。

（二）董事会类型、会计专长对内控缺陷认定标准制订宽严影响的回归分析

董事会类型、会计专长对内控缺陷认定标准制订宽严影响的回归结果如表 4-6 所示。

表 4-6　董事会类型、会计专长对内控缺陷认定标准制订宽严的影响

Variable	Mdaoutdrct 中位数				Maoutdrct 均值			
	高组	低组	高组	低组	高组	低组	高组	低组
	Mrstd	Mrstd	Mdrstd	Mdrstd	Mrstd	Mrstd	Mdrstd	Mdrstd
Out	0.165 (0.70)	0.352** (2.09)	0.234 (0.87)	0.378** (2.05)	0.163 (0.69)	0.353** (2.09)	0.233 (0.87)	0.378** (2.05)
Financals	0.202* (1.85)	0.354*** (4.81)	0.113 (0.99)	0.200*** (2.60)	0.201* (1.83)	0.354*** (4.82)	0.113 (0.99)	0.201*** (2.60)
Material	0.475*** (7.43)	0.412*** (10.40)	0.0500 (0.85)	0.0220 (0.55)	0.476*** (7.44)	0.411*** (10.39)	0.0500 (0.85)	0.0220 (0.55)
Sumb	0.646* (1.68)	−0.543 (−1.64)	0.596 (1.37)	−0.485 (−1.32)	0.630 (1.63)	−0.531 (−1.60)	0.577 (1.32)	−0.467 (−1.28)
Inddrct	−0.272 (−0.21)	−0.922 (−0.84)	−0.512 (−0.33)	−0.997 (−0.82)	−0.269 (−0.21)	−0.912 (−0.83)	−0.524 (−0.34)	−0.974 (−0.80)
Soe	0.177 (0.71)	−0.190 (−1.03)	0.106 (0.39)	−0.277 (−1.39)	0.178 (0.72)	−0.190 (−1.03)	0.106 (0.39)	−0.277 (−1.39)
Shrcr1	−1.177** (−2.20)	0.0210 (0.05)	−1.135* (−1.87)	0.244 (0.54)	−1.182** (−2.21)	0.0230 (0.06)	−1.139* (−1.88)	0.247 (0.55)
Shrcr210	−0.207 (−0.31)	0.308 (0.69)	−0.633 (−0.85)	0.506 (1.01)	−0.241 (−0.36)	0.325 (0.73)	−0.673 (−0.90)	0.528 (1.06)

续表

Variable	Mdaoutdrct 中位数				Maoutdrct 均值			
	高组	低组	高组	低组	高组	低组	高组	低组
	Mrstd	Mrstd	Mdrstd	Mdrstd	Mrstd	Mrstd	Mdrstd	Mdrstd
Age	−0.0250 (−0.24)	−0.0180 (−0.24)	−0.0670 (−0.55)	0.0220 (0.26)	−0.0240 (−0.23)	−0.0180 (−0.24)	−0.0670 (−0.55)	0.0230 (0.27)
Size	0.223** (2.55)	0.219*** (3.56)	0.215** (2.14)	0.211*** (3.18)	0.228*** (2.59)	0.217*** (3.53)	0.219** (2.18)	0.209*** (3.15)
Overseas	−0.166 (−0.57)	0.140 (0.57)	0.130 (0.36)	0.0640 (0.22)	−0.194 (−0.67)	0.156 (0.63)	0.111 (0.31)	0.0750 (0.25)
Roa	−0.616 (−0.43)	0.0990 (0.09)	0.0400 (0.02)	−0.170 (−0.14)	−0.604 (−0.43)	0.0920 (0.08)	0.0620 (0.04)	−0.184 (−0.16)
Lev	−0.223 (−0.51)	−0.0250 (−0.07)	−0.280 (−0.61)	−0.0930 (−0.24)	−0.212 (−0.49)	−0.0320 (−0.09)	−0.265 (−0.58)	−0.102 (−0.26)
Growth	−0.0360 (−0.43)	−0.0640 (−1.07)	−0.0300 (−0.31)	−0.0780 (−1.23)	−0.0360 (−0.43)	−0.0640 (−1.07)	−0.0310 (−0.31)	−0.0780 (−1.23)
Mba	−0.0840 (−0.85)	−0.00100 (−0.01)	−0.0450 (−0.40)	0.00600 (0.07)	−0.0970 (−0.96)	0.00400 (0.05)	−0.0550 (−0.49)	0.0110 (0.13)
Icbig10	0.100 (0.71)	−0.194* (−1.93)	0.141 (0.89)	−0.255** (−2.31)	0.100 (0.71)	−0.194* (−1.93)	0.139 (0.88)	−0.255** (−2.30)
Icao	0.148 (0.44)	0.0880 (0.46)	−0.0200 (−0.05)	0.194 (1.02)	0.148 (0.44)	0.0900 (0.47)	−0.0200 (−0.05)	0.197 (1.03)
Cons	−2.792* (−1.92)	−1.107 (−0.99)	−1.583 (−0.94)	−0.232 (−0.19)	−2.814* (−1.94)	−1.119 (−1.00)	−1.581 (−0.93)	−0.259 (−0.21)
Typeasse	Yes	Yes	Yes	Yes	Yes	Yes	Yes	Yes
Year	Yes	Yes	Yes	Yes	Yes	Yes	Yes	Yes
Industry	Yes	Yes	Yes	Yes	Yes	Yes	Yes	Yes
Observations	6190	13578	6190	13578	6174	13594	6174	13594
Pseudo R^2	0.0529	0.0342	0.0352	0.0247	0.0528	0.0343	0.0347	0.0249

注：括号中汇报的是 Z 值，***、**、* 分别表示 1%、5%、10%显著性水平。模型已经控制了标准评价指标、年度以及行业的固定效应。

表 4-6 列示了外部董事会计专长对内控缺陷认定标准制订宽严影响的回归结果。其中，第一列至第四列是基于会计专长中位数分组回归的结果列示，第五列至第八列是基于会计专长均值分组回归的结果列示。

第二列、第四列、第六列、第八列董事会类型变量 Out 与内控缺陷认定标准显著正相关，显著性水平为 5%，表明当会计专长的外部董事占比较低时，即当非会计专长的外部董事占比较高时，外部型董事会倾向于制订严格的内控缺陷认定标准，H3b 得到证实。表明会计专长外部董事在内控缺陷认定标准制订过程中，更多承担咨询专家角色，利用自己的专业特长更好地发挥咨询决策职能；非会计专长外部董事，在内控缺陷认定标准制订过程中，更多体现"监督者"角色，借助于严格的缺陷标准进行内控风险识别与防范，加强对控股股东与管理层监督力度。

第四列、第八列财报缺陷认定标准变量 Financals 与内控缺陷认定标准显著正相关，显著性水平为 1%，而第三列、第七列未通过显著性检验，说明相较于非财务报告内控制缺陷认定标准，当非会计专长的外部董事占比较高时，外部型董事会倾向于制订更严格的财务报告缺陷认定标准，H4b 得到证实。第一列、第二列财报缺陷认定标准变量 Financals 与内控缺陷认定标准显著正相关，显著性水平分别为 10% 和 1%，相关系数分别为 0.202 和 0.354，系数差异性明显；第五列、第六列财报缺陷认定标准变量 Financals 与内控缺陷认定标准显著正相关，显著性水平分别为 10% 和 1%，相关系数分别为 0.201 和 0.353，系数差异性明显，H4b 得到证实。

控制变量中，第一列、第三列、第五列、第七列股权集中度变量 Shrcr1 与内控缺陷认定标准均显著负相关，显著性水平分别为 5%、10%、5% 和 10%，说明第一大股东持股比例越高时，越倾向于制订更为宽松的内控缺陷认定标准，这也证实了本书董事类型划分的正确性，作为内部董事重要组成部分，控股股东董事倾向于制订更为宽松的内控缺陷认定标准，与管理层降低自身约束的预期一致。资产规模变量 Size 与内控缺陷认定标准均显著正相关，显著性水平均为 1%，表明资产规模越大的企业，制订内控缺陷认定标准越严格。

四、稳健性检验

（一）改变内控缺陷相对率标准宽严变量的衡量方式

1. 董事会类型对内控缺陷认定标准制订宽严的影响

本书前面回归分析采用的内控缺陷认定标准宽严程度变量，是基于"公司—年度—财报与非财报—标准评价指标—缺陷级别"维度并区分一级行业和二级制造业次类所产生的标准宽严变量。此处进行稳健性检验，改变标准宽严衡量方式，直接基于"公司—年度—财报与非财报—标准评价指标—缺陷级别"维度，不再区分行业生成标准宽严变量。董事会类型对内控缺陷认定标准制订方向的影响结果如表 4-7 所示。

表 4-7　董事会类型对内控缺陷认定标准制订宽严的影响

Variable	（1） Mrstd	（2） Mrstd	（3） Mdrstd	（4） Mdrstd
Out	0.320** (2.15)		0.335** (2.15)	
Outdrct		0.754* (1.65)		0.975* (1.92)
Financals	0.103 (1.62)	0.101 (1.58)	0.0550 (0.79)	0.0530 (0.76)
Material	0.564*** (13.95)	0.563*** (13.95)	−0.0150 (−0.46)	−0.0150 (−0.46)
Sumb	−0.0510 (−0.18)	−0.0330 (−0.11)	−0.0790 (−0.24)	−0.0690 (−0.21)
Inddrct	−0.555 (−0.59)	−1.013 (−1.00)	−0.346 (−0.33)	−0.984 (−0.88)
Soe	−0.103 (−0.64)	0.153 (1.34)	−0.131 (−0.79)	0.138 (1.12)
Shrcr1	−0.0840 (−0.23)	0.0140 (0.04)	−0.0870 (−0.22)	0.0280 (0.07)
Shrcr210	0.431 (1.01)	0.328 (0.76)	0.345 (0.74)	0.203 (0.43)

续表

Variable	(1) Mrstd	(2) Mrstd	(3) Mdrstd	(4) Mdrstd
Age	−0.00300 (−0.04)	0.00400 (0.06)	0.00800 (0.10)	0.0150 (0.20)
Size	0.211*** (3.70)	0.220*** (3.83)	0.190*** (3.08)	0.201*** (3.21)
Overseas	0.0120 (0.06)	−0.00600 (−0.03)	0 (−0.00)	−0.0140 (−0.06)
Roa	−0.397 (−0.43)	−0.433 (−0.46)	0.0680 (0.07)	0.0240 (0.02)
Lev	−0.0630 (−0.21)	−0.0670 (−0.22)	−0.107 (−0.33)	−0.114 (−0.35)
Growth	−0.0610 (−1.21)	−0.0600 (−1.21)	−0.0440 (−0.78)	−0.0430 (−0.77)
Mba	−0.0240 (−0.33)	−0.0360 (−0.49)	0.00800 (0.10)	−0.00500 (−0.06)
Icbig10	−0.154* (−1.70)	−0.152* (−1.67)	−0.153 (−1.55)	−0.150 (−1.51)
Icao	0.109 (0.58)	0.125 (0.66)	0.0710 (0.35)	0.0960 (0.47)
Cons	−1.947* (−1.91)	−2.269** (−2.23)	−0.951 (−0.86)	−1.311 (−1.18)
Typeasse	Yes	Yes	Yes	Yes
Year	Yes	Yes	Yes	Yes
Industry	Yes	Yes	Yes	Yes
Observations	19774	19774	19774	19774
Pseudo R^2	0.0460	0.0456	0.0229	0.0229

注：括号中汇报的是 Z 值，***、**、*分别表示 1%、5%、10%显著性水平。模型已经控制了标准评价指标、年度以及行业的固定效应。

表 4-7 列示了董事会类型对内控缺陷认定标准制订宽严影响的回归结果。其中，第一列与第二列是基于均值标准宽严的回归结果列示，第三列与第四列是基于中位数标准宽严的回归结果列示。

第一列、第三列董事会类型变量 Out 与内控缺陷认定标准显著正相关，显著性水平为5%，表明当董事会类型为外部型董事会时，董事会倾向于制订严格的内控缺陷认定标准，证明了H1的稳健性；第二列、第四列外部董事占比变量Outdrct与内控缺陷认定标准显著正相关，显著性水平为10%，说明外部董事占比越高，董事会倾向于制订严格的内控缺陷认定标准，进一步证实了H1的稳健性。

2. 董事会类型、会计专长对内控缺陷认定标准制订宽严的影响

董事会类型、会计专长对内控缺陷认定标准制订宽严影响的回归结果如表4-8所示。

表4-8　董事会类型、会计专长对内控缺陷认定标准制订宽严的影响

Variable	Mdaoutdrct 中位数				Maoutdrct 均值			
	高组	低组	高组	低组	高组	低组	高组	低组
	Mrstd	Mrstd	Mdrstd	Mdrstd	Mrstd	Mrstd	Mdrstd	Mdrstd
Out	0.223 (0.89)	0.308* (1.69)	0.233 (0.86)	0.326* (1.70)	0.222 (0.88)	0.308* (1.69)	0.233 (0.86)	0.326* (1.70)
Financals	0.0810 (0.75)	0.105 (1.45)	0.00300 (0.02)	0.0700 (0.89)	0.0810 (0.75)	0.105 (1.46)	0.00200 (0.02)	0.0700 (0.89)
Material	0.607*** (8.32)	0.552*** (12.15)	−0.0270 (−0.49)	−0.0100 (−0.27)	0.607*** (8.32)	0.552*** (12.15)	−0.0270 (−0.49)	−0.0100 (−0.27)
Sumb	0.674 (1.63)	−0.490 (−1.36)	0.640 (1.40)	−0.504 (−1.25)	0.656 (1.58)	−0.473 (−1.31)	0.623 (1.35)	−0.489 (−1.21)
Inddrct	−0.617 (−0.43)	−0.927 (−0.79)	−0.305 (−0.19)	−0.756 (−0.59)	−0.625 (−0.44)	−0.907 (−0.77)	−0.319 (−0.20)	−0.736 (−0.57)
Soe	0.118 (0.44)	−0.164 (−0.82)	0.131 (0.47)	−0.222 (−1.07)	0.118 (0.45)	−0.164 (−0.83)	0.131 (0.47)	−0.223 (−1.08)
Shrcr1	−0.843 (−1.48)	0.224 (0.52)	−0.975 (−1.56)	0.329 (0.69)	−0.849 (−1.49)	0.227 (0.52)	−0.982 (−1.57)	0.332 (0.70)
Shrcr210	−0.0350 (−0.05)	0.574 (1.19)	−0.718 (−0.91)	0.711 (1.34)	−0.0740 (−0.10)	0.595 (1.23)	−0.755 (−0.96)	0.731 (1.38)
lnage	−0.0300 (−0.27)	0.0120 (0.15)	−0.0950 (−0.75)	0.0560 (0.64)	−0.0300 (−0.27)	0.0130 (0.16)	−0.0950 (−0.75)	0.0570 (0.65)
Size	0.197** (2.05)	0.236*** (3.62)	0.169 (1.60)	0.217*** (3.10)	0.201** (2.09)	0.234*** (3.59)	0.173 (1.64)	0.215*** (3.07)

续表

Variable	Mdaoutdrct 中位数				Maoutdrct 均值			
	高组	低组	高组	低组	高组	低组	高组	低组
	Mrstd	Mrstd	Mdrstd	Mdrstd	Mrstd	Mrstd	Mdrstd	Mdrstd
Overseas	−0.139 (−0.46)	0.0460 (0.18)	−0.00900 (−0.03)	−0.0710 (−0.24)	−0.160 (−0.54)	0.0580 (0.23)	−0.0280 (−0.08)	−0.0600 (−0.21)
Roa	−0.446 (−0.29)	−0.318 (−0.27)	0.0640 (0.04)	0.0500 (0.04)	−0.425 (−0.27)	−0.331 (−0.28)	0.0850 (0.05)	0.0380 (0.03)
Lev	−0.244 (−0.53)	0.0450 (0.12)	−0.227 (−0.46)	−0.0460 (−0.11)	−0.230 (−0.50)	0.0350 (0.09)	−0.214 (−0.43)	−0.0550 (−0.13)
Growth	−0.0620 (−0.68)	−0.0620 (−1.00)	−0.0260 (−0.26)	−0.0530 (−0.74)	−0.0620 (−0.68)	−0.0620 (−0.99)	−0.0270 (−0.26)	−0.0520 (−0.73)
Mba	−0.0230 (−0.21)	−0.0280 (−0.32)	0.0150 (0.13)	0.00900 (0.10)	−0.0340 (−0.31)	−0.0230 (−0.26)	0.00500 (0.04)	0.0140 (0.15)
Icbig10	0.0800 (0.52)	−0.238** (−2.24)	0.133 (0.79)	−0.253** (−2.18)	0.0780 (0.51)	−0.237** (−2.23)	0.131 (0.78)	−0.253** (−2.17)
Icao	0.104 (0.28)	0.103 (0.53)	0.0550 (0.13)	0.0970 (0.48)	0.104 (0.28)	0.106 (0.54)	0.0540 (0.13)	0.100 (0.49)
Cons	−2.405 (−1.53)	−1.381 (−1.14)	−1.020 (−0.58)	−0.555 (−0.42)	−2.411 (−1.54)	−1.406 (−1.16)	−1.021 (−0.58)	−0.579 (−0.44)
Typeasse	Yes	Yes	Yes	Yes	Yes	Yes	Yes	Yes
Year	Yes	Yes	Yes	Yes	Yes	Yes	Yes	Yes
Industry	Yes	Yes	Yes	Yes	Yes	Yes	Yes	Yes
Observationsn	6196	13578	6188	13578	6180	13594	6172	13594
Pseudo R^2	0.0668	0.0470	0.0422	0.0284	0.0661	0.0473	0.0416	0.0286

注：括号中汇报的是 Z 值，***、**、* 分别表示 1%、5%、10%显著性水平。模型已经控制了标准评价指标、年度以及行业的固定效应。

表 4-8 列示了外部董事会计专长对内控缺陷认定标准制订宽严影响的回归结果。其中，第一列至第四列是基于会计专长中位数分组回归的结果列示，第五列至第八列是基于会计专长均值分组回归的结果列示。第二列、第四列、第六列、第八列董事会类型变量 Out 与内控缺陷认定标准显著正相关，显著性水平为 10%，表明当会计专长的外部董事占比

较低时，即当非会计专长的外部董事占比较高时，外部型董事会倾向于制订严格的内控缺陷认定标准，H3b 得到进一步证实。

（二）采用内控缺陷认定绝对额标准宽严变量

本书前面回归分析采用的内控缺陷认定标准宽严程度变量，均是相对率标准宽严变量。此处进行稳健性检验，采用绝对额标准宽严衡量方式，直接基于"公司—年度—财报与非财报—标准评价指标—缺陷级别"维度，生成绝对额标准宽严变量 Mdastd[①]。董事会类型、会计专长对内控缺陷认定标准制订方向的影响结果如表 4-9 所示。

表 4-9　董事会类型、会计专长对内控缺陷认定标准制订宽严的影响

Variable	总样本	Mdaoutdrct 中位数		Maoutdrct 均值	
		高组	低组	高组	低组
	Mdastd	Mdastd	Mdastd	Mdastd	Mdastd
Out	−0.362**	−0.375	−0.390**	−0.374	−0.389*
	(−2.14)	(−1.27)	(−1.96)	(−1.26)	(−1.96)
Financals	0.262***	0.271**	0.268***	0.273**	0.266***
	(3.78)	(2.30)	(3.27)	(2.31)	(3.25)
Material	0.083**	0.0500	0.098**	0.0500	0.098**
	(2.17)	(0.75)	(2.15)	(0.75)	(2.15)
Sumb	0.251	0.251	0.184	0.268	0.164
	(0.87)	(0.52)	(0.54)	(0.55)	(0.48)
Inddrct	0.340	−0.0790	0.261	−0.0490	0.222
	(0.35)	(−0.05)	(0.21)	(−0.03)	(0.18)
Soe	0.0320	−0.232	0.197	−0.230	0.196
	(0.18)	(−0.76)	(0.97)	(−0.75)	(0.96)
Shrcr1	0.308	0.738	0.0910	0.740	0.0870
	(0.74)	(1.14)	(0.18)	(1.14)	(0.17)
Shrcr210	0.282	−0.491	0.586	−0.450	0.566
	(0.60)	(−0.66)	(1.04)	(−0.60)	(1.00)

---

① 绝对额标准宽严变量 Mdastd（中位数标准），虚拟变量。若上市公司当年度披露内控缺陷认定绝对额标准大于同行业中位数，表明当期内控缺陷认定标准相对来说更为宽松，定义 Mdastd = 1，否则为 0。

续表

Variable	总样本	Mdaoutdrct 中位数		Maoutdrct 均值	
		高组	低组	高组	低组
	Mdastd	Mdastd	Mdastd	Mdastd	Mdastd
Age	0.0230 (0.29)	−0.0590 (−0.42)	0.0200 (0.23)	−0.0560 (−0.40)	0.0180 (0.21)
Size	1.471*** (17.55)	1.440*** (9.46)	1.496*** (15.98)	1.436*** (9.44)	1.498*** (15.99)
Overseas	0.132 (0.36)	0.155 (0.35)	0.195 (0.39)	0.146 (0.33)	0.203 (0.41)
Roa	8.937*** (6.39)	5.376** (2.47)	10.535*** (6.25)	5.334** (2.45)	10.565*** (6.26)
Lev	0.153 (0.43)	−0.0180 (−0.03)	0.285 (0.65)	−0.0370 (−0.07)	0.296 (0.67)
Growth	0.0440 (0.61)	0.0640 (0.46)	0.0430 (0.52)	0.0640 (0.46)	0.0420 (0.51)
Mba	−0.257*** (−2.85)	−0.172 (−1.04)	−0.292*** (−2.75)	−0.169 (−1.02)	−0.294*** (−2.77)
Icbig10	0.105 (1.09)	0.155 (0.94)	0.0920 (0.82)	0.159 (0.96)	0.0910 (0.81)
Icao	−0.197 (−0.88)	−0.0220 (−0.05)	−0.313 (−1.29)	−0.0200 (−0.05)	−0.315 (−1.29)
Cons	−19.765*** (−15.44)	−18.563*** (−8.26)	−19.930*** (−13.37)	−18.584*** (−8.28)	−19.894*** (−13.35)
Typeasse	Yes	Yes	Yes	Yes	Yes
Year	Yes	Yes	Yes	Yes	Yes
Industry	Yes	Yes	Yes	Yes	Yes
Observations	12878	4046	8832	4038	8840
Pseudo R^2	0.3434	0.3746	0.3374	0.3739	0.3377

注：括号中汇报的是 Z 值，***、**、* 分别表示 1%、5%、10% 显著性水平。模型已经控制了标准评价指标、年度以及行业的固定效应。

表 4-9 列示了董事会类型、会计专长对内控缺陷认定标准制订宽严影响的回归结果。第一列至第五列均是基于绝对额中位数标准宽严变量

的回归结果列示。其中，第一列董事会类型变量 Out 与内控缺陷认定标准显著负相关，显著性水平为 5%，表明当董事会类型为外部型董事会时，董事会倾向于制订严格的内控缺陷认定标准，进一步证实了 H1 的稳健性。第三列、第五列董事会类型变量 Out 与内控缺陷认定标准显著负相关，显著性水平分别为 5% 和 10%，表明当会计专长的外部董事占比较低时，即当非会计专长的外部董事占比较高时，外部型董事会倾向于制订严格的内控缺陷认定标准，H3b 得到进一步证实。

（三）采用解释变量滞后一期指标回归

前文的分析基于解释变量外生性假设，考虑到董事会类型与内控缺陷认定标准制订方向之间可能存在内生性问题，此处采用解释变量滞后一期指标与内控缺陷认定标准制订方向变量进行回归，尽可能缓解内生性问题。董事会类型、会计专长对内控缺陷认定标准制订方向的影响结果如表 4-10 所示。

表 4-10　董事会类型、会计专长对内控缺陷认定标准制订宽严的影响

Variable	总样本	总样本	Mdaoutdrct 中位数		Maoutdrct 均值	
			高组	低组	高组	低组
	Mrstd	Mrstd	Mrstd	Mrstd	Mrstd	Mrstd
L.Out	0.442***		0.0830	0.551***	0.0830	0.551***
	(2.86)		(0.32)	(2.94)	(0.32)	(2.94)
L.Outdrct		1.215**				
		(2.34)				
Financals	0.441***	0.436***	0.464***	0.428***	0.464***	0.428***
	(5.93)	(5.87)	(3.51)	(4.96)	(3.51)	(4.96)
Material	0.425***	0.424***	0.454***	0.419***	0.454***	0.419***
	(10.21)	(10.22)	(6.20)	(8.57)	(6.20)	(8.57)
Sumb	0.00500	0.0200	0.645	−0.381	0.645	−0.381
	(0.02)	(0.07)	(1.47)	(−0.96)	(1.47)	(−0.96)
L.Inddrct	−0.653	−1.390	−0.868	−0.935	−0.868	−0.935
	(−0.68)	(−1.31)	(−0.61)	(−0.75)	(−0.61)	(−0.75)
Soe	−0.152	0.192	0.276	−0.320	0.276	−0.320
	(−0.90)	(1.55)	(0.99)	(−1.57)	(0.99)	(−1.57)

续表

Variable	总样本	总样本	Mdaoutdrct 中位数		Maoutdrct 均值	
			高组	低组	高组	低组
	Mrstd	Mrstd	Mrstd	Mrstd	Mrstd	Mrstd
L.Shrer1	−0.466	−0.331	−0.941	−0.278	−0.941	−0.278
	(−1.20)	(−0.85)	(−1.55)	(−0.60)	(−1.55)	(−0.60)
L.Shrer210	0.253	0.0270	−0.211	0.397	−0.211	0.397
	(0.56)	(0.06)	(−0.27)	(0.77)	(−0.27)	(0.77)
L.Age	−0.0660	−0.0570	−0.0550	−0.0540	−0.0550	−0.0540
	(−0.88)	(−0.76)	(−0.46)	(−0.59)	(−0.46)	(−0.59)
L.Size	0.247***	0.261***	0.319***	0.231***	0.319***	0.231***
	(3.89)	(4.11)	(2.90)	(3.23)	(2.90)	(3.23)
Overseas	0.00300	−0.0300	−0.479	0.240	−0.479	0.240
	(0.01)	(−0.14)	(−1.41)	(0.86)	(−1.41)	(0.86)
L.Roa	−0.245	−0.218	−1.317	0.409	−1.317	0.409
	(−0.22)	(−0.19)	(−0.74)	(0.29)	(−0.74)	(0.29)
L.Lev	−0.0580	−0.0720	−0.0630	0.00900	−0.0630	0.00900
	(−0.17)	(−0.21)	(−0.11)	(0.02)	(−0.11)	(0.02)
L.Growth	0.00100	0.00100	0.0580	−0.0220	0.0580	−0.0220
	(0.01)	(0.02)	(0.59)	(−0.28)	(0.59)	(−0.28)
L.Mba	−0.0270	−0.0460	−0.187	0.0150	−0.187	0.0150
	(−0.30)	(−0.52)	(−1.39)	(0.15)	(−1.39)	(0.15)
Icbig10	−0.163	−0.157	0.0650	−0.265**	0.0650	−0.265**
	(−1.58)	(−1.52)	(0.38)	(−2.12)	(0.38)	(−2.12)
Icao	0.0960	0.133	0.0150	0.0820	0.0150	0.0820
	(0.43)	(0.58)	(0.04)	(0.29)	(0.04)	(0.29)
Cons	−3.269***	−3.745***	−4.613***	−2.361*	−4.613***	−2.361*
	(−3.29)	(−3.77)	(−2.89)	(−1.84)	(−2.89)	(−1.84)
Typeasse	Yes	Yes	Yes	Yes	Yes	Yes
Year	Yes	Yes	Yes	Yes	Yes	Yes
Industry	Yes	Yes	Yes	Yes	Yes	Yes
Observations	10879	10879	3404	7463	3404	7463
Pseudo R²	0.0679	0.0675	0.0977	0.0662	0.0977	0.0662

注：括号中汇报的是 Z 值，***、**、* 分别表示 1%、5%、10%显著性水平。模型已经控制了标准评价指标、年度以及行业的固定效应。

表 4-10 列示了董事会类型、会计专长对内控缺陷认定标准制订宽严影响的回归结果。第一列至第六列均是基于均值标准宽严变量的回归结果列示。其中，第一列滞后一期董事会类型变量 Out 与内控缺陷认定标准宽严程度变量显著正相关，显著性水平为 1%，表明当董事会类型为外部型董事会时，董事会倾向于制订严格的内控缺陷认定标准，在控制了内生性问题后，进一步证实了 H1 的稳健性。第二列滞后一期外部董事占比变量 Outdrct 与内控缺陷认定标准宽严程度变量显著正相关，显著性水平为 5%，说明外部董事占比越高，董事会倾向于制订严格的内控缺陷认定标准，在控制了内生性问题后，进一步证实了 H1 的稳健性。第四列、第六列董事会类型变量 Out 与内控缺陷认定标准显著正相关，显著性水平均为 1%，表明当会计专长的外部董事占比较低时，即当非会计专长的外部董事占比较高时，外部型董事会倾向于制订严格的内控缺陷认定标准，在控制了内生性问题后，H3b 得到进一步证实。

五、进一步分析

以上回归结果表明，外部型董事会倾向于制订严格的内控缺陷认定标准，进行内控风险识别与防范，加强对控股股东与管理层监督。本书从内控缺陷认定标准制订角度，探讨外部型董事会治理效率，主要体现为监督控制职能，而公司内外部治理环境都会对监督效率产生影响。国有企业与非国有企业在治理模式、董事提名与委派、内控建设进程、审计师选择等诸多方面存在差异，故而，此处本书将从产权性质与"十大"审计事务所等内外部治理两个重要维度，进一步考察董事会类型对内控缺陷认定标准制订宽严方向的影响。

（一）产权性质、董事会类型与内控缺陷认定标准

产权性质对董事会类型与内控缺陷认定标准制订宽严方向影响回归结果如表 4-11 所示。

表 4-11 产权性质、董事会类型与内控缺陷认定标准

Variable	(1)	(2)	(3)	(4)
	Soe=1	Soe=0	Soe=1	Soe=0
	Mrstd 3	Mrstd 3	Mdrstd 3	Mdrstd 3
Out	0.0750	0.664**	0.0390	0.853**
	(0.40)	(2.29)	(0.19)	(2.23)
Financals	0.375***	0.255***	0.245***	0.108
	(4.39)	(2.68)	(2.76)	(1.07)
Material	0.428***	0.446***	0.0260	0.0360
	(8.83)	(8.53)	(0.56)	(0.71)
Sumb	0.371	−0.605	0.420	−0.491
	(1.04)	(−1.50)	(1.05)	(−1.09)
Inddrct	−1.335	0.709	−1.644	1.278
	(−1.27)	(0.50)	(−1.38)	(0.80)
Shrcr1	0.880*	−1.331**	1.110**	−1.197**
	(1.93)	(−2.51)	(2.16)	(−2.03)
Shrcr 210	0.932*	−0.721	0.824	−0.611
	(1.76)	(−1.21)	(1.42)	(−0.90)
Age	0.0120	−0.0860	0.0560	−0.104
	(0.11)	(−1.02)	(0.45)	(−1.08)
Size	0.101	0.390***	0.0660	0.398***
	(1.41)	(4.86)	(0.81)	(4.67)
Overseas	0	0.0570	0.145	0.0100
	(0.00)	(0.15)	(0.51)	(0.02)
Roa	1.294	−1.589	1.253	−1.297
	(1.02)	(−1.22)	(0.91)	(−0.91)
Lev	0.764*	−0.917**	0.734	−0.859**
	(1.90)	(−2.22)	(1.63)	(−2.02)
Growth	−0.0400	−0.0830	−0.0360	−0.0850
	(−0.57)	(−1.27)	(−0.47)	(−1.21)
Mba	−0.0110	−0.162	0.0120	−0.154
	(−0.13)	(−1.32)	(0.12)	(−1.15)
Icbig10	−0.0810	−0.145	−0.106	−0.179
	(−0.75)	(−1.04)	(−0.90)	(−1.17)
Icao	0.363	−0.146	0.348	−0.110
	(1.43)	(−0.64)	(1.22)	(−0.49)

续表

Variable	(1)	(2)	(3)	(4)
	Soe=1	Soe=0	Soe=1	Soe=0
	Mrstd 3	Mrstd 3	Mdrstd 3	Mdrstd 3
Cons	−2.257* (−1.78)	−2.420* (−1.72)	−0.623 (−0.43)	−2.295 (−1.50)
Typeasse	Yes	Yes	Yes	Yes
Year	Yes	Yes	Yes	Yes
Industry	Yes	Yes	Yes	Yes
Observations	11778	7962	11778	7962
Pseudo R^2	0.0426	0.0516	0.0275	0.0410

注：括号中汇报的是 Z 值，***、**、* 分别表示 1%、5%、10%显著性水平。模型已经控制了标准评价指标、年度以及行业的固定效应。

表 4-11 列示了产权性质对董事会类型与内控缺陷认定标准制订宽严影响的回归结果。其中，第一列与第二列是基于均值标准宽严的回归结果列示，第三列与第四列是基于中位数标准宽严的回归结果列示。

第一列、第三列董事会类型变量 Out 与内控缺陷认定标准未通过显著性检验，第二列、第四列董事会类型变量 Out 与内控缺陷认定标准显著正相关，显著性水平为 5%，说明相对于国有企业，非国有企业外部型董事会倾向于制订严格的内控缺陷认定标准。第一列、第三列股权集中度变量 Shrcr1 与内控缺陷认定标准显著正相关，显著性水平为 10%，国有企业大股东倾向于制订严格的内控缺陷认定标准；第二列、第四列股权集中度变量 Shrcr1 与内控缺陷认定标准显著负相关，显著性水平为 5%，非国有企业大股东倾向于制订更为宽松的内控缺陷认定标准，表明非国有企业代理问题更为突出，大股东与管理层通过制订宽松内控缺陷认定标准，降低对自身的监督约束，而外部董事则希冀借助于严格的内控缺陷认定标准加强对管理层的监督力度。

（二）"十大"事务所、董事会类型与内控缺陷认定标准

"十大"事务所对董事会类型与内控缺陷认定标准制订宽严方向影响

回归结果如表 4-12 所示。

表 4-12　"十大"事务所、董事会类型与内控缺陷认定标准

Variable	(1) Icbig10=1 Mrstd3	(2) Icbig10=0 Mrstd3	(3) Icbig10=1 Mdrstd3	(4) Icbig10=0 Mdrstd3
Out	0.422*** (2.71)	0.254 (1.04)	0.454*** (2.58)	0.303 (1.16)
Financals	0.261*** (3.18)	0.384*** (4.13)	0.153* (1.79)	0.218** (2.23)
Material	0.402*** (9.19)	0.474*** (8.73)	0.0440 (0.99)	0.0100 (0.19)
Sumb	−0.0760 (−0.24)	−0.281 (−0.66)	−0.0600 (−0.17)	−0.271 (−0.56)
Inddrct	−0.316 (−0.29)	−0.747 (−0.56)	−0.477 (−0.39)	−0.624 (−0.41)
Soe	−0.212 (−1.25)	−0.0150 (−0.06)	−0.243 (−1.30)	−0.132 (−0.48)
Shrcr1	−0.375 (−0.88)	−0.217 (−0.42)	−0.244 (−0.52)	0.0140 (0.02)
Shrcr 210	0.378 (0.72)	−0.0170 (−0.03)	0.643 (1.11)	−0.139 (−0.22)
Age	−0.0140 (−0.19)	−0.0720 (−0.66)	−0.0130 (−0.16)	−0.0340 (−0.28)
Size	0.211*** (3.27)	0.180** (2.06)	0.174** (2.45)	0.216** (2.18)
Overseas	−0.0150 (−0.07)	0.306 (0.75)	0.0700 (0.28)	0.797 (1.21)
Roa	−0.946 (−0.82)	1.188 (0.87)	−1.151 (−0.93)	1.602 (1.07)
Lev	−0.0660 (−0.18)	−0.0220 (−0.05)	0.103 (0.26)	−0.277 (−0.61)
Growth	−0.0560 (−0.92)	−0.0530 (−0.67)	−0.0560 (−0.88)	−0.0550 (−0.58)
Mba	−0.0130 (−0.16)	−0.0200 (−0.17)	−0.00700 (−0.08)	−0.0150 (−0.11)

续表

Variable	（1）	（2）	（3）	（4）
	Icbig10=1	Icbig10=0	Icbig10=1	Icbig10=0
	Mrstd3	Mrstd3	Mdrstd3	Mdrstd3
Icao	0.112 (0.50)	0.164 (0.52)	0.0710 (0.30)	0.260 (0.80)
Cons	−1.910* (−1.69)	−1.504 (−1.05)	−0.472 (−0.37)	−1.124 (−0.70)
Typeasse	Yes	Yes	Yes	Yes
Year	Yes	Yes	Yes	Yes
Industry	Yes	Yes	Yes	Yes
Observations	11552	8216	11552	8216
Pseudo R²	0.0337	0.0478	0.0262	0.0313

注：括号中汇报的是 Z 值，***、**、*分别表示 1%、5%、10%显著性水平。模型已经控制了标准评价指标、年度以及行业的固定效应。

表 4-12 列示了"十大"事务所对董事会类型与内控缺陷认定标准制订宽严影响的回归结果。其中，第一列与第二列是基于均值标准宽严的回归结果列示，第三列与第四列是基于中位数标准宽严的回归结果列示。

第一列、第三列董事会类型变量 Out 与内控缺陷认定标准显著正相关，显著性水平为 1%，第二列、第四列董事会类型变量 Out 与内控缺陷认定标准未通过显著性检验，说明相对于选择非"十大"事务所执行内控审计的上市公司来说，选择"十大"事务所的上市公司，外部型董事会倾向于制订严格的内控缺陷认定标准。进一步说明，董事会通过选择声誉较高的"十大"事务所执行内控审计，从强化外部监督角度，进一步提升内部监督力度，改善内部控制质量，最终提升董事会治理效率。

本章小结

本章选取 2014~2016 年沪深主板上市公司内控评价报告所披露的财报与非财报、重大与重要缺陷定量认定相对率标准作为研究对象。考察董事会类型对内控缺陷认定标准制订方向（更严格抑或更宽松）影响，进一步研究外部董事会计专长对董事会类型与内控缺陷认定标准制订宽严影响的调节作用。

第一，董事会类型变量与内控缺陷认定标准显著正相关，表明当董事会类型为外部型董事会时，董事会倾向于制订严格的内控缺陷认定标准，且在其他条件不变情况下，相较于非财务报告内控缺陷认定标准，董事会倾向于制订严格的财报内控缺陷认定标准。

第二，进一步研究外部董事会计专长的调节作用，发现当会计专长的外部董事占比较低时，即当非会计专长的外部董事占比较高时，外部型董事会倾向于制订严格的内控缺陷认定标准。这说明不同专业背景的外部董事在制订内控缺陷认定标准过程中，发挥不同职能作用，会计专长外部董事更多承担咨询专家角色，利用自己的专业特长更好地发挥咨询决策职能；非会计专长外部董事更多体现为"监督者"角色，借助于严格的缺陷标准进行内控风险识别与防范，加强对控股股东与管理层监督与约束。

第三，股权集中度变量与内控缺陷认定标准显著负相关，说明大股东持股比例越高，越倾向于制订更为宽松的内控缺陷认定标准，这也印证了本书董事类型划分的正确性，作为内部董事重要组成部分，大股东（控股股东）董事倾向于制订更为宽松的内控缺陷认定标准，与管理层降低自身约束的预期一致。

第四，在内部控制建设方面，相对于国有企业，非国有企业代理问题更为突出，非国有企业大股东倾向于制订更为宽松的内控缺陷认定标准，大股东与管理层通过制订宽松内控缺陷认定标准，降低对自身的监督约束，而外部董事则希冀借助于严格的内控缺陷认定标准，加强对管理层的监督力度。

第五，相对于选择非"十大"事务所执行内控审计的上市公司来说，选择"十大"事务所的上市公司，外部型董事会倾向于制订严格的内控缺陷认定标准。外部型董事会通过选择声誉较高的"十大"事务所执行内控审计，从强化外部监督角度，进一步提升内部监督力度，改善内部控制质量，最终提升董事会治理效率。

本章研究的主要贡献体现在：①从代理理论与资源依赖理论视角出发，研究董事会类型、会计专长对内控缺陷认定标准制订方向的影响，深入分析外部型董事会的监督职能与咨询决策职能在制订缺陷认定标准过程中的作用机理；②本书另辟蹊径，从内控缺陷认定标准的变化方向来研究不同类型董事的决策行为，检验董事会治理内部控制的有效性，拓展关于验证董事会治理效率问题新的研究视角。本章论证监管部门关于公司治理机制与内部控制制度权责设计有效的初衷，引导上市公司完善公司治理机制，合理制订内控缺陷认定标准，加强内部控制建设。

第五章　董事会类型、会计专长对内控缺陷认定标准变更影响的实证分析

第一节　问题提出

第四章从静态视角考察董事会类型对内控缺陷认定标准制订方向（严格抑或宽松）影响，并进一步研究外部董事会计专长对董事会类型与内控缺陷认定标准制订宽严影响的调节作用。本章将从动态视角重点考察发生后续内控缺陷认定标准变更的样本公司，提供"准自然实验"契机，实证检验董事会类型对内控缺陷认定标准后续变更程度（更为严格或更为宽松）影响，并且进一步研究外部董事会计专长对董事会类型与内控缺陷认定标准后续变更程度的调节作用。

2008年，《企业内部控制基本规范》明确董事会对内部控制的建立健全以及有效实施负责，董事会作为内控运行有效与否的第一责任人。2010年，《企业内部控制评价指引》规定企业重大缺陷应当由董事会予以最终认定，并追究相关责任，董事会相应地被赋予了承担内控运行无效后果的责任。2014年，《21号文》关于年度内部控制评价报告的一般规定，明确要求上市公司董事会应结合企业规模、行业特征和风险承受度等情况，区分财务报告内部控制和非财务报告内部控制，并区分缺陷等级（重大缺陷、重要缺陷和一般缺陷）分别制定定量和定性具体认定标

准，并与以前年度保持一致，如若做出调整的，应阐明调整原因与调整后标准。诚然，为避免上市公司操纵内控缺陷认定标准，避重就轻进行缺陷等级认定，内控缺陷认定标准一经确定，不得随意变更。然而，当企业经营业务发生重大调整，或者根据上市公司内控建设实际情况等，允许上市公司根据内控实践或参照同业标准对内控缺陷认定标准进行调整，但必须报告调整原因、具体调整情况以及调整后的标准。内控缺陷认定标准变更是指上市公司调整评价期内控缺陷认定标准，与以前年度标准不一致。内控缺陷认定标准变更主要采用相对率标准与绝对额标准互换、相对率标准增减评价指标、相对率标准变更比率阈值等方式，其中，将相对率标准与绝对额标准互换以及增减相对率标准具体评价指标这两种变更方式，不便于形成前后评价期间标准变更的量化比较。上市公司变更内控缺陷认定相对率标准比率阈值的方向只有两种结果：一种是调高相对率标准的比率阈值，视为"标准变宽"；另一种是调低相对率标准的比率阈值，视为"标准变严"。

董事会享有标准制订"裁量权"，在后续制订内控缺陷认定标准时，究竟会如何调整相对率标准的比率阈值（调高抑或调低）？不同类型董事会的监督职能与咨询决策职能发挥程度不同，且不同职业背景的外部董事对董事会的咨询决策职能与监督职能的影响与侧重也不同，从而对内控缺陷认定标准的后续调整产生不同的影响（更为严格抑或更为宽松）。

本章选取 2015~2016 年内控缺陷相对率认定标准相比前一年发生财报与非财报、重大与重要缺陷定量认定标准变更的上市公司作为研究对象。本章将从动态视角重点考察后续发生内控缺陷认定标准变更的样本公司，提供"准自然实验"契机，实证检验董事会类型对内控缺陷认定标准后续变更程度（更为严格或更为宽松）影响，并且进一步研究外部董事会计专长对董事会类型与内控缺陷认定标准后续变更程度的调节作用。研究发现：①当董事会类型为外部型董事会时，董事会倾向于对内控缺陷认定标准的调整更为严格，且在其他条件不变情况下，相较于非财务报告内控缺陷认定标准，董事会倾向于对财报内控缺陷认定标准的调整更为严格；②进一步研究外部董事会计专长的调节作用，发现不同专业背景的外部董事在变更内控缺陷认定标准过程中发挥职能作用不同，会计专长外部董事更多承担咨询专家角色，利用自己的专业特长更好地发挥咨询决策职能；非会计专长外部董事更多体现为"监督者"角色，利用自己的专业特长更好地发挥监督职能；③独立董事在初次制订内控缺陷认定标准过程中，职能作用不明显，后续变更内控缺陷认定标准过程中较好发挥监督与咨询决策职能；④声誉较高的"十大"事务所与董事会均倾向于变更更为严格的内控缺陷认定标准，进一步强化监督力度，着眼于内控风险及早警示，及时修复偏离内控目标的缺陷，进而改善内控质量。

本章研究的主要贡献体现在：①本章将从动态视角重点考察发生内控缺陷认定标准后续变更的样本公司，提供"准自然实验"契机，实证检验董事会类型对内控缺陷认定标准后续变更程度影响，并进一步研究外部董事会计专长对董事会类型与内控缺陷认定标准后续变更程度的调节作用；②从代理理论与资源依赖理论视角出发，继续深化研究董事会类型、会计专长对内控缺陷认定标准后续制订的影响，深入探究外部型董事会的监督职能与咨询决策职能在缺陷认定标准后续制订过程中的作用机理；③实证发现独立董事在后续制订内控缺陷认定标准中较好发挥职能作用，论证了独立董事在内控建设中的治理作用，拓展关于验证独立董事制度设计有效性新的研究视角。本章论证监管部门关于公司治理机制与内部控制制度权责设计有效的初衷，引导上市公司完善公司治理机制，合理制订内控缺陷认定标准，加强内部控制建设。

第二节　理论分析和假设提出

一、董事会类型与内控缺陷认定标准变更

为避免董事会操纵内控缺陷认定标准，避重就轻进行缺陷等级认定，内控缺陷认定标准一经确定，不得随意变更。然而，内控缺陷认定标准也不是一成不变的，当企业经营业务发生重大调整，或者根据上市公司内控建设实际等情况时，允许董事会参照同业标准对内控缺陷认定标准进行调整，但必须报告调整原因、具体调整情况以及调整后的标准。董事会在后续变更内控缺陷认定标准时，给定其他条件相同时，内控缺陷认定标准临界值调整得越高，即标准变更方向更为宽松，一项业已存在的缺陷就越不容易达到该标准临界值，董事会需要对外报告的重大或重要缺陷数量就越少；相反，内控缺陷认定标准临界值调整得越低，即标准变更方向更为严格，一项业已存在的缺陷就越容易达到该标准临界值，董事会需要对外报告的重大或重要缺陷数量就越多。内控缺陷认定标准变更设定将直接影响内控缺陷数量披露，而内控缺陷数量披露多寡是具有一定的经济后果的。

每位董事都身负监督控制与决策咨询的双重使命，不可分割，只是代理理论视角倚重董事的监督与控制职能发挥，资源依赖理论则突出董事战略决策与咨询建议职能。当董事会类型为外部型董事会时，董事会监督职能凸显，董事会成员整体上与股东利益函数一致，追求企业价值最大化，具有提升企业内部控制质量的意愿，倾向于调整更为严格的内控缺陷认定标准，及早警示企业生产经营过程中存在的风险点，及时将风险控制在可控范围之内。在企业任职的内部董事，他们的利益函数可

能与股东不一致，是接受董事会监督的一方，调整更为宽松的内控缺陷认定标准较符合管理层降低自身约束的预期。然而，内部董事任职于公司内部，直接参与企业的经营管理，相较于外部董事又具有天然的信息优势，可以更好地发挥咨询与决策职能。资源依赖理论表明，外部董事所具有行业专长、任职经历与管理经验等，同样是外部董事发挥监督控制与咨询决策职能所不可或缺的。外部董事只有与内部董事和管理层进行充分的信息沟通、真正了解企业经营过程的薄弱环节和风险点所在，其才能有的放矢，增强决策的有效性（Adams and Ferreira，2007）。董事会缺乏独立性可能会形成"内部人控制"问题（Jensen，1993）。尤其是当管理层的谈判能力过强、内部董事占比过高时，就有可能侵蚀董事会的独立性，使董事会的监督效力大打折扣。

王俊和吴溪（2017）研究发现，新任管理层倾向于将内控缺陷标准调整得更为宽松，以此来减轻自身的责任。董事会监督职能越强，其制订的财报内控缺陷定量认定标准越严格，董事会咨询决策职能则在后续定量标准制订过程中作用越明显（谭燕等，2016）。因此，当董事会类型为外部型董事会时，董事会监督职能凸显，为更好地对控股股东和管理层实施监督，必然倾向于调整为更为严格的内控缺陷认定标准。另外，上市公司管理层内部控制评价基于全面内部控制评价，既要评价财务报告内部控制，也要评价非财务报告内部控制。然而，由于内部控制审计所出具的报告更多基于财务报告内部控制有效性进行判断，非财务报告内部控制仅当存在重大缺陷时才予以对外披露，因此，相较于非财务报告内控缺陷认定标准，外部型董事会倾向于调整更为严格的财务报告内控缺陷认定标准。基于上述分析，提出如下假设：

H1：在其他条件不变情况下，当董事会类型为外部型董事会时，董事会倾向于对内控缺陷认定标准后续调整更为严格。

H2：在其他条件不变情况下，相较于非财务报告内控缺陷认定标准，外部型董事会倾向于对财务报告内控缺陷认定标准后续调整更为严格。

二、外部董事会计专长与内控缺陷认定标准变更

董事来源的多维化与专业背景多元化，必然使董事在行业、技能、经验等方面形成差异，从而有利于拓宽董事会资本的深度与广度，有助于董事会成员更好地发挥监督控制与咨询决策职能。资源依赖理论表明，企业发展受限于资源获取的有限性，外部董事所拥有的专业知识、行业经验、管理才能等资源，将降低企业在内部经营环境中面临的诸多不确定性，减少对外部经济环境的过多依赖。《指导意见》《治理准则》无不表明董事发挥监督控制与咨询决策职能必须具备两大要素，分别为其独立性与专业专长，前者体现为形式上具备监督动机，后者则体现为实质上具备监督与咨询决策的能力。会计专长外部董事，具备扎实的专业知识和丰富的从业经验，容易甄别财报中的欺诈性信息，识别盈余操纵手段，对财务报告、内部控制等实施有效的监督。同时，会计专长外部董事鉴于其专业知识涉及会计处理流程、财务运营与战略提升、内控风险管理全程，往往更能准确把握公司经营管理与内部控制中存在的薄弱环节与风险，预先与管理层与内部董事进行沟通，相比于其他专业背景董事，更能发挥董事会的咨询决策职能。非会计专长董事是董事会成员发挥监督职能中不可或缺的重要组成部分。非会计专长外部董事由于具有行业专长，往往是相关领域的专家，扎实的行业背景使其能够深入了解行业的演化架构和行业发展重要驱动因素，准确评估公司发展战略和参与经营活动的能力，约束管理层的违法行为，防范公司涉诉风险，从而更好发挥外部董事监督控制与咨询决策职能。

当董事会类型为外部型董事会时，董事监督职能凸显，会计专长外部董事倾向于后续调整更为严格的缺陷标准进行内控风险识别与防范，强化对管理层监督。然而，正是由于会计专长外部董事专业背景的特殊性，又往往有利于其发挥战略咨询决策职能，为内部董事和管理层贡献其会计专长和信息优势，从而获取管理层的信任，进而降低信息不对称

程度，充分了解企业经营过程的薄弱环节和风险所在，倾向于调整符合企业实际水平的缺陷认定标准。非会计专长外部董事如果能够在董事会会议中与管理层进行充分沟通，降低信息不对称程度，充分了解企业经营过程的薄弱环节和风险所在，倾向于后续调整符合企业实际水平的缺陷认定标准；然而，如果沟通不畅，信息不对称程度加深，非会计专长外部董事无法发挥有效的监督与咨询功能，倾向于后续调整更为严格的缺陷认定标准，借助于更为严格的缺陷标准进行内控风险识别与防范，加大对管理层的监督力度。基于上述分析，提出如下假设：

H3a：在其他条件不变情况下，当会计专长的外部董事占比越高时，外部型董事会倾向于对内控缺陷认定标准后续调整更为严格的意愿更强烈。

H3b：在其他条件不变情况下，当非会计专长的外部董事占比越高时，外部型董事会倾向于对内控缺陷认定标准后续调整更为严格的意愿更强烈。

上市公司管理层内部控制评价基于全面内部控制评价，既要评价财务报告内部控制，也要评价非财务报告内部控制。然而，由于内部控制审计所出具报告基于财务报告内部控制有效性进行判断，非财务报告内部控制仅当存在重大缺陷时才予以对外披露，因此，同样相较于非财务报告内控缺陷认定标准，会计专长（非会计专长）外部董事占比较高时倾向于调整更为严格的财务报告内控缺陷认定标准。基于上述分析，提出如下假设：

H4a：在其他条件不变情况下，相较于非财务报告内控缺陷认定标准，当会计专长的外部董事占比越高时，外部型董事会倾向于对财务报告内控缺陷认定标准后续调整更为严格的意愿更强烈。

H4b：在其他条件不变情况下，相较于非财务报告内控缺陷认定标准，当非会计专长的外部董事占比越高时，外部型董事会倾向于对财务报告内控缺陷认定标准后续调整更为严格的意愿更强烈。

第三节 研究设计

一、样本选择与数据来源

（一）样本选择

本节选取 2015~2016 年内控缺陷相对率认定标准相比前一年发生财报与非财报、重大与重要缺陷定量认定标准变更的上市公司作为研究对象。内控缺陷认定标准变更主要采用相对率标准与绝对额标准互换、相对率标准增减评价指标、相对率标准变更比率阈值等方式，其中将相对率标准与绝对额标准互换以及增减相对率标准具体评价指标这两种变更方式，不便于形成前后评价期间标准变更的量化比较。因此，本书重点研究内控缺陷认定标准变更相对率标准比率阈值的情况，同时，为更好地考量与比较上市公司变更财报重大、重要缺陷认定标准、非财报重大、重要缺陷认定标准，仅仅基于上市公司分类年度变更标准统计，远无法满足分析需要，此处本书将样本细化至上市公司分类年度、财报与非财报、重大与重要标准以及分类评价指标变更进行研究。

为提高研究数据的可靠性与可比性，在初始样本基础上做进一步处理：①剔除当年度被 ST、*ST 样本公司；②剔除标准披露存在明显错误与矛盾的样本公司；③剔除金融保险行业样本公司；④剔除行业样本量过少不足以形成有效检验结论的样本公司；⑤剔除数据缺失样本公司。最终得到基于"公司—年度—（非）财报标准—标准评价指标—重大（重要）标准"维度发生标准变更有效观测值共计 156 个，其中 2015 年观测值为 94 个；2016 年观测值为 62 个。

(二) 数据来源

上市公司内控缺陷认定标准变更数据均来源于手工整理巨潮资讯网披露的上市公司内控评价报告。董事类型（内部董事、控股股东董事、非控股股东董事、独立董事）数据、外部董事专业特长（会计专长、非会计专长）基础数据来源于 CSMAR"中国上市公司治理结构研究"数据库，结合手工整理上市公司发布年度报告与董事会公告，以确定最终董事类型与行业特长数据。其余公司治理数据、财务数据均来源于 CSMAR数据库。为了消除极端值的影响，本书对所有使用到的连续变量按上下1%进行了 Winsorize 处理。本节数据处理采用 Excel 2010、Stata 11.0 软件。

二、变量定义与说明

内控缺陷认定标准变更变量将从标准变更方向和标准变更幅度两个维度来衡量。具体变量定义如下：

（1）内控缺陷认定标准变更幅度变量（Rcrstd），当年披露的内控缺陷认定标准与上年内控缺陷认定标准的差值衡量。

（2）内控缺陷认定标准变更方向变量（Cdrstd），虚拟变量。若上市公司当期披露内控缺陷认定标准与上期内控缺陷认定标准的差值小于零，则表明当期内控缺陷认定标准后续调整更为严格，定义 Cdrstd=1，否则为 0。

本章其他解释变量、控制变量定义与说明，参照第四章变量定义与说明。具体变量定义如表 5-1 所示。

三、模型设计

为检验董事会类型、会计专长对内控缺陷认定标准后续变更的影响，本章分别构建如下 OLS 模型和 Logit 模型：

表 5-1　变量定义

变量类型	变量符号	变量定义
被解释变量		
标准变更	Rcrstd	标准变更幅度变量。公司当年披露内控缺陷认定标准与上年内控缺陷认定标准的差值
	Cdrstd	标准变更方向变量，虚拟变量。若公司当期披露缺陷认定标准与上期缺陷认定标准的差值小于零，则标准后续调整更为严格，取值为 1，否则为 0
解释变量		
外部型董事会	Out	当上市公司董事会外部董事占比超过 50%，不存在董事长与总经理两职合一，不属于家族企业时，取值为 1，否则为 0
外部董事会计专长	Maoutdrct	外部董事会计专长均值高低变量，虚拟变量。当具有会计专长外部董事占比高于均值时，定义为 Maoutdrct=1，否则为 0
	Mdaoutdrct	外部董事会计专长中位数高低变量，虚拟变量。当具有会计专长外部董事占比高于中位数时，定义为 Mdaoutdrct=1，否则为 0
财报标准	Financals	若属于财报内控缺陷认定标准，取值为 1，否则为 0，即为非财报内控缺陷认定标准
控制变量		
外部董事占比变化	Outdrcttc	当年外部董事占比与上年外部董事占比的差值
审计委员会独立性	Auditcee	审计委员会中独立董事人数占比
重大标准	Material	若属于内控重大缺陷认定标准，取值为 1，否则为 0，即为内控重要缺陷认定标准
董事会规模	Sumb	董事会人数的自然对数
独立董事占比	Inddrct	独立董事人数占董事会规模比例
产权性质	Soe	若属于国有上市公司，取值为 1，否则为 0
控制变量		
股权集中度	Shrcr1	第一大股东持股比例
股权制衡	Shrcr210	第二大股东至第十大股东持股比例
海外上市	Overseas	若当年在海外上市，取值为 1，否则为 0
上市年限	Age	上市日期与统计日期差值除以 365 后取其自然对数
总资产收益率	Roa	期末净利润/期末总资产
资产负债率	Lev	负债总额/期末总资产

续表

变量类型	变量符号	变量定义
控制变量		
成长性	Growth	(当年营业总收入金额 – 上年营业总收入金额) / 上年营业总收入金额
企业亏损	Loss	亏损变量, 虚拟变量。若当年发生亏损, 取值为1, 否则为0
资产规模	Size	期末总资产取自然对数
内控审计质量	Icbig10	若内控审计由中注协当年排名前十大事务所审计, 取值为1, 否则为0
内控审计意见	Icao	若内控审计意见类型为标准无保留意见, 取值为1, 否则为0
评价指标	Typease	若观测值属于该类评价指标, 取值为1, 否则为0
年份	Year	当观测值属于当年度, 取值为1, 否则为0
行业	Industry	若观测值属于该类行业, 取值为1, 否则为0

$$\text{Rcrstd} = \alpha_0 + \alpha_1 \text{Out} + \alpha_2 \text{Financals} + \sum \text{Controls} + \sum \text{Typease} + \sum \text{year} + \sum \text{Industry} + \varepsilon \qquad (5-1)$$

$$\text{Logit}(\text{Cdrstd}) = \beta_0 + \beta_1 \text{Out} + \beta_2 \text{Financals} + \sum \text{Controls} + \sum \text{Typease} + \sum \text{year} + \sum \text{Industry} + \mu \qquad (5-2)$$

模型 (5-1) 中关于内控缺陷认定标准变更变量采用标准变更幅度变量 Rcrstd, 模型 (5-2) 中关于内控缺陷认定标准变更变量采用标准变更方向变量 Cdrstd。当检验 H1 和 H2 时, 分别采用模型 (5-1) 和模型 (5-2) 回归检验外部型董事会对内控缺陷认定标准后续变更方向影响; 当检验 H3 和 H4 时, 采用模型 (5-1) 分别基于外部董事会计专长均值高低变量 Maoutdrct 和中位数高低变量 Mdaoutdrct, 分组回归检验会计专长外部董事对内控缺陷认定标准后续变更影响。

第四节 实证结果与分析

一、描述性统计分析

本书所涉及主要变量描述性统计情况如表5-2所示。

表5-2 主要变量描述性统计结果

Variable	N	Mean	Sd	Min	Median	Max
Rcrstd	156	−0.006	0.020	−0.080	−0.003	0.050
Cdrstd	156	0.558	0.498	0	1	1
Out	156	0.545	0.500	0	1	1
Outdrcttc	156	−0.001	0.081	−0.181	0	0.222
Maoutdrct	156	0.359	0.481	0	0	1
Mdaoutdrct	156	0.372	0.485	0	0	1
Financals	156	0.808	0.395	0	1	1
Material	156	0.417	0.495	0	0	1
Sumb	156	8.814	2.085	4	9	17
Inddrct	156	0.370	0.050	0.330	0.360	0.560
Auduitcee	156	0.663	0.109	0.500	0.667	1
Soe	156	0.571	0.497	0	1	1
Shrcr1	156	0.354	0.150	0.110	0.350	0.740
Shrcr210	156	0.238	0.127	0.020	0.215	0.590
Age	156	16.30	6.358	1.250	17.75	24.17
Size	156	13.55	1.424	10.61	13.45	17.23
Overseas	156	0.045	0.208	0	0	1
Roa	156	0.077	0.078	−0.120	0.070	0.280

续表

Variable	N	Mean	Sd	Min	Median	Max
Lev	156	0.462	0.208	0.070	0.460	0.930
Growth	156	0.672	1.625	−0.590	0.080	5.220
Loss	156	0.083	0.277	0	0	1
Icbig10	156	0.564	0.497	0	1	1
Icao	156	0.936	0.246	0	1	1

表5-2列示了主要变量描述性统计结果：①内控缺陷认定标准变更幅度变量 Rcrstd 与变更方向变量 Cdrstd，其均值分别为−0.006 和0.558，标准差分别为0.020 和0.498，平均来看，上市公司内控缺陷认定标准后续调整更为严格。②董事会类型变量 Out，均值为0.545，标准差为0.498，接近55%上市公司属于外部型董事会；外部董事占比变化变量Outdrcttc，均值为−0.001，中位数为0，标准差为0.081，平均来看外部董事占比变化不大，略有下降。③外部董事会计专长变量 Maoutdrct 与Mdaoutdrct，均值分别为0.359 和0.372，标准离差分别为0.481 和0.485，具备会计专长外部董事占比为37%左右，非会计专长外部董事占比63%左右，表明外部董事职业背景多元化，差异化职业背景必然影响董事决策行为，引致不同的决策结果。④财报与非财报内控缺陷认定标准变量Financals，均值为0.808，标准差为0.395，近81%左右公司变更财报内控缺陷认定标准，仅19%公司变更非财报内控缺陷认定标准，由于内控审计仅针对财报内控发表审计意见，故而公司更为关注财报内控缺陷认定标准的后续变更。⑤董事会规模变量 Sumb，均值为8.814，中位数为9，标准差为2.085，最小值为4，最大值为17，大多数公司董事会规模满足《公司法》规定，个别上市公司董事会规模过小，可能与本书统计截止时间有关，相关董事会成员离任与就任日期衔接不到位。⑥独立董事占比变量 Inddrct，均值为0.370，中位数为0.360，标准差为0.050，基本上满足监管规定，公司之间差异性不明显。⑦审计委员会独立性变量Auditcee，均值为0.663，中位数为0.667，标准差为0.109，审计委员会独立性相对

不低。⑧股权集中度变量 Shrcr1，均值 0.354，中位数为 0.350，表明上市公司股权集中度相对较高，实际支配上市公司有表决权股份 30% 以上，足以对董事会成员的选任形成重大影响；股权制衡变量 Shrcr210，均值为0.238，中位数为 0.215，表明非控股股东随着持股比例上升，在上市公司董事会中话语权越来越大，在一定程度上可以与控股股东与内部董事制衡。⑨资产规模变量 Size，均值为 13.55，中位数为 13.45，标准差为1.424，上市公司之间资产规模差异性明显。⑩内控审计质量变量Icbig10，均值为 0.564，标准差为 0.497，56% 上市公司选择"十大"审计事务所。

二、相关性分析

表 5-3 主要变量相关系数表明，内控缺陷认定标准变更幅度变量 Rcrstd 与外部董事会变量 Out 之间是显著负相关关系，表明外部型董事会倾向于变更为严格内控缺陷认定标准。其他变量相关系数如表 5-3 所示，各变量之间相关系数不大，模型不存在严重的多重共线性问题。

三、回归结果分析

(一) 董事会类型与内控缺陷认定标准变更回归分析

董事会类型对内控缺陷认定标准后续变更影响的回归结果如表 5-4 所示。

表 5-4 中列示了董事会类型对内控缺陷认定标准变更方向以及变更幅度影响的回归结果。其中，第一列是基于标准变更方向的回归结果列示，第二列、第三列、第四列是基于标准变更幅度的回归结果列示。

第一列董事会类型变量 Out 与内控缺陷认定标准变更方向显著正相关，第二列董事会类型变量 Out 与内控缺陷认定标准变更幅度显著负相关，显著性水平分别为 10% 和 5%，表明当董事会类型为外部型董事会

表 5-3 主要变量相关系数检验

	Rcrstd	Cdrstd	Out	Outdrctte	Mdaoutdrct	Financals	Lnsumb	Inddrct	auduitcee	Shrcr1	Shrcr210	Lnsize	agrowth	Icbig10
Rcrstd	1													
Cdrstd	-0.707***	1												
Out	-0.102*	0.114	1											
Outdrctte	0.0720	-0.0580	0.0220	1										
Mdaoutdrct	-0.0490	0.0710	0.0110	-0.0470	1									
Financals	-0.0720	-0.0090	-0.0210	0.0280	0.0390	1								
Sumb	-0.0650	0.188**	0.260***	-0.127	-0.131	-0.0320	1							
Inddrct	0.0540	-0.0470	-0.104	0.280***	-0.0600	-0.0560	-0.521***	1						
Auduitcee	-0.0520	-0.0880	-0.255***	-0.105	-0.226***	-0.103	-0.141*	0.0710	1					
Shrcr1	0.0010	-0.0700	0.317***	-0.113	-0.194**	0.0670	0.164**	-0.0960	0.0550	1				
Shrcr210	0.0220	-0.0370	-0.124	-0.0130	0.0400	0.0960	-0.0150	-0.0680	-0.0190	-0.374***	1			
Size	-0.0270	0.0550	0.194**	0.0750	-0.0190	0.109	0.213***	0.118	0.0100	0.396***	-0.0030	1		
Growth	-0.221***	0.198**	-0.209**	0.0600	0.0650	0.138*	-0.159**	0.0760	0.0980	0.0830	-0.0620	0.166**	1	
Icbig10	0.101	-0.106	0.0270	0.319***	0.0080	-0.0030	0.0970	0.131	-0.0310	0.184**	-0.0690	0.173**	0.0800	1

注：***、**、* 分别表示 1%、5%、10%显著性水平（双尾）。

表 5–4　董事会类型对内控缺陷认定标准变更的影响

Variable	总样本 Cdrstd	总样本 Rcrstd	财报样本 Rcrstd①	非财报样本 Rcrstd
Out	4.877* (1.85)	−0.032** (−2.09)	−0.041** (−2.20)	0.00300 (0.28)
Outdrcttc	−7.105 (−1.37)	0.0310 (1.19)	0.0210 (0.73)	0.813*** (6.12)
Financial	0.650 (0.68)	−0.00100 (−0.26)		
Material	0.845*** (3.91)	−0.009*** (−3.48)	−0.010*** (−3.37)	−0.0050 (−0.97)
Sumb	8.908*** (3.98)	−0.030** (−2.51)	−0.031** (−2.16)	0.0150 (0.88)
Inddrct	24.363** (2.10)	−0.116* (−1.86)	−0.155** (−2.29)	−0.212*** (−251.02)
Auduitcee	0.0180 (0.02)	−0.009* (−1.76)	−0.011** (−2.06)	0.045*** (4.80)
Soe	−2.662 (−1.09)	0.0250 (1.66)	0.033* (1.77)	−0.038*** (−15.47)
Shrcr1	−10.117** (−2.31)	0.0080 (0.42)	0.0110 (0.51)	0.0660 (1.22)
Shrcr210	−10.155*** (−2.88)	0.0240 (1.27)	0.0280 (1.33)	0.136** (2.43)
lnage	−0.308 (−0.41)	0.0010 (0.27)	0.0020 (0.48)	0.0110 (1.36)
lnsize	0.105 (0.20)	−0.0020 (−0.70)	−0.0040 (−1.45)	0.005*** (3.69)
overseas	3.098 (1.55)	0.0020 (0.22)	−0.0030 (−0.24)	−0.156*** (−3.54)
Roa	5.241 (0.57)	−0.084* (−1.88)	−0.119** (−2.65)	0.101*** (3.46)

① 鉴于发生内控缺陷认定标准变更样本量仅为 156 个，采用 Logit 模型分组检验时将无法形成有效结论，故而，本节此处往下分组回归均采用 OLS 模型，被解释变量采用内控缺陷认定标准变更幅度 Rcrstd。

续表

Variable	总样本	总样本	财报样本	非财报样本
	Cdrstd	Rcrstd	Rcrstd	Rcrstd
Lev	−5.695 (−1.44)	0.032** (2.14)	0.043** (2.56)	0.051** (2.75)
Growth	0.749*** (2.65)	−0.003** (−2.13)	−0.0020 (−1.65)	−0.104*** (−6.88)
Loss	−1.647 (−0.58)	−0.0220 (−1.60)	−0.040** (−2.48)	−0.044** (−2.20)
Icbig10	−1.097 (−0.90)	0.0050 (1.01)	0.0060 (1.06)	0.064*** (3.00)
Icao	−2.839** (−2.42)	0.0060 (1.07)	0.0070 (1.13)	0① (.)
Cons	−20.591* (−1.78)	0.115** (2.06)	0.140** (2.30)	−0.247** (−2.25)
Typeasse	Yes	Yes	Yes	Yes
Year	Yes	Yes	Yes	Yes
Industry	Yes	Yes	Yes	Yes
Observations	156	133②	126	30
Pseudo R²/Adj-R²	0.192	0.3850	0.211	0.887

注:括号中汇报的是 T 值或 Z 值,***、**、* 分别表示 1%、5%、10%显著性水平。模型已经控制了标准评价指标、年度以及行业的固定效应。

时,董事会倾向于后续调整更为严格的内控缺陷认定标准,H1 得到证实;第三列、第四列内控缺陷认定标准变更分组为财报标准变更与非财报标准变更,第三列董事会类型变量 Out 与财报内控缺陷认定标准变更幅度显著负向相关,表明在其他条件不变情况下,相较于非财务报告内控制缺陷认定标准,董事会倾向于后续调整更为严格的财务报告内控缺陷认定标准,H2 得到证实。

———————

① 此处回归过程中,Icao 由于共线性问题自动被 Stata 模型剔除,并不影响回归方程,后文出现类似情况不再赘述。

② 采用 Logit 模型对内控缺陷认定标准变更方向进行实证检验过程中,Stata 运行时自动剔除无效样本,因此样本观测值变为 133 个。

控制变量中，第一列、第二列资产规模变量 Size 与内控缺陷认定标准变更变量均显著相关，显著性水平均为 1%，表明资产规模越大的企业，内控缺陷认定标准变更越严格；第一列、第二列独立董事占比变量 Inddrct 与内控缺陷认定标准变更变量均显著相关，显著性水平分别为 5% 和 10%，表明独立董事占比越高，内控缺陷认定标准变更越严格，独立董事在初次制订内控缺陷认定标准过程中，职能作用不明显，后续变更内控缺陷认定标准过程中较好地发挥监督职能；第一列、第二列企业成长性变量 Growth 与内控缺陷认定标准变更变量均显著相关，显著性水平分别为 1% 和 5%，表明成长性越好的企业，内控缺陷认定标准调整更为严格，越倾向于借助更为严格标准加快内控建设。

（二）董事会类型、会计专长对内控缺陷认定标准变更的回归分析

董事会类型、会计专长对内控缺陷认定标准后续变更影响的回归结果如表 5-5 所示。

表 5-5　董事会类型、会计专长与内控缺陷认定标准变更

Variable	Mdaoutdrct 中位数		Maoutdrct 均值	
	高组	低组	高组	低组
	Rcrstd	Rcrstd	Rcrstd	Rcrstd
out	−0.0001 (−0.03)	−0.030** (−2.11)	0.0004 (0.03)	−0.029** (−2.10)
outdrcttc	0.0150 (0.17)	0.0120 (0.24)	−0.0140 (−0.03)	0.0200 (0.45)
financals	0.0110 (0.85)	0.0020 (0.52)	0.0110 (0.85)	0.0020 (0.46)
material	−0.0090 (−1.44)	−0.009*** (−3.14)	−0.0090 (−1.52)	−0.008*** (−3.18)
sumb	−0.0270 (−0.64)	−0.0360 (−1.47)	−0.0160 (−0.14)	−0.039* (−1.76)
Inddrct	0.0480 (1.33)	−0.0830 (−0.62)	0.109 (0.13)	−0.0900 (−0.69)
Auduitcee	−0.0240 (−0.85)	−0.0090 (−1.49)	−0.0240 (−1.36)	−0.0090 (−1.50)

续表

Variable	Mdaoutdrct 中位数		Maoutdrct 均值	
	高组	低组	高组	低组
	Rcrstd	Rcrstd	Rcrstd	Rcrstd
Soe	0.016 (1.51)	0.021* (1.69)	0.014 (1.46)	0.0190 (1.61)
Shrcr1	−0.0300 (−1.01)	0.0270 (0.57)	−0.0160 (−0.08)	0.0190 (0.44)
Shrcr210	0.042* (1.75)	0.0310 (0.96)	0.0650 (0.19)	0.0270 (0.92)
Age	0.0080 (0.22)	0.0030 (0.41)	0.0040 (0.13)	0.0020 (0.34)
Size	−0.0050 (−0.85)	−0.0010 (−0.32)	−0.0040 (−0.17)	−0.0010 (−0.29)
Overseas	−0.0004 (−0.01)	0.034*** (3.23)	−0.00500 (−0.11)	0.034*** (3.21)
Roa	−0.0180 (−0.25)	−0.0600 (−0.69)	0.0090 (0.02)	−0.0680 (−0.79)
Lev	0.0130 (0.75)	0.0190 (1.11)	−0.0010 (−0.01)	0.0170 (1.01)
Growth	0.0010 (0.04)	−0.0020 (−1.29)	0.0030 (0.13)	−0.003* (−1.74)
Loss	−0.067** (−2.33)	−0.0060 (−0.28)	−0.0530 (−0.28)	−0.0100 (−0.49)
Icbig10	0.0420 (1.28)	−0.0020 (−0.26)	0.0360 (0.58)	0.00004 (0.01)
Icao	−0.0140 (−0.17)	0.0020 (0.12)	−0.00006 (−0.00)	0.0030 (0.27)
Cons	0.0760 (0.30)	0.115* (1.73)	0.0040 (0.00)	0.128** (2.12)
Typeasse	Yes	Yes	Yes	Yes
Year	Yes	Yes	Yes	Yes
Industry	Yes	Yes	Yes	Yes
Observations	58	98	56	100
Adj_R²	0.644	0.261	0.645	0.266

注：括号中汇报的是 T 值，***、**、* 分别表示 1%、5%、10%显著性水平。模型已经控制了标准评价指标、年度以及行业的固定效应。

表 5-5 列示了外部董事会计专长对内控缺陷认定标准变更幅度影响的回归结果。其中，第一列、第二列是基于会计专长中位数分组回归的结果列示，第三列、第四列是基于会计专长均值分组回归的结果列示。

第二列、第四列董事会类型变量 Out 与内控缺陷认定标准变更幅度显著负相关，显著性水平均为 5%，表明当会计专长的外部董事占比较低时，即当非会计专长的外部董事占比较高时，外部型董事会倾向于对内控缺陷认定标准后续调整更为严格，H3b 得到证实。表明会计专长外部董事在内控缺陷认定标准制订过程中，更多承担咨询专家角色，利用自己的专业特长更好地发挥咨询决策职能；非会计专长外部董事，在内控缺陷认定标准制订过程中，更多地体现"监督者"角色，借助于更为严格的缺陷标准进行内控风险识别与防范，加强对控股股东与管理层监督力度。

第一列、第二列、第三列、第四列财报缺陷认定标准变量 Financals 与内控缺陷认定标准变更幅度均未通过显著性检验，并没有找到证据证实相较于非财务报告内控制缺陷认定标准，在不同职业背景的外部董事占比不同时，外部型董事会倾向于后续调整更为严格的财务报告缺陷认定标准，H4 未得到证实。

控制变量中，第二列、第四列海外上市变量 Overseas 与内控缺陷认定标准变更幅度均显著正相关，显著性水平均为 1%，海外上市公司通常业务复杂程度较高，扩张速度快，面临不同监管环境，公司倾向于将内控缺陷认定标准调整得更为宽松，降低对自身监督与约束，但从长远发展来看，必然对提升内控质量是不利的。

四、进一步分析

以上回归结果表明，外部型董事会倾向于对内控缺陷认定标准调整更为严格，进行内控风险识别与防范，加强对控股股东与管理层监督。董事会在变更内控缺陷认定标准过程中，各方力量抉择博弈，除了在董事会内部集思广益，审计师通常是董事会判断标准制订合理与否，可以借助的外部专家力量，尤其是来自代表审计师声誉的"十大"审计事务所。故而，此处本书将从上市公司选择"十大"事务所执行内控审计维度，进一步考察董事会类型对内控缺陷认定标准后续变更程度的影响。

表5-6 "十大"事务所、董事会类型与内控缺陷认定标准变更

Variable	Icbig10=1		Icbig10=0	
	回归系数	T 统计量	回归系数	T 统计量
Out	−0.023**	(−2.60)	0.027*	(1.83)
Outdrcttc	0.0090	(0.18)	−0.0580	(−0.87)
Fnancals	−0.0010	(−0.30)	0.0090	(1.00)
Material	−0.007**	(−2.18)	−0.0070	(−1.38)
Sumb	−0.038**	(−2.44)	0.0410	(1.51)
Inddrct	−0.255***	(−3.22)	0.642**	(2.23)
Auduitcee	−0.0270	(−1.67)	0.0060	(1.47)
Shrcr1	−0.059**	(−2.12)	0.105***	(3.60)
Shrcr210	−0.0330	(−0.89)	−0.0140	(−0.44)
Age	0.0010	(0.20)	0.009***	(3.40)
Size	0.0050	(1.58)	0.008**	(2.17)
Roa	−0.209***	(−3.08)	0.0340	(0.90)
Lev	0.0330	(1.37)	−0.075**	(−2.50)
Growth	−0.0030	(−1.08)	−0.008*	(−1.81)
Loss	−0.068***	(−3.94)	0.118***	(3.08)
Icao	0.035*	(1.84)	−0.0130	(−0.94)
Cons	0.153**	(2.30)	−0.480***	(−2.92)
Typeasse	Yes		Yes	
Year	Yes		Yes	
Industry	Yes		Yes	
Observations	88		68	
Adj-R^2	0.397		0.491	

注：括号中汇报的是 T 值，***、**、* 分别表示 1%、5%、10%显著性水平。模型已经控制了标准评价指标、年度以及行业的固定效应。

表 5-6 列示了"十大"事务所对董事会类型与内控缺陷认定标准变更程度影响的回归结果。其中，第一列、第三列是基于标准变更幅度的回归系数列示，第二列、第四列是回归结果的 T 值列示。

第一列董事会类型变量 Out 与内控缺陷认定标准变更幅度显著负相关，显著性水平为 5%，说明选择"十大"事务所执行内控审计的上市公司，外部型董事会倾向于调整更为严格的内控缺陷认定标准；第三列董事会类型变量 Out 与内控缺陷认定标准变更幅度显著正相关，显著性水平为 10%，表明选择非"十大"事务所执行内控审计的上市公司，即使是外部型董事会也倾向于调整更为宽松的内控缺陷认定标准。进一步说明，为促进内控建设长远发展，声誉较高"十大"事务所与董事会均倾向于变更更为严格的内控缺陷认定标准，进一步强化监督力度，着眼于内控风险及早警示，及时修复偏离内控目标的缺陷，进而改善内控质量，促进企业长远发展。

本章小结

本章选取 2015~2016 年内控缺陷相对率认定标准相比前一年发生财报与非财报、重大与重要缺陷定量认定标准变更的上市公司作为研究对象。本章从动态视角重点考察发生后续内控缺陷认定标准变更的样本公司，提供"准自然实验"契机，实证检验董事会类型对内控缺陷认定标准后续调整程度（更为严格或更为宽松）影响，并且进一步研究外部董事会计专长对董事会类型与内控缺陷认定标准后续变更程度的调节作用。

第一，董事会类型变量与内控缺陷认定标准显著相关，表明当董事会类型为外部型董事会时，董事会倾向于对内控缺陷认定标准后续调整更为严格，且在其他条件不变情况下，相较于非财务报告内控缺陷认定标准，董事会倾向于对财报内控缺陷认定标准后续调整更为严格。

第二，进一步研究外部董事会计专长的调节作用，发现当会计专长的外部董事占比较低时，即当非会计专长的外部董事占比较高时，外部型董事会倾向于对内控缺陷认定标准后续调整更为严格。这说明不同专业背景的外部董事在制订内控缺陷认定标准过程中，发挥不同职能作用，会计专长外部董事更多承担咨询专家角色，利用自己的专业特长更好地发挥咨询决策职能；非会计专长外部董事更多地体现为"监督者"角色，利用于自己的专业特长更好地发挥监督职能。

第三，独立董事占比变量与内控缺陷认定标准变更变量均显著相关，表明独立董事占比越高，内控缺陷认定标准变更越严格，独立董事在初次制订内控缺陷认定标准过程中，职能作用不明显，后续变更内控缺陷认定标准过程中较好发挥监督职能。

第四，企业成长性变量与内控缺陷认定标准变更变量均显著相关，表明成长性越好的企业，内控缺陷认定标准后续调整更为严格，越倾向于借助更为严格的标准加快内控建设，加快企业发展步伐。

第五，选择"十大"事务所执行内控审计的公司，外部型董事会倾向于调整更为严格的内控缺陷认定标准，而选择非"十大"事务所执行内控审计的公司，即使是外部型董事会也倾向于调整更为宽松的内控缺陷认定标准。进一步说明，为促进内控建设长远发展，声誉较高"十大"事务所与董事会均倾向于后续调整更为严格的内控缺陷认定标准，进一步强化监督力度，着眼于内控风险及早警示，及时修复偏离内控目标的缺陷，进而改善内控质量，促进企业长远发展。

本章研究的主要贡献为：①本章将从动态视角重点考察发生后续内控缺陷认定标准变更的样本公司，提供"准自然实验"契机，实证检验董事会类型对内控缺陷认定标准后续变更程度影响，并进一步研究外部董事会计专长对董事会类型与内控缺陷认定标准后续变更程度的调节作用；②从代理理论与资源依赖理论视角出发，继续深化研究董事会类型、会计专长对内控缺陷认定标准后续制订的影响，深入探究外部型董事会的监督职能与咨询决策职能在缺陷认定标准后续制订过程中的作用机理；

③实证发现独立董事在后续制订内控缺陷认定标准中较好地发挥了监督职能作用，论证了独立董事制度在内控建设中的治理作用，拓展了关于验证独立董事制度设计有效性新的研究视角。

第六章　董事会制订内控缺陷认定标准的治理效应检验

第一节　问题提出

由于制度设计者的"有限理性"和企业经济环境的不确定性，内控制度最大限度是为内控目标的实现提供合理保证。然而，实务中内控目标实现受到众多不可控因素的影响，完美运行的内部控制几乎是不存在的，从而表现为一种"契约不完备性"（林钟高等，2011）。内部控制的目标是合理保证企业经营管理合法合规、资产安全、财务报告及相关信息真实完整，提高经营效率和效果，促进企业实现发展战略[①]。内控缺陷认定是判定企业内控有效性与否的重要依据，是企业董事会开展内控评价的核心环节（王海林，2017），而内控缺陷认定标准是企业董事会开展内控缺陷认定的准绳。内部控制评价是对照内控缺陷认定标准，通过开展内控评价查找和分析企业内控系统中存在的妨碍内控目标实现的各种控制漏洞、目标偏离等，并有针对性地督促落实整改，全方位优化管控制度，完善内控体系，因此，内部控制评价是优化内控自我监督机制的一项重要制度安排（企业内部控制规范讲解，2010），是企业完善自身内

[①] 具体内部控制目标内容详见《企业内部控制基本规范》。

控质量、提升企业价值的内生需求，而不仅仅是为满足监管者完善内控信息披露硬性要求的外在驱动。

内生于企业内控长远发展需要，内控缺陷认定标准制订方向（严格或宽松）必然会从不同角度影响企业内控缺陷认定，内控缺陷信息的披露作为资本市场一种消极因素，势必为使用内控信息各方利益相关者带来一定的经济后果。董事会作为内控建设第一责任人，当其制订严格内控缺陷认定标准并依据该严格标准开展内控评价时，可以及时发现内控体系中存在的薄弱环节与关键风险点，监督管理层加强内部控制建设，最终实现内部控制质量提升；当其制订宽松的内控缺陷认定标准并依据该宽松标准开展内控评价时，隐藏在企业经营活动中的风险可能不能及时得到预警，企业偏离目标的可能性加大（谭燕等，2016），最终导致内控缺陷数量攀升、缺陷认定等级上调。那么，内控缺陷认定标准的制订方向（严格或宽松）究竟如何影响企业的内控缺陷存在与否以及缺陷数量呢？这有待实证检验。

本章选取 2014~2016 年沪深主板上市公司内控评价报告所披露的财报与非财报、重大与重要缺陷定量认定标准作为研究对象。考察董事会制订内控缺陷认定标准方向（严格或宽松）对内控缺陷存在与否以及缺陷数量的影响，并进一步区分董事会类型研究不同董事会类型下内控缺陷认定标准制订方向对内控缺陷的治理作用差异。研究发现：①内控缺陷认定标准制订宽严程度与内控缺陷存在与否以及缺陷数量显著负相关，表明在其他条件不变情况下，公司董事会制订内控缺陷认定标准越严格，内控缺陷发生概率越小，出现内控缺陷数量越少，内控质量明显改善；②进一步研究董事会类型的调节作用，发现当董事会类型为外部型时，公司董事会制订内控缺陷认定标准越严格，内控缺陷发生概率越小，出现内控缺陷数量越少；③整体来看，董事会制订内控缺陷认定标准越严格，内控缺陷发生概率越小，出现内控缺陷数量越少，内控质量明显改善，而这种治理作用在国有企业效果更显著一些。

本章研究的主要贡献体现在：①本书另辟蹊径，从董事会制订内控缺陷认定标准方向（严格或宽松）角度，探究董事会治理内控缺陷深层次机理；②从内控缺陷治理视角，拓展关于验证董事会治理效率问题新的研究视角，丰富公司治理与内部控制相关文献。本章论证了监管部门关于公司治理机制与内部控制制度权责设计有效的初衷，引导上市公司完善公司治理机制，合理制订内控缺陷认定标准，加强内部控制建设。

第二节　理论分析和假设提出

一、企业内控缺陷存在及其披露的经济后果

随着 SOX 法案的实施，美国内部控制信息披露制度变革对全球内部控制监管产生了重大影响，世界各国纷纷涌入内部控制信息披露变革的浪潮中。我国自 2008 年以来，相继颁发了《企业内部控制基本规范》《企业内部控制配套指引》，内部控制信息披露进入强制审计并披露阶段。SOX 法案以提高公司会计信息披露的真实可靠性为主要目的，强化管理者对财务报告的责任，同时重拾投资者对资本市场的信心（李庆玲和沈烈，2016）。我国《企业内部控制规范》旨在加强和规范企业内控建设，提高企业经营管理水平，增强企业风险防范能力，最终促进企业实现发展战略。内部控制缺陷的存续可能会导致内部控制无法实现其控制目标，进而无法合理保证其所依附的组织或单位的目标实现。内部控制缺陷信息的披露作为资本市场一种消极因素，势必为使用内部控制信息各方利益相关者带来一定的经济后果。

（1）影响内控目标的实现。财务报告的可靠性、运营的效率和效果和法律法规的遵从性是 COSO 内控整合框架三大目标要求（COSO，1992；2013）。披露内控重大缺陷的公司表现出较低的盈余稳健性，随后改进内

部控制重大缺陷的公司表现出较强的盈余稳健性（Goh and Li, 2011；Ashbaugh-Skaife et al., 2008）。Järvinen 和 Myllymäki（2016）实证研究表明，那些内控存在重大缺陷公司的管理层往往更容易实施真实盈余管理活动。Myllymäki（2014）研究证据表明，披露内部控制重大缺陷的公司，其财务信息错报影响可能会持续达两年之久。Feng 等（2015）的研究表明，存货出现重大缺陷的企业，有更低存货周转率，且极易报告存货毁损问题。有效的内部控制作为一种制度安排有利于保持盈余的稳健性，在我国资本市场也得到一致的结论。高质量内部控制能够抑制公司的盈余管理行为（方红星和金玉娜，2011；范经华等，2013；肖华和张国清，2013），企业内控信息披露质量能够提高会计盈余的信息含量（余海宗等，2013），这种提升作用只出现在公司高管权力不集中的情况下（刘启亮等，2013）。除企业内控规范体系强制实施当年，其他时期企业认知性盈余管理行为普遍存在（李英等，2016）。谢凡等（2016）研究发现，我国上市公司披露的内控缺陷具有一定的信息含量，内控缺陷的存在与内控目标的实现存在负向关系。内部控制对企业绩效的影响因股权性质的不同而表现出显著性差异。民营企业的内部控制质量对企业绩效具有显著的正向影响，而在国有企业中，内控质量与企业绩效之间不存在相关关系（叶陈刚等，2016）。

（2）影响企业的资本成本。银行借款是企业实现外部融资的重要途径，内部控制质量会影响银行借款成本。相比那些未披露内部控制缺陷的公司，披露内部控制缺陷公司通常会面临贷款利率上升和更严格的非价格条款等（Kim et al., 2011；Dhaliwal et al., 2011；Costello and Regina, 2011）。若公司未能改进以前年度披露的内部控制重大缺陷，尤其是公司整体层面重大缺陷未改进时，将面临更差的信用评级和更高的债务资本成本（Hammersley et al., 2012）。SOX 法案可以通过降低信息风险而转化为较低的权益资本成本（Ashbaugh-Skaife et al., 2009）。就国内上市公司整体而言，高质量内部控制可以有效缓解企业融资约束问题（程小可等，2013；李晓慧和杨子萱，2013；林钟高和丁茂桓，2017），公司内控质量越高，债券信用评级或主体信用评级越高，进而导致相应的融资成本越低（敖小波等，2017）；企业内控缺陷改进可以在一定程度上缓解其所面临的信贷约束，但却无法根除这种负面影响（刘中华和梁红玉，2015）。

（3）影响市场反应与投资者信心。内部控制缺陷披露的信息含量取决于对内部控制缺陷分类的严重程度。资本市场对内部控制缺陷和重大缺陷披露是负的价格反映（Hammersley et al.，2008）。投资者作为对内部控制重大缺陷披露的反应会调整投资风险评估的水平（Rose et al.，2010）。对一般投资者而言，当标准无保留审计意见的财务报告后伴附的是否定审计意见的内部控制报告时，他们普遍会降低对标准无保留审计意见的信心（Asare and Wright，2012）。Wu 和 Tuttle（2014）的研究就提供了"不论是单一作用还是联合作用，管理者法律责任和内部控制审计在提高财务信息的可靠性和市场价格上都有作用"的经验证据。内部控制信息披露具有信息含量，企业内部控制信息披露表现越好，市场评价越高，越能增进投资者对会计信息的信任度（余海宗等，2013）。企业内部控制信息披露具有信息含量，投资者对内部控制有效的企业会做出积极回应股票价格上涨；反之，股票价格下跌（杨清香等，2012）。否定内部控制审计意见会降低投资者对标准无保留财务报表审计意见的信心，进而影响到投资者的投资判断（张继勋和何亚南，2013）。

（4）影响审计收费。改进重大缺陷的公司，随着重大缺陷数量的增加，表现为审计费用大幅度攀升和审计师辞职的较高可能性（Goh et al.，2013；Hogan and Wilkins，2008；Hoag and Hollingsworth，2011）。研究还发现，未改进重大缺陷公司更容易收到修改的审计意见和持续经营意见（Hammersley et al.，2012）。Abbott 等（2012）研究发现，内部审计职能（IAF）提供的外部审计帮助会显著降低审计收费。公司的信息技术（IT）能力对实现审计职能和审计过程的效率有作用，IT 能力直接缓解审计费用增加，但不会导致审计拖延增加（Chen et al.，2014）。内控缺陷的存在会导致其独立审计费用增加（盖地和盛常艳，2013），这种现象在国有企业里更加严重（李越冬等，2014）；高质量的会计师事务所面临自身声誉机制和上市公司的双重压力，会促使其提升审计努力程度，进而增加审计成本，提高内控审计费用（方红星等，2016）。

二、内控缺陷认定标准的治理效用

公司盈余管理程度越高，内控缺陷认定标准披露越不透明（尹律，2016），产品市场竞争作为公司的外部治理机制，有助于提升企业内控缺陷认定标准披露质量（尹律，2017）。董事会的监督职能越强，企业制订的财报内控缺陷定量认定标准越严格，董事会的咨询决策职能在后续定量标准制订作用明显（谭燕等，2016），新任管理层在其首个完整任职年份里，更可能向宽松方向调整内控缺陷认定标准（王俊和吴溪，2017）。董事会在进行缺陷等级认定时，普遍采用内控缺陷导致的潜在错报、漏报、损失或影响金额与设定的内控缺陷定量认定标准重要性水平临界值进行比较，分类确定内控缺陷等级。给定其他条件相同时，内控缺陷认定标准重要性水平临界值设置得越高（标准越宽松），一项业已存在的缺陷就越不容易达到标准临界值，董事会需要对外报告的缺陷数量虽然降低，然而隐藏在内控环节中的各种风险和漏洞，便不能及时得到预警和控制，企业偏离目标的可能性加大；相反，内控缺陷认定标准重要性水平临界值设置得越低（标准越严格），一项业已存在的缺陷越容易达到标准临界值，董事会需要对外报告的缺陷数量虽然增加，但隐藏在内控环节中的各种风险和漏洞，便可能得到及时预警和控制，极大地降低企业偏离目标的可能性。内控缺陷认定标准设定高低将直接影响内控缺陷数量披露的多寡，而内控缺陷数量披露的多寡必然带来资本市场一定的经济后果。

内控缺陷认定标准既是公司开展内控评价的一把"标尺"，也是公司高质量披露内控缺陷信息的依据和保证，更是公司提升内控质量的"法宝"。内部控制评价是董事会对照业已制订的内控缺陷认定标准，通过开展内控评价查找和分析企业内控系统中存在的妨碍内控目标实现的各种控制漏洞、目标偏离等，并有针对性地督促落实整改，全方位优化管控制度，完善内控体系，是企业完善自身内控质量、提升企业价值的内生需求，而不仅仅是为满足监管者完善内控信息披露硬性要求的外在驱动。董事会作为内控建设第一责任人，当其制订严格内控缺陷认定标准并依据该严格标准开展内控评价时，可以及时发现内控体系中存在的薄弱环节与关键风险点，监督管理层加强内部控制建设，最终实现内部控制质量提升；当其制订宽松的内控缺陷认定标准并依据该宽松标准开展内控评价时，隐藏在企业经营活动中的风险可能不能及时得到预警，企业偏离目标的可能性加大（谭燕等，2016），最终导致内控缺陷数量攀升、缺陷认定等级上调。代理理论认为，当管理层的私人目标函数有悖于股东的目标函数，且管理层存在最大化其私人控制权收益的动机时，内部董事过于依附于 CEO 导致其监督职能弱化，容易偏离股东目标函数；相反，外部董事在董事会占据多数席位，可避免董事会的尴尬地位，因而由外部董事占优型的董事会被认为是更好的监督者（Hillman and Dalziel，2003；Bang and Nielsen，2010）。Johnson 等（1993）研究董事会参与公司重组的情况，发现外部董事主导型董事会将在其他公司治理机制失效的情况下发起公司重组。Faleye 等（2011）认为，监督强化型董事会里，独立董事将大量时间用于履行监督职责，董事会监督质量会提高，然而，过分强调监督职责，会弱化董事会的咨询职责。万伟和曾勇（2013）发现，在董事会投资决策过程中，外部董事占优型董事会可以有效监督制衡内部董事，通过确保内部董事信息传递渠道的收益性，较好地发挥外部董事监督职能，提高企业投资绩效。不同类型董事会，监督职能与咨询决策职能发挥作用应有不同，从而对内控缺陷认定标准制订的影响机理不同，最终带来的内控缺陷认定标准的治理效应亦有所不同。基于上述分析，提出如下假设：

H1：在其他条件不变情况下，公司董事会制订内控缺陷认定标准越严格，内控缺陷发生概率越小，出现内控缺陷数量越少。

H2：在其他条件不变情况下，当董事会类型为外部型董事会时，公司董事会制订内控缺陷认定标准越严格，内控缺陷发生概率越小，出现内控缺陷数量越少。

<h1 style="text-align:center">第三节　研究设计</h1>

一、样本选择与数据来源

（一）样本选择

本章选取 2014~2016 年沪深主板上市公司内控评价报告所披露的财报与非财报、重大与重要缺陷定量认定标准作为研究对象。鉴于上市公司通常会采用多个内控评价指标，多维度衡量内控缺陷定量认定标准临界值，因此，为更好地考量与比较上市公司披露财报重大、重要缺陷认定标准、非财报重大、重要缺陷认定标准的缺陷治理作用，仅仅基于上市公司分类年度标准，远远无法满足本书分析需要，本书将其细化至上市公司分类年度、财报与非财报、标准评价指标以及重大与重要标准进行研究。

为提高研究数据的可靠性与可比性，在初始样本基础上做进一步处理：①剔除当年度被 ST、*ST 样本公司；②剔除标准披露存在明显错误与矛盾的样本公司；③剔除金融保险行业样本公司；④剔除行业样本量过少不足以形成有效检验结论的样本公司；⑤剔除数据缺失样本公司。最终得到基于"公司—年度—财报与非财报—标准评价指标—缺陷级别"有效观测值共计 16222 个，其中，2014 年观测值为 5388 个；2015 年观测值为 5408 个，2016 年观测值为 5426 个。

（二）数据来源

上市公司内控缺陷认定标准数据均来源于手工整理巨潮资讯网披露的公司内控评价报告。上市公司内控缺陷性质及缺陷数量数据来源于迪博内部控制与风险管理数据库的"内部控制评价缺陷数量库"。董事类型数据来源于 CSMAR"中国上市公司治理结构研究"数据库，结合手工整理上市公司发布年度报告与董事会公告，以确定最终董事会类型。其余公司治理数据、财务数据均来源于 CSMAR 数据库。为了消除极端值的影响，本书对所有使用到的连续变量按上下 1%进行了 Winsorize 处理。本节数据处理采用 Excel 2010、Stata 11.0 软件。

二、变量定义与说明

内控缺陷变量将从缺陷存在与否和缺陷数量多少两个维度来衡量。具体变量定义如下：

（1）内控缺陷存在与否变量，虚拟变量。分别以公司内控评价报告中重大或重要缺陷披露与否变量（Mdecy）和所有等级缺陷（含重大、重要或一般缺陷）披露与否变量（Dasdecy）来衡量。其中，重大或重要缺陷披露与否变量（Mdecy），若公司当期披露重大或重要缺陷，则 Mdecy 取值为 1，否则为 0；所有等级缺陷披露与否变量（Dasdecy），若公司当期披露重大、重要或一般缺陷，则 Dasdecy 取值为 1，否则为 0。

（2）内控缺陷数量变量，分别以公司内控评价报告披露的重大或重要缺陷数量变量（Smdecy）和所有等级缺陷数量（含重大、重要和一般缺陷数量）变量（Asdecy）来衡量。

本章其他解释变量、控制变量定义与说明，参照第四章变量定义与说明。具体变量定义如表 6-1 所示。

表 6-1　变量定义

变量类型	变量符号	变量定义
被解释变量		
缺陷存在与否	Mdecy	重大或重要缺陷披露与否变量（Mdecy），若公司当期披露重大或重要缺陷，则 Mdecy 取值为 1，否则为 0
	Dasdecy	所有等级缺陷披露与否变量（Dasdecy），若公司当期披露重大、重要或一般缺陷，则 Dasdecy 取值为 1，否则为 0

续表

变量类型	变量符号	变量定义
被解释变量		
缺陷数量	Smdecy	公司当期披露的重大或重要缺陷数量
	Asdecy	公司当期披露的所有等级缺陷数量
解释变量		
标准宽严程度[①]	Mrstd	若公司当年度披露内控缺陷认定标准小于同行业均值，定义为标准更严格，取值为1，否则为0
外部型董事会	Out	当公司董事会外部董事占比超过50%，不存在董事长与总经理两职合一，不属于家族企业时，取值为1，否则为0
控制变量		
审计委员会独立性	Auditcee	审计委员会中独立董事人数占比
财报标准	Financals	若属于财报内控缺陷认定标准，取值为1，否则为0，即为非财报内控缺陷认定标准
重大标准	Material	若属于内控重大缺陷认定标准，取值为1，否则为0，即为内控缺重要陷认定标准
董事会规模	Sumb	董事会人数的自然对数
独立董事占比	Inddrct	独立董事人数占董事会规模比例
产权性质	Soe	若属于国有上市公司，取值为1，否则为0
股权集中度	Shrcr1	第一大股东持股比例
股权制衡	Shrcr210	第二大股东至第十大股东持股比例
海外上市	Overseas	若当年在海外上市，取值为1，否则为0
上市年限	Age	上市日期与统计日期差值除以365后取其自然对数
总资产收益率	Roa	期末净利润/期末总资产
资产负债率	Lev	负债总额/期末总资产
成长性	Growth	(当年营业总收入金额−上年营业总收入金额)/上年营业总收入金额
公司价值	Mba	期末总资产/市值

[①] 此处的标准宽严变量只采用了均值标准（Mrstd），而没有采用第四章实证的中位数标准（Mdrstd）原因在于，本章节考察的缺陷认定标准的治理作用，上市公司在制订缺陷认定标准时一般会参照来自同行业、同规模、同风险水平等维度的其他公司缺陷认定的均值标准。

变量类型	变量符号	变量定义
控制变量		
企业亏损	Loss	虚拟变量。若当年发生亏损，取值为1，否则为0
风险杠杆	Risklf	(净利润＋所得税费用＋财务费用)／净利润＋所得税费用
资产规模	Size	期末总资产取自然对数
内控审计质量	Icbig10	若内控审计由中注协当年排名前十大事务所审计，取值为1，否则为0
内控审计意见	Icao	若内控审计意见类型为标准无保留意见，取值为1，否则为0
评价指标	Typeasse	若观测值属于该类评价指标，取值为1，否则为0
年份	Year	当观测值属于当年度，取值为1，否则为0
行业	Industry	若观测值属于该类行业，取值为1，否则为0

三、模型设计

为检验内控缺陷认定标准制订方向对内控缺陷存在与否以及缺陷数量多寡的影响，本章分别构建如下 OLS 模型和 Logit 模型：

$$Smdecy = \alpha_0 + \alpha_1 Mrstd + \sum Controls + \sum Typeasse + \sum year + \sum Industry + \varepsilon$$

$$(6-1)$$

$$Logit(Mdecy) = \beta_0 + \beta_1 Mrstd + \sum Controls + \sum Typeasse + \sum year + \sum Industry + \mu$$

$$(6-2)$$

模型（6-1）中关于内控缺陷数量变量分别采用内控重大或重要缺陷数量变量 Smdecy 和内控所有等级缺陷数量变量 Dasdecy，模型（6-2）中关于内控缺陷存在与否变量分别采用内控重大或重要缺陷存在与否变量 Mdecy 和内控所有等级缺陷存在与否变量 Asdecy。当检验 H1 时，分别采用模型（6-1）和模型（6-2）回归检验内控缺陷认定标准制订方向对内控缺陷存在与否以及缺陷数量多寡的影响；当检验 H2 时，分别采用模型（6-1）和模型（6-2）基于董事会类型变量 Out，分组回归检验不同董事会类型下，内控缺陷认定标准制订方向对内控缺陷存在与否以及缺陷数量多寡的影响。

第四节　实证结果与分析

一、描述性统计分析

（一）主要变量描述性统计分析

本书所涉及主要变量描述性统计结果如表 6-2 所示。

表 6-2　主要变量描述性统计结果

Variable	N	Mean	Sd	Min	Median	Max
Smdecy	16222	0.010	0.159	0	0	6
Mdecy	16222	0.006	0.079	0	0	1
Asdecy	16222	0.538	7.021	0	0	352
Dasdecy	16222	0.106	0.308	0	0	1
Mrstd	16222	0.656	0.475	0	1	1
Out	16222	0.593	0.491	0	1	1
Sumb	16222	8.943	1.853	4	9	18
Inddrct	16222	0.371	0.055	0.310	0.350	0.570
Auduitcee	16222	0.676	0.109	0.333	0.667	1
Soe	16222	0.616	0.486	0	1	1
Shrcr1	16222	0.361	0.155	0.080	0.340	0.770
Shrcr210	16222	0.191	0.122	0.020	0.170	0.540
Age	16222	16.17	5.239	1.330	17.42	23.92
Size	16222	13.56	1.319	10.34	13.46	17.23
Overseas	16222	0.046	0.210	0	0	1
Roa	16222	0.031	0.044	−0.130	0.030	0.180
Lev	16222	0.505	0.202	0.070	0.510	0.920

续表

Variable	N	Mean	Sd	Min	Median	Max
Growth	16222	0.141	0.562	−0.590	0.040	4.120
Loss	16222	0.097	0.296	0	0	1
Risklf	16222	2.639	4.169	−6.340	1.590	28.56
Icbig10	16222	0.581	0.493	0	1	1
Icao	16222	0.962	0.191	0	1	1

表 6-2 列示了主要变量描述性统计结果：①内控重大或重要缺陷数量变量 Smdecy 与所有等级缺陷数量变量 Asdecy，其均值分别为 0.01 和 0.538，标准差分别为 0.159 和 7.021，平均来看公司披露内控缺陷数量较少，即使存在缺陷较多表现为一般缺陷；内控重大或重要缺陷存在与否变量 Mdecy 与所有等级缺陷存在与否变量 Dasdecy，其均值分别为 0.006 和 0.106，标准差分别为 0.079 和 0.308，公司发生内控缺陷概率较小，即是发生缺陷较多表现为一般缺陷。②内控缺陷认定均值标准宽严变量 Mrstd，均值为 0.656，标准差为 0.475，近 66%公司倾向于制订严格内控缺陷认定标准。③董事会类型变量 Out，均值为 0.593，标准差为 0.491，接近 60%上市公司属于外部型董事会。④董事会规模变量 Sumb，均值为 8.943，中位数为 9，标准差为 1.853，最小值为 4，最大值为 18，大多数公司董事会规模满足《公司法》规定，个别上市公司董事会规模过小，可能与本书统计截止时间有关，相关董事会成员离任与就任日期衔接不到位。⑤独立董事占比变量 Inddrct，均值为 0.371，中位数为 0.350，标准差为 0.055，基本上满足监管规定，公司之间差异性不明显。⑥审计委员会独立性变量 Auduitcee，均值为 0.676，中位数为 0.667，标准差为 0.109，审计委员会独立性相对不低。⑦股权集中度变量 Shrcr1，均值 0.361，中位数为 0.340，表明上市公司股权集中度相对较高，实际支配上市公司有表决权股份 30%以上，足以对董事会成员的选任形成重大影响；股权制衡变量 Shrcr210，均值为 0.191，中位数为 0.170，表明非控股股东随着持股比例上升，在上市公司董事会中话语权越来越大，在一定程度

上可以与控股股东和内部董事制衡。⑧资产规模变量 Size，均值为 13.56，中位数为 13.46，标准差为 1.319，上市公司之间资产规模差异性明显。⑨内控审计质量变量 Icbig10，均值为 0.581，标准差为 0.493，58%上市公司选择"十大"审计事务所。

（二）单变量差异性检验

内控缺陷变量区分内控缺陷认定标准宽严分组的描述性统计分析如表 6-3 所示。

表 6-3　内控缺陷变量区分内控缺陷认定标准宽严差异性检验

变量	Mrstd=0			Mrstd=1			差异性检验	
Variable	Number	Mean	Median	Number	Mean	Median	均值差异T值	中位数差异Z值
Smdecy	5580	0.0141	0	10642	0.0079	0	2.3796**	0.823
Mdecy	5580	0.0070	0	10642	0.0059	0	0.8175	0.818
Asdecy	5580	0.7865	0	10642	0.4080	0	3.2692***	2.988***
Dasdecy	5580	0.1151	0	10642	0.1012	0	2.7455***	2.745***

注：均值差异检验汇报的是 T 值，中位数差异检验汇报的是 Z 值，***、**、*分别表示 1%、5%、10%显著性水平（双尾）。

表 6-3 列示了内控缺陷变量分类缺陷认定标准宽严的差异性检验结果。从表 6-3 中可知，内控缺陷存在与否变量 Asdecy 和 Dasdecy，无论是均值 T 检验还是中位数 Z 检验，其差异性检验均通过 1%显著性水平，初步表明相对于制订宽松内控缺陷认定标准的公司，制订严格内控缺陷认定标准的公司发生内控缺陷概率较小；内控重大或重要缺陷数量变量 Smdecy，其均值差异性检验在 5%水平上显著，表明相对于制订宽松内控缺陷认定标准的公司，制订严格内控缺陷认定标准的公司披露内控缺陷数量更低。

二、相关性分析

表 6-4 主要变量相关系数表明，内控缺陷数量变量 Smdecy 和 Asde-
cy，与内控缺陷认定标准宽严程度变量 Mrstd 之间是显著负相关关系，初
步表明董事会制订内控缺陷认定标准越严格，内控缺陷数量越少；内控
缺陷存在与否变量 Dasdecy，与内控缺陷认定标准宽严程度变量 Mrstd 之
间是显著负相关关系，初步说明公司董事会制订内控缺陷认定标准越严
格，内控缺陷发生概率越小；其他变量相关系数如表 6-4 所示，各变量
之间相关系数不大，模型不存在严重的多重共线性问题。

三、回归结果分析

（一）内控缺陷认定标准制订方向对内控缺陷影响的回归分析

内控缺陷认定标准制订方向对内控缺陷存在与否以及缺陷数量的影
响回归结果如表 6-5 所示。

表 6-5 列示了内控缺陷认定标准制订宽严对内控缺陷存在与否以及
缺陷数量影响的回归结果。其中，第一列与第三列是基于内控缺陷数量
的回归结果列示，第三列与第四列是基于内控缺陷存在与否的回归结果
列示。

第一列、第三列内控缺陷认定标准宽严程度变量 Mrstd 分别与内控重
大或重要缺陷数量变量 Smdecy、内控所有等级缺陷数量 Asdecy 显著负相
关，显著性水平均为 1%，表明公司董事会制订内控缺陷认定标准越严
格，内控缺陷数量越少，H1 部分得到证实；第二列、第四列内控缺陷认
定标准宽严程度变量 Mrstd 分别与内控重大或重要缺陷存在与否变量
Mdecy、内控所有等级缺陷存在与否变量 Dasdecy 显著负相关，显著性水
平分别为 10% 和 5%，表明公司董事会制订内控缺陷认定标准越严格，内
控缺陷发生概率越小，H1 部分得到证实；整体上来说，在其他条件不变

表6-4　主要变量相关系数检验

	Smdecy	Mdecy	Asdecy	Dasdecy	Mrstd	Out	Sumb	Inddret	Auduitcee	Soe	Age	Size	Roa
Smdecy	1												
Mdecy	0.793***	1											
Asdecy	0.024***	0.020**	1										
Dasdecy	0.183***	0.231***	0.223***	1									
Mrstd	-0.019**	-0.0060	-0.026***	-0.022***	1								
Out	0.0070	0.0100	-0.016*	0.035***	0.064***	1							
Sumb	-0.0110	-0.014*	0.046***	0.050***	0.038***	0.147***	1						
Inddret	-0.0020	0.0010	-0.0120	-0.0010	-0.00200	0.023**	-0.483***	1					
Auduitcee	0.0120	0.025***	-0.023**	0.0030	0.0080	0.081***	-0.062***	0.153***	1				
Soe	-0.0010	0.0020	0.027***	0.022***	0.039***	0.424***	0.152***	-0.020**	0.087***	1			
Age	0.0040	-0.0050	-0.040***	-0.021***	0.015*	0.117***	0.016*	-0.015*	-0.062***	0.127***	1		
Size	-0.0020	-0.0060	0.050***	-0.0130	0.112***	0.186***	0.236***	0.062***	0.062***	0.174***	0.0110	1	
Roa	-0.022***	-0.036***	-0.015*	-0.044***	-0.027***	-0.045***	0.025***	-0.053***	-0.057***	-0.082***	-0.072***	0.023***	1

注：***、**、*分别表示1%、5%、10%显著性水平（双尾）。

表6-5 内控缺陷认定标准制订方向对内控缺陷的影响

Variable	(1)	(2)	(3)	(4)
	Smdecy	Mdecy	Asdecy	Dasdecy
Mrstd	−0.007***	−0.405*	−0.469***	−0.113**
	(−2.78)	(−1.68)	(−3.92)	(−1.99)
Financals	0.009***	1.263***	−0.265**	−0.777***
	(3.39)	(3.47)	(−2.16)	(−14.27)
Material	0.004*	−0.167	0.0440	0.0120
	(1.65)	(−0.78)	(0.41)	(0.22)
Sumb	−0.015*	−1.541**	0.538	1.099***
	(−1.96)	(−2.05)	(1.60)	(6.85)
Inddrct	−0.0390	−2.232	−0.0530	1.471***
	(−1.46)	(−0.87)	(−0.04)	(2.60)
Auduitcee	0.00100	0.138**	−0.164***	−0.00600
	(1.51)	(2.19)	(−4.81)	(−0.37)
Soe	0.00500	0.276	0.584***	0.170***
	(1.59)	(0.95)	(4.49)	(2.63)
Shrcr1	−0.00300	−0.0720	−1.848***	0.477**
	(−0.34)	(−0.08)	(−4.10)	(2.14)
Shrcr210	0.00100	0.751	0.962*	0.543**
	(0.08)	(0.67)	(1.76)	(2.04)
Age	0.00100	−0.137	−0.818***	−0.145***
	(0.20)	(−0.56)	(−6.76)	(−2.60)
Size	0.004**	0.505***	0.522***	0.0220
	(2.54)	(3.59)	(7.28)	(0.64)
Overseas	−0.00700	−2.357**	−0.181	−0.386***
	(−1.04)	(−2.07)	(−0.63)	(−2.65)
Roa	−0.0110	−4.151	−2.682	−0.445
	(−0.27)	(−0.92)	(−1.48)	(−0.53)
Lev	0.022***	2.923***	1.276***	0.290*
	(2.61)	(3.80)	(3.38)	(1.65)
Growth	−0.008***	−0.197	0.0460	−0.125**
	(−3.44)	(−1.24)	(0.45)	(−2.36)
Mba	−0.004*	−0.869***	−0.677***	−0.230***
	(−1.68)	(−3.40)	(−6.66)	(−4.34)
Loss	−0.00700	−0.732	−0.141	0.360***
	(−1.29)	(−1.21)	(−0.57)	(3.26)

续表

Variable	(1) Smdecy	(2) Mdecy	(3) Asdecy	(4) Dasdecy
Risklf	−0.001* (−1.82)	−0.0560 (−1.20)	−0.00400 (−0.28)	0.020*** (3.28)
Icbig10	−0.00200 (−0.78)	−0.674*** (−2.84)	0.132 (1.16)	0.0440 (0.79)
Icao	−0.175*** (−26.84)	−3.805*** (−15.40)	−0.0320 (−0.11)	−1.352*** (−13.57)
Cons	0.213*** (7.23)	−3.832 (−1.47)	−4.051*** (−3.07)	−3.651*** (−6.11)
Typeasse	Yes	Yes	Yes	Yes
Year	Yes	Yes	Yes	Yes
Industry	Yes	Yes	Yes	Yes
Observations	16222	14680	16222	16046
Adj-R^2/PseudoR^2	0.0527	0.3051	0.0285	0.0658

注：括号中汇报的是 T 值或 Z 值，***、**、* 分别表示 1%、5%、10%显著性水平。模型已控制标准评价指标、年度以及行业的固定效应。

情况下，公司董事会制订内控缺陷认定标准越严格，内控缺陷发生概率越小，出现内控缺陷数量越少，H1 得到证实。

控制变量中，第一列、第二列、第三列、第四列资产负债率变量 Lev 与内控缺陷变量均显著正相关，显著性水平分别为 1%、1%、1%和 10%，说明公司资产负债率越高，内控缺陷发生概率越大，出现内控缺陷数量越多；第一列、第二列、第三列、第四列企业价值变量 Mba 与内控缺陷变量均显著负相关，显著性水平均为 1%，表明企业成长越快，随着内控缺陷发生概率越大，出现内控缺陷数量越多。

（二）董事会类型、内控缺陷认定标准制订方向对内控缺陷影响的回归分析

不同董事会类型下内控缺陷认定标准制订方向对内控缺陷存在与否以及缺陷数量的影响回归结果如表 6-6 所示。

表6-6　董事会类型、内控缺陷认定标准制订方向对内控缺陷的影响

Variable	Out=1	Out=0	Out=1	Out=0	Out=1	Out=0	Out=1	Out=0
	Smdecy	Smdecy	Mdecy	Mdecy	Asdecy	Asdecy	Dasdecy	Dasdecy
Mrstd	−0.013***	0.0001	−0.578*	0.583	−0.104*	−0.889***	−0.232***	0.0150
	(−3.58)	(0.04)	(−1.70)	(1.13)	(−1.67)	(−3.30)	(−3.19)	(0.16)
Financals	0.012***	0.00400	3.068***	0.150	−0.592***	0.186	−0.685***	−1.068***
	(3.07)	(1.14)	(2.98)	(0.32)	(−9.38)	(0.67)	(−9.71)	(−11.60)
Material	−0.00100	0.011***	−0.967***	1.024**	0.00900	0.101	0.0200	−0.00200
	(−0.29)	(3.21)	(−3.14)	(2.53)	(0.15)	(0.40)	(0.31)	(−0.02)
Sumb	−0.024**	0.0110	−2.312**	3.549**	0.365**	2.974***	0.785***	2.040***
	(−2.38)	(0.93)	(−2.20)	(2.09)	(2.22)	(3.48)	(4.02)	(6.54)
Inddrct	−0.0230	−0.0710	3.173	−5.103	1.472**	4.530	2.690***	−0.257
	(−0.66)	(−1.62)	(0.92)	(−0.89)	(2.52)	(1.44)	(3.96)	(−0.22)
Auditcee1	0.00100	0.00200	0.00700	0.297**	−0.055***	−0.308***	−0.042**	0.133***
	(0.84)	(1.42)	(0.07)	(2.19)	(−3.41)	(−3.39)	(−2.07)	(4.05)
Soe	−0.00600	−0.00300	−1.227**	−0.540	0.151	3.596***	0.173	−0.892***
	(−0.81)	(−0.57)	(−2.09)	(−0.62)	(1.15)	(8.91)	(1.00)	(−4.98)
Shrcr1	−0.0210	0.0190	−1.743	2.832	0.161	−2.049**	0.850***	−0.281
	(−1.44)	(1.36)	(−1.28)	(1.23)	(0.65)	(−2.01)	(2.83)	(−0.76)
Shrcr210	−0.0100	0.0230	−0.804	2.772	−0.0250	2.780**	0.611*	0.429
	(−0.58)	(1.35)	(−0.48)	(1.26)	(−0.08)	(2.28)	(1.69)	(0.97)
Age	−0.012***	0.011***	−0.795***	0.612	−0.381***	−1.310***	−0.404***	0.112
	(−2.62)	(3.05)	(−2.62)	(1.13)	(−5.23)	(−5.24)	(−5.05)	(1.30)
Size	0.009***	−0.006**	0.935***	−0.712**	0.0190	1.119***	−0.131***	0.233***
	(3.99)	(−2.49)	(4.35)	(−2.25)	(0.50)	(6.63)	(−2.90)	(3.74)
Overseas	−0.0130	0.00700	0	1.260	0.799***	−2.125***	−0.133	−1.085***
	(−1.53)	(0.65)	(.)	(1.02)	(5.77)	(−2.73)	(−0.78)	(−3.07)
Roa	−0.0360	−0.00100	−13.598*	−4.781	−2.234**	−3.249	0.868	−0.860
	(−0.61)	(−0.02)	(−1.94)	(−0.57)	(−2.30)	(−0.81)	(0.77)	(−0.59)
Lev	0.046***	0.00500	4.304***	1.317	0.716***	2.352***	0.846***	−0.494*
	(3.64)	(0.45)	(3.26)	(1.07)	(3.41)	(2.93)	(3.47)	(−1.75)
Growth	−0.022***	0.0003	−4.882***	0.257	0.0180	0.173	−0.171*	−0.194***
	(−5.36)	(0.13)	(−4.92)	(1.16)	(0.28)	(0.90)	(−1.86)	(−2.76)
Mba	−0.010***	0.006*	−1.251***	0.335	−0.225***	−1.503***	−0.163**	−0.334***
	(−3.39)	(1.69)	(−3.68)	(0.53)	(−4.47)	(−5.87)	(−2.55)	(−3.18)
Loss	−0.018**	−0.0110	−3.399***	−1.324	0.332***	−0.258	0.394***	0.193
	(−2.29)	(−1.39)	(−3.16)	(−1.13)	(2.61)	(−0.45)	(2.78)	(0.89)

续表

Variable	Out=1	Out=0	Out=1	Out=0	Out=1	Out=0	Out=1	Out=0
	Smdecy	Smdecy	Mdecy	Mdecy	Asdecy	Asdecy	Dasdecy	Dasdecy
Risklf	−0.001***	−0.00002	−0.196*	0.0390	0.018***	−0.0120	0.025***	−0.00500
	(−2.63)	(−0.04)	(−1.94)	(0.44)	(2.61)	(−0.33)	(3.61)	(−0.27)
Icbig10	−0.00200	−0.00200	−0.309	−1.198**	−0.0900	0.435*	0.121*	−0.0820
	(−0.49)	(−0.54)	(−0.90)	(−2.21)	(−1.54)	(1.66)	(1.69)	(−0.88)
Icao	−0.220***	−0.127***	−4.623***	−3.777***	−0.231	0.313	−1.623***	−1.144***
	(−22.50)	(−15.09)	(−10.07)	(−7.20)	(−1.42)	(0.51)	(−12.02)	(−6.98)
Cons	0.293***	0.145***	−5.135	−3.812	0.132	−17.706***	−0.412	−10.037***
	(7.21)	(3.01)	(−1.42)	(−0.63)	(0.20)	(−5.11)	(−0.55)	(−7.69)
Typeasse	Yes	Yes	Yes	Yes	Yes	Yes	Yes	Yes
Year	Yes	Yes	Yes	Yes	Yes	Yes	Yes	Yes
Industry	Yes	Yes	Yes	Yes	Yes	Yes	Yes	Yes
Observation	9624	6598	7428	5022	9624	6598	9420	6406
Adj−R²/ Pseudo R²	0.0620	0.0580	0.4659	0.3898	0.0354	0.0708	0.0760	0.1164

注：括号中汇报的是 T 值或 Z 值，***、**、* 分别表示 1%、5%、10%显著性水平。模型已控制标准评价指标、年度以及行业的固定效应。

表 6-6 列示了不同董事会类型中内控缺陷认定标准制订宽严程度对内控缺陷存在与否以及缺陷数量影响的回归结果。其中，第一列、第二列、第五列、第六列是基于内控缺陷数量的回归结果列示，第三列、第四列、第七列、第八列是基于内控缺陷存在与否的回归结果列示。

第一列、第五列内控缺陷认定标准宽严程度变量 Mrstd 分别与内控重大或重要缺陷数量变量 Smdecy、内控所有等级缺陷数量 Asdecy 显著负相关，显著性水平分别为 1%和 10%；第三列、第七列内控缺陷认定标准宽严程度变量 Mrstd 分别与内控重大或重要缺陷存在与否变量 Mdecy、内控所有等级缺陷存在与否变量 Dasdecy 显著负相关，显著性水平分别为 10%和 1%，表明当董事会类型为外部型时，公司董事会制订内控缺陷认定标准越严格，内控缺陷发生概率越小，出现内控缺陷数量越少，H2 得到证实。其中，第六列内控缺陷认定标准宽严程度变量 Mrstd 与内控所有等级缺陷数量 Asdecy 显著负相关，显著性水平为 1%，表明即使是内部型董事会，其制订严格内控缺陷认定标准对所有等级缺陷具有一定的治理作用。

四、稳健性检验

（一）改变内控缺陷相对率标准宽严变量的衡量方式

本书前面回归分析采用的内控缺陷认定标准宽严程度变量，是基于"公司—年度—财报与非财报—标准评价指标—缺陷级别"维度并区分一级行业和二级制造业次类所产生的标准宽严变量。此处进行稳健性检验，改变标准宽严衡量方式，直接基于"公司—年度—财报与非财报—标准评价指标—缺陷级别"维度，不再区分行业生成标准宽严变量。

1. 内控缺陷认定标准制订方向对内控缺陷的影响

内控缺陷认定标准制订方向对内控缺陷存在与否以及缺陷数量的影响回归结果如表 6-7 所示。

表 6-7　内控缺陷认定标准制订方向对内控缺陷的影响

Variable	（1）Smdecy	（2）Mdecy	（3）Asdecy	（4）Dasdecy
Mrstd	−0.007*** (−2.61)	−0.584** (−2.42)	−0.417*** (−3.36)	−0.153*** (−2.60)
Financals	0.009*** (3.26)	1.271*** (3.49)	−0.291** (−2.39)	−0.781*** (−14.38)
Material	0.00400 (1.63)	−0.151 (−0.71)	0.0380 (0.35)	0.0160 (0.29)
Sumb	−0.015** (−1.97)	−1.497** (−2.00)	0.530 (1.58)	1.097*** (6.84)
Inddrct	−0.0390 (−1.46)	−2.275 (−0.89)	−0.0580 (−0.05)	1.460*** (2.58)
Auduitcee	0.00100 (1.52)	0.147** (2.31)	−0.163*** (−4.80)	−0.00600 (−0.35)
Soe	0.00500 (1.59)	0.290 (1.00)	0.582*** (4.48)	0.173*** (2.66)

续表

Variable	（1） Smdecy	（2） Mdecy	（3） Asdecy	（4） Dasdecy
Shrcr1	−0.00300 (−0.31)	−0.0850 (−0.09)	−1.831*** (−4.06)	0.478** (2.14)
Shrcr210	0.00100 (0.11)	0.767 (0.68)	0.978* (1.79)	0.553** (2.07)
Age	0.00100 (0.22)	−0.120 (−0.49)	−0.814*** (−6.72)	−0.145*** (−2.59)
Size	0.004** (2.52)	0.518*** (3.68)	0.519*** (7.23)	0.0240 (0.69)
Overseas	−0.00700 (−1.06)	−2.393** (−2.10)	−0.188 (−0.65)	−0.389*** (−2.67)
Roa	−0.0100 (−0.26)	−4.389 (−0.97)	−2.646 (−1.46)	−0.434 (−0.51)
Lev	0.022*** (2.63)	2.883*** (3.75)	1.288*** (3.41)	0.290* (1.65)
Growth	−0.008*** (−3.43)	−0.196 (−1.23)	0.0480 (0.46)	−0.125** (−2.36)
Mba	−0.004* (−1.70)	−0.897*** (−3.48)	−0.680*** (−6.68)	−0.231*** (−4.37)
Loss	−0.00700 (−1.27)	−0.760 (−1.26)	−0.134 (−0.54)	0.364*** (3.29)
Risklf	−0.001* (−1.80)	−0.0550 (−1.19)	−0.00400 (−0.27)	0.020*** (3.33)
Icbig10	−0.00200 (−0.77)	−0.678*** (−2.86)	0.134 (1.17)	0.0420 (0.77)
Icao	−0.175*** (−26.84)	−3.808*** (−15.40)	−0.0350 (−0.12)	−1.353*** (−13.59)
Cons	0.214*** (7.27)	−3.982 (−1.53)	−3.965*** (−3.01)	−3.633*** (−6.08)
Typeasse	Yes	Yes	Yes	Yes
Year	Yes	Yes	Yes	Yes
Industry	Yes	Yes	Yes	Yes
Observations	16222	14680	16222	16046
Adj-R^2/Pseudo R^2	0.0552	0.3074	0.0282	0.0661

注：括号中汇报的是 T 值或 Z 值，***、**、* 分别表示 1%、5%、10%显著性水平。模型已控制标准评价指标、年度以及行业的固定效应。

表 6-7 列示了内控缺陷认定标准制订宽严程度对内控缺陷存在与否以及缺陷数量影响的回归结果。其中，第一列与第三列是基于内控缺陷数量的回归结果列示，第三列与第四列是基于内控缺陷存在与否的回归结果列示。

第一列、第三列内控缺陷认定标准宽严程度变量 Mrstd 分别与内控重大或重要缺陷数量变量 Smdecy、内控所有等级缺陷数量 Asdecy 显著负相关，显著性水平均为 1%，表明公司董事会制订内控缺陷认定标准越严格，内控缺陷数量越少，H1 部分得到证实；第二列、第四列内控缺陷认定标准宽严程度变量 Mrstd 分别与内控重大或重要缺陷存在与否变量 Mdecy、内控所有等级缺陷存在与否变量 Dasdecy 显著负相关，显著性水平分别为 5% 和 1%，表明公司董事会制订内控缺陷认定标准越严格，内控缺陷发生概率越小，H1 部分得到证实；整体上来说，在其他条件不变情况下，公司董事会制订内控缺陷认定标准越严格，内控缺陷发生概率越小，出现内控缺陷数量越少，H1 得到证实。

2. 董事会类型、内控缺陷认定标准制订方向对内控缺陷影响的回归分析

不同董事会类型下内控缺陷认定标准制订方向对内控缺陷存在与否以及缺陷数量的影响回归结果如表 6-8 所示。

表 6-8 董事会类型、内控缺陷认定标准制订方向对内控缺陷的影响

| Variable | Out=1 | Out=0 | Out=1 | Out=0 | Out=1 | Out=0 | Out=1 | Out=0 |
	Smdecy	Smdecy	Mdecy	Mdecy	Asdecy	Asdecy	Dasdecy	Dasdecy
Mrstd	-0.015^{***} (−3.88)	0.00300 (0.84)	-0.700^{**} (−2.04)	−0.0590 (−0.13)	-0.118^{*} (−1.80)	-0.839^{***} (−3.06)	-0.270^{***} (−3.58)	−0.0210 (−0.21)
Financals	0.011^{***} (2.90)	0.00400 (1.11)	3.062^{***} (2.98)	0.172 (0.37)	-0.597^{**} (−9.50)	0.146 (0.53)	-0.697^{***} (−9.90)	-1.067^{***} (−11.60)
Material	−0.00100 (−0.23)	0.011^{***} (3.12)	-0.960^{**} (−3.11)	1.081^{***} (2.63)	0.0100 (0.18)	0.0860 (0.34)	0.0250 (0.38)	0.00200 (0.03)
Sumb	-0.023^{**} (−2.37)	0.0110 (0.95)	-2.288^{**} (−2.18)	3.478^{**} (2.09)	0.366^{**} (2.23)	2.950^{***} (3.45)	0.785^{***} (4.02)	2.040^{***} (6.54)

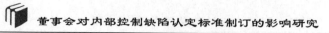

续表

Variable	Out=1 Smdecy	Out=0 Smdecy	Out=1 Mdecy	Out=0 Mdecy	Out=1 Asdecy	Out=0 Asdecy	Out=1 Dasdecy	Out=0 Dasdecy
Inddrct	−0.0230 (−0.65)	−0.0720 (−1.64)	3.085 (0.89)	−5.430 (−0.95)	1.477** (2.52)	4.475 (1.42)	2.683*** (3.95)	−0.238 (−0.20)
Auduitcee1	0.00100 (0.86)	0.00200 (1.41)	0.0170 (0.17)	0.316** (2.32)	−0.055** (−3.41)	−0.308*** (−3.39)	−0.041** (−2.04)	0.133*** (4.06)
Soe	−0.00600 (−0.78)	−0.00300 (−0.59)	−1.227** (−2.09)	−0.585 (−0.67)	0.153 (1.16)	3.605*** (8.93)	0.175 (1.01)	−0.894*** (−4.99)
Shrcr1	−0.0210 (−1.38)	0.0200 (1.41)	−1.708 (−1.26)	2.719 (1.18)	0.168 (0.68)	−2.018** (−1.98)	0.872*** (2.90)	−0.297 (−0.80)
Shrcr210	−0.00900 (−0.51)	0.0230 (1.35)	−0.755 (−0.45)	2.488 (1.12)	−0.0160 (−0.06)	2.841** (2.33)	0.634* (1.75)	0.424 (0.96)
Age	−0.011** (−2.55)	0.011*** (3.07)	−0.781** (−2.58)	0.631 (1.14)	−0.378** (−5.20)	−1.303** (−5.21)	−0.399** (−4.99)	0.110 (1.27)
Size	0.009*** (3.96)	−0.006** (−2.60)	0.935*** (4.35)	−0.643** (−2.03)	0.0180 (0.48)	1.120*** (6.63)	−0.133** (−2.95)	0.237*** (3.78)
Overseas	−0.0130 (−1.57)	0.00700 (0.66)	0 (.)	1.331 (1.07)	0.797*** (5.75)	−2.130** (−2.73)	−0.138 (−0.81)	−1.088*** (−3.08)
Roa	−0.0320 (−0.55)	−0.00100 (−0.01)	−13.706* (−1.95)	−4.872 (−0.58)	−2.207** (−2.27)	−3.362 (−0.84)	0.930 (0.83)	−0.847 (−0.58)
Lev	0.047*** (3.70)	0.00600 (0.50)	4.323*** (3.28)	1.224 (1.00)	0.721*** (3.43)	2.368*** (2.95)	0.859*** (3.52)	−0.504* (−1.78)
Growth	−0.022** (−5.37)	0.0004 (0.14)	−4.849** (−4.90)	0.267 (1.21)	0.0180 (0.27)	0.176 (0.91)	−0.173* (−1.87)	−0.195*** (−2.76)
Mba	−0.010** (−3.41)	0.006* (1.71)	−1.265** (−3.72)	0.314 (0.48)	−0.226** (−4.48)	−1.504** (−5.87)	−0.164** (−2.56)	−0.335*** (−3.19)
Loss	−0.017** (−2.23)	−0.0110 (−1.42)	−3.415** (−3.17)	−1.314 (−1.13)	0.336*** (2.64)	−0.273 (−0.47)	0.402*** (2.84)	0.198 (0.91)
Risklf	−0.001** (−2.57)	−0.00003 (−0.06)	−0.197* (−1.95)	0.0420 (0.50)	0.018*** (2.64)	−0.0130 (−0.35)	0.026*** (3.69)	−0.00400 (−0.24)
Icbig10	−0.00200 (−0.51)	−0.00200 (−0.50)	−0.317 (−0.92)	−1.247** (−2.32)	−0.0910 (−1.55)	0.444* (1.70)	0.118* (1.65)	−0.0830 (−0.89)
Icao	−0.220** (−22.49)	−0.127** (−15.08)	−4.606** (−10.02)	−3.802** (−7.23)	−0.230 (−1.42)	0.300 (0.49)	−1.623** (−12.03)	−1.145*** (−6.99)
Cons	0.296*** (7.28)	0.145*** (3.03)	−5.088 (−1.41)	−4.026 (−0.67)	0.152 (0.23)	−17.607** (−5.09)	−0.270** (−0.351)	−10.059*** −0.0210

续表

Variable	Out=1	Out=0	Out=1	Out=0	Out=1	Out=0	Out=1	Out=0
	Smdecy	Smdecy	Mdecy	Mdecy	Asdecy	Asdecy	Dasdecy	Dasdecy
Typeasse	Yes	Yes	Yes	Yes	Yes	Yes	Yes	Yes
Year	Yes	Yes	Yes	Yes	Yes	Yes	Yes	Yes
Industry	Yes	Yes	Yes	Yes	Yes	Yes	Yes	Yes
Observations n	9624	6598	7428	5022	9624	6598	9420	6406
Adj–R^2/ Pseudo R^2	0.0622	0.0581	0.4675	0.3866	0.0355	0.0706	0.0764	0.1164

注：括号中汇报的是 T 值或 Z 值，***、**、* 分别表示 1%、5%、10%显著性水平。模型已控制标准评价指标、年度以及行业的固定效应。

表 6-8 列示了不同董事会类型中内控缺陷认定标准制订宽严程度对内控缺陷存在与否以及缺陷数量影响的回归结果。其中，第一列、第二列、第五列、第六列是基于内控缺陷数量的回归结果列示，第三列、第四列、第七列、第八列是基于内控缺陷存在与否的回归结果列示。

第一列、第五列内控缺陷认定标准宽严程度变量 Mrstd 分别与内控重大或重要缺陷数量变量 Smdecy、内控所有等级缺陷数量 Asdecy 显著负相关，显著性水平分别为 1%和 10%；第三列、第七列内控缺陷认定标准宽严程度变量 Mrstd 分别与内控重大或重要缺陷存在与否变量 Mdecy、内控所有等级缺陷存在与否变量 Dasdecy 显著负相关，显著性水平分别为 10%和 1%，表明当董事会类型为外部型时，公司董事会制订内控缺陷认定标准越严格，内控缺陷发生概率越小，出现内控缺陷数量越少，H2 得到证实。

（二）改变内控缺陷认定标准制订方向对内控缺陷的影响回归样本

此处仅以 2014~2016 年上市公司内控评价报告中披露内控缺陷存在的 1727 个样本，实证检验内控缺陷认定标准制订方向对内控缺陷的影响。

内控缺陷认定标准制订方向对内控缺陷的影响：

内控缺陷认定标准制订方向对内控缺陷存在与否以及缺陷数量的影响回归结果如表 6-9 所示。

表6-9　内控缺陷认定标准制订方向对内控缺陷的影响

Variable	总样本	总样本	总样本	Out=1	Out=0	Out=1	Out=0
	Smdecy	Asmdecy①	Asdecy	Smdecy	Smdecy	Asmdecy	Asmdecy
Mrstd	−0.062***	−0.063**	−1.866*	−0.092***	−0.0250	−0.088**	0.00001
	(−2.70)	(−2.10)	(−1.86)	(−2.98)	(−0.70)	(−2.11)	(0.00)
Financals	0.086***	0.0240	1.595	0.074**	0.0390	−0.0160	−0.0570
	(3.81)	(0.82)	(1.63)	(2.42)	(1.10)	(−0.38)	(−1.50)
Material	0.039*	0.00800	0.236	−0.00800	0.124***	0.0100	0.000002
	(1.90)	(0.30)	(0.26)	(−0.29)	(4.07)	(0.27)	(−0.00)
Sumb	−0.128*	−0.270***	−12.410***	−0.173**	0.101	−0.309***	0.0510
	(−1.76)	(−2.84)	(−3.93)	(−1.97)	(0.56)	(−2.62)	(0.27)
Inddrct	−0.0130	0.0620	−26.040**	0.0560	−0.129	0.246	−0.684
	(−0.05)	(0.19)	(−2.40)	(0.17)	(−0.24)	(0.54)	(−1.20)
Auditcee	−0.00300	−0.00800	−1.937***	−0.00300	−0.0160	−0.0210	0.00300
	(−0.44)	(−0.88)	(−6.03)	(−0.30)	(−1.31)	(−1.58)	(0.26)
Soe	0.0180	0.0490	5.160***	−0.0530	0.0380	0.00500	0.138*
	(0.67)	(1.41)	(4.42)	(−0.67)	(0.52)	(0.04)	(1.81)
Shrcr1	−0.0940	−0.316**	−31.860***	−0.230	0.204	−0.734***	0.205
	(−0.93)	(−2.39)	(−7.24)	(−1.52)	(1.20)	(−3.59)	(1.16)
Shrcr210	0.0120	−0.139	−5.015	−0.0120	−0.108	−0.490**	−0.346*
	(0.11)	(−0.98)	(−1.06)	(−0.07)	(−0.61)	(−2.18)	(−1.88)
lnage	−0.00100	0.0140	−8.686***	−0.0210	0.0340	−0.0150	0.110***
	(−0.03)	(0.42)	(−8.01)	(−0.54)	(0.98)	(−0.29)	(3.03)
Size	0.0210	0.038**	6.417***	0.072***	−0.070**	0.184***	−0.181***
	(1.46)	(2.02)	(10.10)	(3.17)	(−2.43)	(6.04)	(−5.98)
Roa	−0.419	−1.990***	−21.26	−1.035*	−0.196	−3.581***	−1.211*
	(−1.12)	(−4.07)	(−1.30)	(−1.95)	(−0.31)	(−4.99)	(−1.86)
Lev	0.152**	0.256***	6.007*	0.169*	0.317**	0.322**	0.394***
	(2.08)	(2.68)	(1.89)	(1.66)	(2.30)	(2.35)	(2.73)
Growth	−0.045**	−0.111***	2.124**	−0.166**	0.071***	−0.351***	0.073**
	(−2.17)	(−4.11)	(2.35)	(−4.63)	(2.59)	(−7.25)	(2.55)
Mba	−0.037*	−0.087***	−6.297***	−0.073***	−0.00100	−0.207***	0.0780
	(−1.70)	(−3.05)	(−6.63)	(−2.71)	(−0.02)	(−5.69)	(1.46)

---

① Asmdecy 变量为公司当期披露的重大和重要缺陷数量之和。

续表

Variable	总样本	总样本	总样本	Out=1	Out=0	Out=1	Out=0
	Smdecy	Asmdecy	Asdecy	Smdecy	Smdecy	Asmdecy	Asmdecy
Loss	−0.0560	−0.121*	−6.362**	−0.143**	−0.0880	−0.268***	−0.249**
	(−1.16)	(−1.93)	(−3.04)	(−2.33)	(−0.86)	(−3.25)	(−2.32)
Riskla	−0.00400	−0.008**	−0.229**	−0.006**	−0.00600	−0.011***	−0.0140
	(−1.49)	(−2.47)	(−2.04)	(−2.09)	(−0.70)	(−2.82)	(−1.46)
Icbig10	−0.060***	−0.126***	1.053	−0.0440	−0.0380	−0.098**	−0.100***
	(−2.59)	(−4.20)	(1.05)	(−1.34)	(−1.08)	(−2.24)	(−2.71)
Icao	−0.482***	−1.041***	2.977*	−0.488**	−0.315**	−0.984***	−0.838***
	(−13.01)	(−21.49)	(1.84)	(−9.41)	(−4.81)	(−14.07)	(−12.22)
Cons	0.921***	2.291***	1.717	0.634*	0.953*	0.999**	3.393***
	(3.63)	(6.91)	(0.16)	(1.78)	(1.65)	(2.08)	(5.62)
Typeasse	Yes	Yes	Yes	Yes	Yes	Yes	Yes
Year	Yes	Yes	Yes	Yes	Yes	Yes	Yes
Industry	Yes	Yes	Yes	Yes	Yes	Yes	Yes
Observationsn	1726	1726	1726	1110	616	1110	616
Adj–R²	0.2197	0.4629	0.2295	0.1739	0.3629	0.3436	0.7072

注：括号中汇报的是 T 值，***、**、* 分别表示 1%、5%、10%显著性水平。模型已控制标准评价指标、年度以及行业的固定效应。

表 6-9 列示了内控缺陷认定标准制订宽严程度对内控缺陷的缺陷数量影响的回归结果。其中，第一列、第二列、第三列是基于总样本内控缺陷数量的回归结果列示，第四列、第五列、第六列、第七列是基于不同董事会类型下内控缺陷数量的回归结果列示。第一列、第二列、第三列内控缺陷认定标准宽严程度变量 Mrstd 分别与内控重大或重要缺陷数量变量 Smdecy、内控重大和重要缺陷数量变量 Asmdecy、内控所有等级缺陷数量 Asdecy 显著负相关，显著性水平分别为 1%、5%、10%，表明公司董事会制订内控缺陷认定标准越严格，内控缺陷数量越少，H1 得到进一步证实。第四列、第六列内控缺陷认定标准宽严程度变量 Mrstd 分别与内控重大或重要缺陷数量变量 Smdecy、内控重大和重要缺陷数量变量 Asmdecy 显著负相关，显著性水平分别为 1%和 5%，表明当董事会类型

为外部型时，公司董事会制订内控缺陷认定标准越严格，内控缺陷数量越少，H2 得到进一步证实。

（三）采用解释变量滞后一期指标回归

前文的分析基于解释变量外生性假设，考虑到内控缺陷认定标准制订方向与内控缺陷之间可能存在内生性问题，此处采用解释变量滞后一期指标与内控缺陷存在与否以及缺陷数量多少变量进行回归，尽可能缓解内生性问题。内控缺陷认定标准制订方向对内控缺陷存在与否以及缺陷数量的影响回归结果如表 6-10 所示。

表 6-10 内控缺陷认定标准制订方向对内控缺陷的影响

Variable	总样本	总样本	Out=1	Out=0
	Asdecy	Dasdecy	Dasdecy	Dasdecy
Mrstd	−0.449**	−0.141*	−0.221**	−0.106
	(−2.48)	(−1.85)	(−2.23)	(−0.83)
Financals	−0.453**	−0.714***	−0.462***	−1.260***
	(−2.54)	(−10.14)	(−4.98)	(−10.38)
Material	0.0390	0.0130	0.0190	0.0120
	(0.24)	(0.20)	(0.22)	(0.10)
Sumb	0.130	0.995***	0.720***	2.330***
	(0.26)	(4.79)	(2.88)	(5.41)
Inddrct	−0.124	1.993***	2.877***	2.654*
	(−0.07)	(2.78)	(3.29)	(1.72)
Auduitcee	−3.224***	−0.155	−0.842*	2.457***
	(−4.03)	(−0.45)	(−1.91)	(3.72)
Soe	0.596***	0.118	−0.201	−0.739***
	(3.14)	(1.40)	(−0.96)	(−3.48)
Shrcr1	−2.111***	1.186***	1.479***	0.305
	(−3.26)	(4.17)	(3.85)	(0.64)
Shrcr210	1.191	1.796***	1.748***	1.687***
	(1.50)	(5.34)	(3.81)	(2.98)
Age	−0.878***	−0.00500	−0.175*	0.198*
	(−5.22)	(−0.07)	(−1.72)	(1.87)
Size	0.657***	−0.0120	−0.176***	0.304***
	(6.26)	(−0.27)	(−3.00)	(3.57)

续表

Variable	总样本	总样本	Out=1	Out=0
	Asdecy	Dasdecy	Dasdecy	Dasdecy
Overseas	−0.0150 (−0.04)	−0.428** (−2.26)	−0.0250 (−0.11)	−1.487*** (−3.14)
Roa	−3.606 (−1.35)	−2.966*** (−2.65)	−3.239** (−2.14)	0.982 (0.51)
Lev	1.119** (2.01)	0.563** (2.47)	1.442*** (4.55)	−0.363 (−0.93)
Growth	0.101 (0.65)	−0.0580 (−0.90)	−0.203* (−1.67)	−0.125 (−1.40)
Mba	−0.829*** (−5.47)	−0.187*** (−2.68)	−0.198** (−2.25)	−0.163 (−1.26)
Loss	−0.375 (−1.04)	0.0400 (0.27)	−0.164 (−0.87)	0.527* (1.74)
Risklf	−0.0170 (−0.81)	0.00800 (1.08)	0.0120 (1.33)	−0.0200 (−0.77)
Icbig10	0.0500 (0.30)	−0.0270 (−0.37)	0.0810 (0.88)	−0.216* (−1.73)
Icao	0.414 (0.91)	−1.186*** (−8.74)	−1.486*** (−7.66)	−1.184*** (−5.28)
Cons	−2.934 (−1.49)	−3.780*** (−4.81)	0.00500 (0.01)	−11.342*** (−6.44)
Typeasse	Yes	Yes	Yes	Yes
Year	Yes	Yes	Yes	Yes
Industry	Yes	Yes	Yes	Yes
Observations	9926	9754	5764	3706
Adj–R^2/PseudoR^2	0.0275	0.0791	0.0879	0.1462

注：括号中汇报的是 T 值或 Z 值，***、**、* 分别表示 1%、5%、10%显著性水平。模型已控制标准评价指标、年度以及行业的固定效应。

表 6-10 列示了内控缺陷认定标准制订宽严程度对内控缺陷存在与否以及缺陷数量影响的回归结果。其中，第一列是基于内控缺陷数量的回归结果列示，第二列与第四列是基于内控缺陷存在与否的回归结果列示。

第一列、第二列内控缺陷认定标准宽严程度变量 Mrstd 分别与内控所有等级缺陷数量 Asdecy、内控所有等级缺陷存在与否变量 Dasdecy 显著负相关，显著性水平分别为 5% 和 1%，表明公司董事会制订内控缺陷认定标准越严格，内控缺陷发生概率越小，内控缺陷数量越少，在控制内生性问题后，H1 得到进一步证实。第三列内控缺陷认定标准宽严程度变量 Mrstd 与内控所有等级缺陷存在与否变量 Dasdecy 显著负相关，显著性水平为 5%，表明当董事会类型为外部型时，公司董事会制订内控缺陷认定标准越严格，内控缺陷发生概率越小，在控制内生性问题后，H2 得到进一步证实。

五、进一步分析

以上回归结果表明，在其他条件不变情况下，公司董事会制订内控缺陷认定标准越严格，内控缺陷发生概率越小，出现内控缺陷数量越少，这种治理作用在外部型董事会里效果更为明显。产权性质是研究公司治理问题不容回避的因素，我国企业内部控制建设在国有企业与非国有企业表现出一定的差异性。与非国有企业相比，国有企业通常规模较大，上市时间较长，在推进内控规范建设进程中一直走在前列，更多时候试点工作就是从国有企业启动，因而，本书此处进一步考察不同产权性质下内控缺陷认定标准制订方向对内控缺陷治理作用的影响。不同产权性质下内控缺陷认定标准制订方向对内控缺陷存在与否以及缺陷数量的影响回归结果如表 6-11 所示。

表 6-11　产权性质、内控缺陷认定标准制订方向对内控缺陷的影响

Variable	Soe=1	Soe=0	Soe=1	Soe=0	Soe=1	Soe=0	Soe=1	Soe=0
	Smdecy	Smdecy	Mdecy	Mdecy	Asdecy	Asdecy	Dasdecy	Dasdecy
Mrstd	−0.013***	0.00300	−0.608*	1.142**	−0.645***	−0.136**	−0.189***	0.0220
	(−3.88)	(0.71)	(−1.78)	(2.09)	(−3.34)	(−2.48)	(−2.64)	(0.22)
Financals	0.011***	0.00600	0	−0.0290	−0.218	−0.351**	−0.651**	−1.049**
	(3.08)	(1.38)	(.)	(−0.07)	(−1.10)	(−6.40)	(−9.27)	(−11.56)

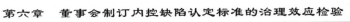

续表

Variable	Soe=1	Soe=0	Soe=1	Soe=0	Soe=1	Soe=0	Soe=1	Soe=0
	Smdecy	Smdecy	Mdecy	Mdecy	Asdecy	Asdecy	Dasdecy	Dasdecy
Material	0.00100 (0.17)	0.009** (2.35)	−0.906** (−2.86)	0.705* (1.88)	0.0540 (0.31)	0.0150 (0.30)	0.0160 (0.25)	−0.00300 (−0.03)
Sumb	−0.029** (−3.13)	0.029** (2.16)	−2.709** (−2.40)	2.917* (1.88)	0.117 (0.23)	0.409** (2.40)	0.924*** (4.78)	1.471*** (4.79)
Inddrct	−0.073** (−2.20)	0.0380 (0.82)	−1.680 (−0.42)	0.187 (0.04)	−0.654 (−0.35)	−0.407 (−0.69)	2.694*** (3.87)	−0.313 (−0.29)
Auditcee1	−0.00002 (−0.02)	0.004*** (2.61)	−0.111 (−1.04)	0.327*** (2.78)	−0.272** (−5.53)	0.0230 (1.28)	−0.062** (−3.16)	0.139*** (4.41)
Shrcr1	−0.031** (−2.28)	0.038** (2.38)	−3.590** (−2.47)	5.500** (2.55)	−3.986** (−5.19)	0.0980 (0.49)	0.272 (0.91)	0.401 (1.10)
Shrcr210	−0.031** (−1.97)	0.048** (2.51)	−2.316 (−1.32)	4.971** (2.49)	1.313 (1.47)	−0.116 (−0.48)	0.376 (1.10)	0.465 (1.06)
Age	−0.016*** (−3.85)	0.016*** (4.20)	−1.217** (−3.67)	1.302** (2.33)	−1.702** (−7.16)	0.088* (1.86)	−0.440** (−5.48)	0.222*** (2.63)
Size	0.009*** (4.30)	−0.006** (−2.17)	0.993*** (4.40)	−0.512* (−1.65)	0.843*** (7.24)	0.058 (1.73)	−0.0580 (−1.30)	0.0950 (1.57)
Roa	−0.0250 (−0.43)	−0.0130 (−0.22)	−14.043* (−1.85)	−11.10 (−1.28)	−3.308 (−1.03)	−0.0320 (−0.04)	2.233* (1.93)	−3.834** (−2.66)
Lev	0.043*** (3.67)	0.00300 (0.21)	2.624* (1.92)	1.453 (1.22)	2.173*** (3.28)	0.0390 (0.25)	0.745*** (3.04)	−0.242 (−0.88)
Growth	−0.016** (−4.03)	−0.00300 (−1.04)	−4.615** (−4.84)	−0.00600 (−0.03)	−0.00500 (−0.02)	−0.0370 (−1.01)	−0.288** (−2.60)	−0.154** (−2.36)
Mba	−0.009** (−3.39)	0.00500 (1.16)	−0.997** (−3.04)	−0.366 (−0.46)	−1.027** (−6.55)	−0.0310 (−0.58)	−0.233** (−3.69)	−0.287** (−2.72)
Loss	−0.0110 (−1.57)	−0.016* (−1.76)	−2.690** (−2.72)	−2.337* (−1.87)	−0.508 (−1.28)	−0.0800 (−0.68)	0.575*** (4.19)	−0.353 (−1.58)
Risklf	−0.001** (−2.23)	−0.0001 (−0.14)	−0.109 (−1.42)	−0.0110 (−0.10)	−0.0190 (−0.90)	−0.00400 (−0.48)	0.021*** (3.21)	−0.0160 (−0.81)
Icbig10	−0.00100 (−0.23)	−0.00200 (−0.52)	−0.377 (−1.06)	−0.605 (−1.27)	0.220 (1.20)	−0.106** (−2.03)	0.175** (2.45)	−0.145 (−1.56)
Icao	−0.227** (−24.35)	−0.124** (−13.43)	−4.474** (−10.40)	−3.463** (−7.32)	−0.0990 (−0.19)	−0.273** (−2.32)	−1.691** (−12.46)	−1.105** (−6.89)
Cons	0.337*** (9.09)	0.0260 (0.50)	1.126 (0.29)	−9.536* (−1.80)	−2.846 (−1.37)	−1.313** (−1.99)	−1.096 (−1.49)	−6.275** (−5.46)

续表

Variable	Soe=1	Soe=0	Soe=1	Soe=0	Soe=1	Soe=0	Soe=1	Soe=0
	Smdecy	Smdecy	Mdecy	Mdecy	Asdecy	Asdecy	Dasdecy	Dasdecy
Typeasse	Yes	Yes	Yes	Yes	Yes	Yes	Yes	Yes
Year	Yes	Yes	Yes	Yes	Yes	Yes	Yes	Yes
Industry	Yes	Yes	Yes	Yes	Yes	Yes	Yes	Yes
Observa-tionsn	9996	6226	5972	4116	9996	6226	9900	6044
Adj-R^2/ PseudoR^2	0.0690	0.0523	0.4585	0.3722	0.0442	0.0185	0.0764	0.0991

注：括号中汇报的是 T 值或 Z 值，***、**、* 分别表示 1%、5%、10%显著性水平。模型已控制标准评价指标、年度以及行业的固定效应。

表 6-11 列示了不同产权性质下内控缺陷认定标准制订宽严对内控缺陷存在与否以及缺陷数量影响的回归结果。其中，第一列、第二列、第五列、第六列是基于内控缺陷数量的回归结果列示，第三列、第四列、第七列、第八列是基于内控缺陷存在与否的回归结果列示。

第一列、第五列内控缺陷认定标准宽严程度变量 Mrstd 分别与内控重大或重要缺陷数量变量 Smdecy、内控所有等级缺陷数量 Asdecy 显著负相关，显著性水平分别均为 1%；第三列、第七列内控缺陷认定标准宽严程度变量 Mrstd 分别与内控重大或重要缺陷存在与否变量 Mdecy、内控所有等级缺陷存在与否变量 Dasdecy 显著负相关，显著性水平分别为 10%和1%，表明国有企业董事会制订内控缺陷认定标准越严格，内控缺陷发生概率越小，出现内控缺陷数量越少。对非国有企业来说，仅有第六列内控缺陷认定标准宽严程度变量 Mrstd 与内控所有等级缺陷数量 Asdecy 显著负相关，显著性水平为 5%，表明非国有企业董事会制订内控缺陷认定标准越严格，出现内控缺陷数量越少。整体来看，董事会制订内控缺陷认定标准越严格，内控缺陷发生概率越小，出现内控缺陷数量越少，内控质量明显改善，而这种治理作用在国有企业效果更显著一些。

本章小结

本章选取 2014~2016 年沪深主板上市公司内控评价报告所披露的财报与非财报、重大与重要缺陷定量认定标准作为研究对象。考察董事会制订内控缺陷认定标准方向（严格或宽松）对内控缺陷存在与否以及缺陷数量的影响，并进一步区分董事会类型研究不同董事会类型下内控缺陷认定标准制订方向对内控缺陷的治理作用差异。

第一，内控缺陷认定标准制订宽严程度变量与内控缺陷存在与否以及缺陷数量显著负相关，表明在其他条件不变情况下，公司董事会制订内控缺陷认定标准越严格，内控缺陷发生概率越小，出现内控缺陷数量越少，内控质量明显改善。

第二，进一步研究董事会类型的调节作用，表明在其他条件不变情况下，当董事会类型为外部型董事会时，公司董事会制订内控缺陷认定标准越严格，内控缺陷发生概率越小，出现内控缺陷数量越少。

第三，整体来看，董事会制订内控缺陷认定标准越严格，内控缺陷发生概率越小，出现内控缺陷数量越少，内控质量明显改善，而这种治理作用在国有企业效果更显著一些。

本章研究的主要贡献体现在：①本书另辟蹊径，从董事会制订内控缺陷缺陷认定标准方向（严格或宽松）角度，探究董事会治理内控缺陷深层次机理；②从内控缺陷治理视角，拓展关于验证董事会治理效率问题新的研究视角，丰富公司治理与内部控制相关文献。本章论证监管部门关于公司治理机制与内部控制制度权责设计有效的初衷，引导上市公司完善公司治理机制，合理制订内控缺陷认定标准，加强内部控制建设。

结论、建议与未来研究方向

从内控缺陷认定标准的制订到内控缺陷等级的认定，董事会享有内部控制缺陷认定与追责的"裁量权"。不同类型董事会其监督与咨询决策职能侧重点不同，而不同的董事会职能作用势必影响内控缺陷认定标准的制订方向不一；董事来源多样化，不同职业背景的外部董事在内控缺陷认定标准制订过程中发挥不同职能作用，势必带来内控缺陷认定标准的调整方向不同，董事会制订不同方向（严格与宽松）的内控缺陷认定标准意欲何为？为了更好地回答本书的研究问题，首先，回顾我国监管部门逐步推进内控缺陷认定标准量化要求与规范披露的制度背景，并详细阐述董事会类型、会计专长影响内控缺陷认定标准制订方向的理论基础。其次，为较好地了解我国 A 股上市公司内控缺陷认定标准披露现状，本书分别从整体层面和具体层面区分财报与非财报内控缺陷认定标准，对我国上市公司内控缺陷认定标准披露现状进行多角度统计与分析。再次，为更好地厘清文章实证的逻辑思路，在实证前深入探究董事会类型、会计专长对内控缺陷认定标准制订方向的影响机理。最后，实证检验董事会类型、会计专长对内控缺陷认定标准制订的影响及其董事会制订内控缺陷认定标准对内控缺陷治理作用的效果检验。

一、主要结论

本书重点解决的问题如下：第一，多维度分析上市公司内控缺陷认定标准披露现状；第二，董事会类型、会计专长影响内控缺陷认定标准制订方向（严格或宽松）的内在机理与实证检验；第三，董事会类型、会计专长影响内控缺陷认定标准后续调整方向（更为严格或更为宽松）的内在机理与实证检验；第四，董事会制订内控缺陷认定标准对内控缺陷治理的作用机理与效果检验。本书相关结论如下：

（一）上市公司内控缺陷认定标准披露现状

为较好地了解我国上市公司内控缺陷认定标准披露现状，本书分别从整体层面和具体层面区分财报与非财报内控缺陷认定标准，对我国上市公司内控缺陷认定标准披露现状进行多角度统计与分析。

整体上，大多数主板上市公司能够执行规范内部控制评价报告格式，结合上市公司自身实际情况制定内控缺陷认定标准，并区分不同缺陷等级列示财务报告与非财务报告、定量与定性内控缺陷认定标准，但总体上呈现内控缺陷认定标准的定量标准披露情况好于定性标准披露情况，同期沪市主板上市公司内控缺陷认定标准披露情况整体上好于深市主板上市公司披露情况。

具体层面，选取 2014~2016 年沪深主板上市公司内控评价报告所披露的财报与非财报、重大与重要缺陷定量认定标准作为研究对象，分别从内控缺陷认定标准度量方式、相对率标准以及标准变更等角度统计分析沪深主板上市公司内控财报与非财报、重大与重要缺陷定量认定标准的具体披露情况。具体结论如下：

第一，内控缺陷定量认定标准普遍采用资产负债表与利润表上的项目作为评价指标来源，资产负债表上使用频率较高的项目为资产总额、所有者权益总额、直接财产损失金额等指标，利润表上使用频率较高的项目为营业收入、营业利润、利润总额、净利润等指标，所采用的主要评价指标在不同评价期间基本保持一致，具有很强的代表性与稳定性；内控缺陷定量认定标准临界值主要采用相对率标准、相对率与绝对额相结合标准以及绝对额标准等设定方式，上市公司普遍采用相对率标准设定内控缺陷定量认定标准的临界值，但绝对额标准也是非财报缺陷定量认定标准临界值设定的重要方式。

第二，内控缺陷认定相对率标准更容易消除上市公司规模差异，以一种更为直观的方式便于比较分析不同期间、不同行业间内控缺陷认定标准变化的方向和程度。一般情况下，上市公司在设定财报、非财报内控缺陷定量认定标准临界值时会以较高评价指标金额对较低相对率标准相乘，尽量在多个评价指标之间保持标准的一致性；不论是重大标准，还是重要标准，财报相对率标准均高于非财报相对率标准，且各评价指标年度间变化不大，基本上保持了在不同评价期间的一致性，不存在随意变更缺陷认定标准的情况；上市公司内控缺陷认定相对率标准在不同行业大类与制造业次类间呈现出一定行业差异性，同一评价期内不同行业内呈现出较大差异，不同评价期间内差异性不大，不论是不同评价期间，还是同一评价期内，不同行业大类间的差异性要明显大于制造业次类之间的差异性。

第三，上市公司倾向于变更为更为严格的缺陷认定标准，降低相对率标准的比率阈值。在内控缺陷认定标准变更频率上，财报标准发生变更频率高于非财报标准，重要标准发生变更频率高于重大标准；在内控缺陷认定标准变更程度上，财报标准变更程度大于非财报标准变更程度，并且标准变严格程度大于标准变宽松程度。

（二）董事会类型、会计专长对内控缺陷认定标准的影响

为考察董事会类型对内控缺陷认定标准制订方向（严格抑或宽松）影响，并进一步研究外部董事会计专长对董事会类型与内控缺陷认定标准制订宽严影响的调节作用，本书选取 2014~2016 年沪深主板上市公司内控评价报告所披露的财报与非财报、重大与重要缺陷定量认定相对率标准作为研究对象。实证结论如下：

第一，当董事会类型为外部型董事会时，董事会倾向于制订严格的内控缺陷认定标准，且在其他条件不变情况下，相较于非财务报告内部控制缺陷认定标准，董事会倾向于制订严格的财报内控缺陷认定标准。

第二，进一步研究外部董事会计专长的调节作用，发现不同专业背景的外部董事在制订内控缺陷认定标准过程中，发挥职能作用不同，会计专长外部董事更多承担咨询专家角色，利用自己的专业特长更好地发挥咨询决策职能；非会计专长外部董事更多地体现为"监督者"角色，借助于更为严格的缺陷标准进行内控风险识别与防范，加强对控股股东与管理层监督和约束。

第三，作为内部董事重要组成部分，大股东（控股股东）董事倾向于制订宽松的内控缺陷认定标准，与管理层降低自身约束的预期一致，这也印证了本书董事类型划分的正确性。

（三）董事会类型、会计专长对内控缺陷认定标准变更的影响

为实证检验董事会类型对内控缺陷认定标准后续变更程度（更为严格或更为宽松）影响，并且进一步研究外部董事会计专长对董事会类型与内控缺陷认定标准后续变更程度的调节作用，本书选取 2015~2016 年内控缺陷相对率认定标准相比前一年发生财报与非财报、重大与重要缺陷定量认定标准变更的上市公司作为研究对象。从动态视角重点考察后

续发生内控缺陷认定标准变更的样本公司，提供"准自然实验"契机，实证结论如下：

第一，当董事会类型为外部型董事会时，董事会倾向于对内控缺陷认定标准的调整更为严格，且在其他条件不变情况下，相较于非财务报告内控制缺陷认定标准，董事会倾向于对财报内控缺陷认定标准的调整更为严格。

第二，进一步研究外部董事会计专长的调节作用，发现不同专业背景的外部董事在变更内控缺陷认定标准过程中发挥职能作用不同，会计专长外部董事更多承担咨询专家角色，利用自己的专业特长更好地发挥咨询决策职能；非会计专长外部董事更多地体现为"监督者"角色，利用自己的专业特长更好地发挥监督职能。

第三，独立董事在初次制订内控缺陷认定标准过程中，职能作用不明显，后续变更内控缺陷认定标准过程中较好发挥监督职能。

第四，声誉较高"十大"事务所与董事会均倾向于变更更为严格的内控缺陷认定标准，进一步强化监督力度，着眼于内控风险及早警示，及时修复偏离内控目标的缺陷，进而改善内控质量。

（四）董事会制订内控缺陷认定标准的治理效应检验

为实证检验董事会制订内控缺陷认定标准方向（严格或宽松）对内控缺陷治理作用的影响，并进一步区分董事会类型研究不同董事会类型下内控缺陷认定标准制订方向对内控缺陷的治理作用差异，本书选取2014~2016年沪深主板上市公司内控评价报告所披露的财报与非财报、重大与重要缺陷定量认定标准作为研究对象。实证结论如下：

第一，内控缺陷认定标准制订宽严变量与内控缺陷存在与否以及缺陷数量显著负相关，表明在其他条件不变情况下，公司董事会制订内控缺陷认定标准越严格，内控缺陷发生概率越小，出现内控缺陷数量越少，内控质量明显改善。

第二，进一步研究董事会类型的调节作用，发现当董事会类型为外部型董事会时，公司董事会制订内控缺陷认定标准越严格，内控缺陷发生概率越小，出现内控缺陷数量越少。

第三，整体来看，不论是国有企业，还是非国有企业，董事会制订内控缺陷认定标准越严格，内控缺陷发生概率越小，出现内控缺陷数量越少，内控质量明显改善，而这种治理作用在国有企业效果更显著一些。

二、政策建议

结合本书的重要结论，提出如下对策与建议：

（一）引导我国上市公司合理制订内控缺陷认定标准

内部控制评价是优化内控自我监督机制的一项重要制度安排（企业内部控制规范讲解，2010），董事会制订合理的内控缺陷认定标准，有助于上市公司及早警示企业生产经营过程中存在的风险点，及时将风险控制可控范围之内，有助于提升企业内控质量，从而实现企业价值的提升。因此，为完善我国内控缺陷认定标准可从如下三点进行改善：

第一，确保内控缺陷认定标准评价指标具备内在的一致性，保持适度的弹性。内控缺陷定量认定标准普遍采用资产负债表与利润表上的项目作为评价指标来源，使用频率较高的项目为资产总额、所有者权益总额、直接财产损失金额、营业收入、利润总额、净利润等指标，确保内控缺陷认定标准内在的一致性。然而，部分上市公司年度经营效果不佳，出现利润大幅度下滑甚至为负值情况，继续沿用正常经营情况下的认定标准，并未针对未来不同经营情况提前设置适用的认定标准，尽管遵从了内控缺陷认定标准内在的一致性，却忽略了多变的经济环境，缺乏适度弹性。因此，内控缺陷认定标准应充分考虑未来的经营情况，区分业务持续稳定经营情况、当年度利润下滑 50% 以内、50% 以上、利润为零或负情况，提前设置适用的缺陷认定标准，在保持内在评价指标一致性的基础上，具备前瞻性与适度弹性。

第二，确保内控缺陷认定标准临界值设定合理可比。内控缺陷认定标准临界值设定主要采用评价指标相对率标准、绝对额标准、相对率标准与绝对额标准相结合方式，上市公司一般采用多维标准评价指标。不乏部分上市公司针对多个评价指标，并未指明各项参考指标之间"是"还是"或"关系，也未标明错报金额选取原则是"孰低"还是"孰高"，从而导致各项指标之间存在矛盾与冲突的地方；更有甚者，采用相对率标准与绝对额标准相结合方式设定标准临界值时，出现绝对额标准与相对率标准差额巨大，从而引致内控缺陷认定混乱不清。因此，应确保内控缺陷认定标准临界值范围设定合理，多维评价指标保持内在的逻辑性，合理引导上市公司区分"资产规模、行业特征、风险承受度"等维度设定不同评价标准临界值的上下限，尽量避免内控缺陷认定标准临界值设定的"随意性"与"形式化"。

第三，继续完善非财报内控缺陷认定标准，服务于非财报内控目标。非财报内控缺陷的认定，是我国企业内控评价实务中所面临的重大挑战之一，因而，制订合理有效的非财报内控缺陷认定标准是认定非财报内控缺陷的重要依据和"标尺"。本书统计非财报内控缺陷认定标准所采用的其他内控评价指标繁杂且无一定规律可循，如近三年平均评价指标个数为 110 个左右，多样化的评价指标缺乏内在的一致性，容易滋生董事会操纵缺陷认定标准以"避重就轻"地进行缺陷等级认定的"乱象"。非财报缺陷存在主要是影响除财务报告目标以外内控目标的实现程度，相较于财报内控缺陷认定标准，非财报内控缺陷认定标准设定本身难度较大，涉及范围较广。故而，未来进一步细化非财报内控缺陷认定标准制订，强化标准行业内评价指标可比，保证重要性水平设定范围合理等。

（二）继续强化我国上市公司内控缺陷认定标准披露的规范性、可靠性与可比性

《21号文》规范企业年度内部控制评价报告的具体披露格式与内容，要求董事会结合企业自身特点，根据内控规范体系制定适用于本公司的内控缺陷认定标准并规范披露。因此，为规范我国内控缺陷认定标准的披露可从如下两点进行完善：

第一，继续强化内控缺陷认定标准披露的可比性与可靠性。在统计上市公司内控缺陷认定标准披露现状时，发现部分上市公司财报与非财报内控缺陷认定标准评价指标即使采用同一评价指标，其名称不一，比如"资产"指标叫法高达11种，不利于内控缺陷认定标准披露的规范性与可比性，甚至部分上市公司财报与非财报内控缺陷认定标准评价指标相互矛盾与错误，比如，利润表评价指标采用"税前净利润"错误提法，或者针对同一指标在设定不同等级标准临界值与不同指标针对同一等级标准临界值设定存在标准金额的交叉，不便于依据该认定标准进行不同等级缺陷的认定，内控缺陷认定标准披露的不规范、不可靠，必然带来内控缺陷认定等级的混乱、无所适从，甚至于"避重就轻"。

第二，继续强化内控缺陷认定标准变更披露的规范性。内控缺陷认定标准一经确定，不得随意变更。然而，当企业经营业务发生重大调整，或者根据上市公司内控建设实际情况等时，允许上市公司根据内控实践或参照同业标准对内控缺陷认定标准进行调整，但必须报告标准变更的具体内容。在统计上市公司内控缺陷认定标准披露现状时，发现大多数上市公司并未遵从《21号文》规范披露内控缺陷认定标准变更内容，即使披露，也未具体披露调整原因、调整情况以及调整前后标准。因此，为避免上市公司操纵内控缺陷认定标准，避重就轻进行缺陷等级认定，内控缺陷认定标准一旦变更，须规范呈现标准调整原因、变更内容，从源头上控制上市公司存在随意变更标准的意图，并全面了解标准变更方向

和内容，以窥探上市公司操纵标准变更的深层次动机。

（三）加强内控缺陷认定标准制订与披露的外部监管与惩罚力度

内控缺陷认定标准制订与披露不规范、不可靠，除了带来上市公司内控缺陷等级认定的混乱、无所适从，更为上市公司操纵内控缺陷认定标准、"避重就轻"进行缺陷等级认定提供了机会。这严重背离监管部门加强内控规范建设的初衷，无法预警企业在生产经营过程中存在的各种风险与漏洞，最终企业偏离目标的可能性越来越大，引致资本市场一系列的经济后果。因此，为加强内控缺陷认定标准制订与披露的规范性，监管部门可定期选取在"公司规模、行业特征、风险水平以及治理特征"等维度相似的上市公司，监督其是否存在制订标准偏宽、后续标准变更随意性大、缺陷认定"避重就轻"现象明显等情况。若是首次出现类似情况的上市公司，监管部门可对其进行谈话提醒并后续重点关注；对于连续出现类似情况的上市公司，监管部门可进一步加大惩罚力度，对其出具监管关注函，责令其改正；若屡教不改，监管部门不遗余力加大监管力度，可在内控审计报告"强调事项段"中添加一条说明内容提醒信息使用者注意，严重者指定内控审计机构核查后准予出具否定意见的内控审计报告。

（四）从实质上加强董事会独立性以利于董事会职能作用的发挥

我国《上市公司章程指引》（2016年修订）规定由经理、其他高管以及职工代表担任的董事占比不得超过1/2，显然，监管部门已经意识到内部董事占比过高，不利于董事会职能作用的发挥。然而，仅仅限制来源于企业内部董事的比例，还不能有效解决董事会独立性问题，本书关于董事类型的划型中，将控股股东董事划入"内部董事"也得到了本书经验证据支持，表明控股股东董事也是"内部董事"的重要组成部分，不利于强化董事会独立性与监督职能的发挥。外部董事制度是西方市场经济国家为解决两权分离条件下管理层的委托代理问题而引入的机制安排，监管规则普遍要求公司董事会中增加外部董事比例，以提高董事会的独立性，保持董事会相对于管理层的独立性（COSO，2013）。因此，除了强调独立董事人数占比不低于 1/3 之外，还应进一步提高董事会专业委员会中外部董事比例与强化外部董事的地位，比如，参照 SOX 法案要求将审计委员会成员全部设置为独立董事，同时参照 NYSE 和 NASD 监管要求设置薪酬委员会和提名委员会中独立董事人数的最小值，或者明确薪酬委员会和提名委员会中均由独立董事担任召集人从而强化外部董事的地位。

（五）强化董事专业背景多样性以拓宽董事会资本的深度与广度

监管规则普遍强化董事会成员应具备财务专长，且无论是 SOX 法案中通过的宽泛的"财务专长"定义，还是我国监管规则强调的狭隘的"会计专长"定义，均基于"对公认会计原则和财务报表的理解"将导致更好的董事会监督和咨询决策职能，从而更好地满足股东的利益（Güner et al.，2008）。然而，资源依赖理论表明，企业在内、外部经营环境中面临的诸多不确定性，为减少对外部经济环境的过多依赖，需要借助于外部董事所拥有的专业知识、行业经验、管理才能等资源。本书的经验证据也表明，非会计专长的外部董事在内控缺陷认定标准制订过程中发挥有效的职能作用，从而说明非会计专长也是外部董事发挥职能作用不可或缺的重要组成部分。上市公司应充分吸收不同专业背景来源的外部董事，使董事会在行业、技能、经验等方面形成资源差异，以此拓宽董事会资本的深度与广度，更好地发挥董事会职能作用。

三、可能的创新与局限

（一）本书可能的创新点

首先，董事会类型重构。本书将董事根据其来源划分为内部董事、控股股东董事、非控股股东董事和独立董事四大类别，并依据"内部人控制"理论及调研分析结论，打破通常将控股股东董事划归"外部"来源董事的惯例，而将其划归"内部董事"类别的基础上，尝试将董事会重构为更具内在性态规律的"内部董事主导型"与"外部董事主导型"（分别简称为"内部型董事会"与"外部型董事会"）两大类别，并据此开展本书的后续理论与实证研究。

其次，拓展了内控缺陷认定标准制订的影响因素，优化了相关衡量指标。不仅关注财报内控缺陷定量认定标准制订的影响因素，还论述非财报内控缺陷定量认定标准制订的影响因素；不仅论述财报、非财报内控重大缺陷定量认定标准制订的影响因素，还关注财报、非财报内控重要缺陷定量认定标准制订的影响因素。

再次，从代理理论与资源依赖理论视角出发，尝试研究董事会类型、会计专长对内控缺陷认定标准制订方向的影响，深入分析外部型董事会的监督职能与咨询决策职能在制订缺陷认定标准过程中的作用机理；不仅从静态视角关注董事会类型、会计专长影响内控缺陷认定标准的制订方向，还从动态视角关注董事会类型、会计专长影响内控缺陷认定标准后续变更程度，采用动静结合的视角研究内控缺陷认定标准制订及其后续变更的影响因素。

最后，本书另辟蹊径，从内控缺陷认定标准的变化方向来研究不同类型董事的决策行为，探究董事会治理内控缺陷深层次机理，拓展关于验证董事会治理效率问题新的研究视角，丰富了董事会治理与内部控制评价领域相关文献。本章论证监管部门关于公司治理机制与内部控制制度权责设计有效的初衷，引导上市公司完善公司治理机制，合理制订内控缺陷认定标准，加强内部控制建设。

（二）本书的局限性

首先，研究样本期间较短，仅仅为《21号文》下发后的近三年，在深入考察董事会类型、会计专长影响内控缺陷认定标准后续变更程度及探究董事会治理内控缺陷深层次作用机理时，无法提供更为长期的实证检验，从而一定程度上无法提供内控缺陷认定标准后续制订影响因素更大样本量的实证检验，也无法探究董事会治理内控缺陷的更为长期治理作用。

其次，研究样本仅仅锁定为内控缺陷定量认定标准，虽然《21号文》颁布后，大多数上市会应规披露财报、非财报缺陷认定的定量与定性标准，却普遍存在定性标准披露情况不如定量标准情况，且定性标准相较于定量标准，一般以纯文字形式进行缺陷等级分类与认定，差异化的表述方式难以进行较为准确的量化比较与分析，从而本书仅仅选取定量标准进行实证检验，未探究定性标准的实证检验，有可能影响结论整体的可靠性。

最后，在进一步考察外部董事会计专长对董事会类型与内控缺陷认定标准制订与后续调整的影响方向时，仅仅将外部董事行业专长分类为会计专长与非会计专长，划型上过于简单，并未将其进行再次细分，比如，将财务专长细分为会计财务专长与非会计财务专长，将非会计专长细分为法律、经济、金融、计算机和工程等行业专长等，有可能并未窥探到外部董事会计专长对董事会类型与内控缺陷认定标准制订与后续调整的深层次影响。

四、未来研究方向

结合本书研究的局限性，未来探究董事会类型、会计专长与内控缺陷认定标准研究可从以下几个方面拓展：

第一，研究样本可以扩充至内控缺陷定性认定标准，通过内容分析法，借由定性标准中表征的词句推断出不同等级缺陷本质性的信息加以归纳分析，找出不同等级缺陷定性认定标准常用的条目进行分类和编码，以取得量化的频次数据（丁友刚和王永超，2013），实现对定性标准的量化统计与实证检验。

第二，在考察董事会类型对内控缺陷认定标准制订与后续调整的影响时，本书以外部董事占比过半时，定义董事会类型为外部型董事会，重点关注外部型董事会的监督职能对内控缺陷认定标准制订与后续调整的影响。事实上，还可以考察"监督强化型董事会"，不是仅仅以外部董事占比过半予以衡量，还可以尝试以外部董事任职董事会具有监督性质的专业委员会（审计委员会、薪酬委员会或者提名委员会等）数量来衡量（Faleye et al.，2011）。

第三，在进一步考察外部董事会计专长对董事会类型与内控缺陷认定标准制订与后续调整的影响方向时，未来研究可将外部董事财务专长细分为会计财务专长与非会计财务专长（Goh，2009），将非会计专长细分法律、经济、金融、计算机和工程等行业专长等（杨婧和郑石桥，2017），有可能探究到外部董事行业专长对董事会类型与内控缺陷认定标准制订与后续调整的深层次影响。

第四，本书从董事会制订内控缺陷认定标准方向宽与严角度，探究董事会治理内控缺陷、提升内控质量的深层次机理，未来可进一步拓展董事会制订严格内控缺陷认定标准的其他方面的治理作用，比如，提升企业价值、降低代理费用等方面。

参考文献

［1］Abbott L. J., Parker S., Peters G. F. Audit Fee Reductions from Internal Audit-Provided Assistance: The Incremental Impact of Internal Audit Characteristics ［J］. Contemporary Accounting Research, 2012, 29（1）: 94–118.

［2］Adams R., Ferreira D. A Theory of Friendly Boards ［J］. Journal of Finance, 2007, 62（1）: 217–250.

［3］Adams R., Hermalin B. E., Weisbach M. S. The Role of Boards of Directors in Corporate Governance: A Conceptual Framework and Survey ［J］. Journal of Economic Literature, 2010, 48（1）: 58–107.

［4］Asare S. K., Wright A. The Effect of Type of Internal Control Report on Users' Confidence in the Accompanying Financial Statement Audit Report ［J］. Contemporary Accounting Research, 2012, 29（1）: 152–175.

［5］Ashbaugh-skaife H, Collins D. W., Kinney W. R., et al. The Effect of SOX Internal Control Deficiencies and Their Remediation on Accrual Quality ［J］. The Accounting Review, 2008, 83（1）: 217–250.

［6］Ashbaugu-Skaife H., Collins D. W., Kinney W. R., et al. The Effect of SOX Internal Control Deficiencies on Firm Risk and Cost of Equity ［J］. Journal of Accounting Research, 2009, 47（1）: 1–43.

［7］Badolato P. G., Donelson D. C., EGE M. Audit Committee Financial Expertise and Earnings Management: The Role of Status ［J］. Journal of Accounting and Economics, 2014, 58（2–3）: 208–230.

[8] Bang D. N., Nielsen K. M. The Value of Independent Directors: Evidence from Sudden Deaths [J]. Journal of Financial Economics, 2010, 98 (3): 550-567.

[9] Berkman H., Cole R. A., FU J. L. Expropriation through Loan Guarantees to Related Parties: Evidence from China [J]. Journal of Banking and Finance, 2009, 33 (1): 141-156.

[10] Berle A., Means G. The Modern Corporation and Private Property [M]. New York : The Macmillan Company, 1932.

[11] Business Roundtable. Corporate Governance and American Competitiveness: A Statement of the Business Roundtable [J]. Business Lawyer, 1990, 46 (1): 241-252.

[12] Carter D., Simkins B., Simpson W. Corporate Governance, Board Diversity, and Firm Value [J]. Financial Review, 2003, 38 (1): 33-53.

[13] Cohen J. R., Hoitash U., Wright A. M. The Effect of Audit Committee Industry Expertise on Monitoring the Financial Reporting Process [J]. The Accounting Review, 2014, 89 (1): 243-273.

[14] Chen Y. H., Smith A. L., Cao J. et al. Information Technology Capability, Internal Control Effectiveness, and Audit Fees and Delays [J]. Journal of Information Systems, 2014, 28 (2): 149-180.

[15] Chen Y., Knechel W. R., Marisetty V. B. Board Independence and Internal Control Weakness: Evidence from SOX 404 Disclosure [J]. Auditing: A Journal of Practice and Theory, 2016, 36 (2): 45-62.

[16] Claessens S., Djankov S., Lang L. H. P. The Separation of Ownership and Control in East Asian Corporations [J]. Journal of Financial Economics, 2000, 58 (1-2): 81-112.

[17] Committee of Sponsoring Organizations of the Treadway Commission (COSO). Internal Control -Integrated Framework [M]. New York: COSO, 1992.

［18］ Committee of Sponsoring Organizations of the Treadway Commission （COSO）. Internal Control –Integrated Framework ［S］. New York: COSO, 2013.

［19］ Costello A. M., Regina W. M. The Impact of Financial Reporting Quality on Debt Contracting: Evidence from Internal Control Weakness Reports ［J］. Journal of Accounting Research, 2011, 49 （1）: 97–136.

［20］ Daily C. M., Dalton D. R., Cannella A. A. Corporate Governance: Decades of Dialogue and Data ［J］. Academy of Management Review, 2003, 28 （3）: 371–382.

［21］ Dalton D., Daily C., Ellstrand A. et al. Meta–analytic Reviews of Board Composition, Leadership Structure, and Financial Performance ［J］. Strategic Management Journal, 1998, 19 （3）: 269–290.

［22］ Dalton D. R., Daily C. M., Johnson J. L. et al. Number of Directors and Financial Performance: A Meta–analysis［J］. Academy of Management Journal, 1999, 42 （6）: 674–686.

［23］ Defond M. L., Hann R. N., Hu X. Does the Market Value Financial Expertise on Audit Committees of Boards of Directors? ［J］. Journal of Accounting Research, 2005, 43 （2）: 153–193.

［24］ Dhaliwal D., Hogan C., Trezevant R. et al. Internal Control Disclosures, Monitoring, and the Cost of Debt ［J］. The Accounting Review, 2011, 86 （4）: 1131 –1156.

［25］ Dhaliwal D., Naiker V., Navissi F. Audit Committee Financial Expertise, Corporate Governance and Accruals Quality: An Empirical Analysis ［J］. Working Paper, University of Arizona, 2006.

［26］ Doyle J., Ge W., Mcvay S. Determinants of Weaknesses in Internal Control over Financial Reporting ［J］. Journal of Accounting and Economics, 2007, 44 （1–2）: 193 –223.

［27］ Faccio M., Lang L. H. P., Young L. Debt and Expropriation ［J］.

Working Paper, Purdue University and The Chinese University of Hong Kong, 2001.

[28] Faleye O. Classified boards, Firm value, and Managerial Entrenchment [J]. Journal of Financial Economics, 2007, 83: 501-529.

[29] Faleye O., Hoitash R., Hoitash U. The Costs of Intense Board Monitoring [J]. Journal of Financial Economics, 2011, 101 (1): 160-181.

[30] Fama E. F., Jensen M. C. Separation of Ownership and Control [J]. The Journal of Law & Economics, 1983, 26 (2): 301-325.

[31] Fama E. F., Jensen M. C. Agency Problems and Residual Claims [J]. The Journal of Law & Economics, 1983, 26 (2): 327-349.

[32] Feng M., Li C., Mcvay S. E. et al. Does Ineffective Internal Control over Financial Reporting affect a Firm's Operations? Evidence from Firms' Inventory Management [J]. The Accounting Review, 2015, 90 (2): 529-557.

[33] Ge W., Mcvay S. The Disclosure of Material Weaknesses in Internal Control after the Sarbanes-Oxley Act[J]. Accounting Horizons, 2005, 19 (3): 137-158.

[34] Gillette A. B., Note T. H., Rebello M. J. Corporate Board Composition, Protocols, and Voting Behavior [J]. Journal of Finance, 2003, 58 (5): 1997-2031.

[35] Goh B. W. Audit Committees, Boards of Directors, and Remediation of Material Weaknesses in Internal Control [J]. Contemporary Accounting Research, 2009, 26 (2): 549-579.

[36] Goh B. W., Krishnan J., Li D. Auditor Reporting under Section 404: The Association between the Internal Control and Going Concern Audit Opinions [J]. Contemporary Accounting Research, 2013, 30 (3): 970-995.

[37] Goh B. W., Li D. Internal Controls and Conditional Conservatism [J]. The Accounting Review, 2011, 86 (3): 975-1005.

[38] Güner A. B., Malmendier U., Tate G. Financial Expertise of Directors [J]. Journal of Financial Economics, 2008, 88 (2): 323-354.

[39] Hambrick D. C., Mason P. A. Upper Echelons: The Organization As a Reflection of Its Top Managers [J]. Academy of Management Review, 1984, 9 (2): 193-206.

[40] Harvey C. R., Lins K. V., Roper A. H. The Effect of Capital Structure When Expected Agency Costs are Extreme [J]. Journal of Financial Economics, 2004, 74 (1): 3-30.

[41] Harris M., Raviv A. A Theory of Board Control and Size [J]. The Review of Financial Studies, 2008, 21 (4): 1797-1832.

[42] Hammersley J. S., Myers L. A., Shakespeare C. Market Reactions to the Disclosure of Internal Control Weaknesses and to the Characteristics of those Weaknesses under Section 302 of the Sarbanes Oxley Act of 2002 [J]. Review of Accounting Studies, 2008, 13: 141-165.

[43] Hammersley J. S., Myers L. A., Zhou J. The Failure to Remediate Previously Disclosed Material Weaknesses in Internal Controls [J]. Auditing: A Journal of Practice & Theory, 2012, 31 (3): 73-111.

[44] Hillman A. J., Dalziel T. Boards of Directors and Firm Performance: Integrating Agency and Resource Dependence Perspectives[J]. Academy of Management Review, 2003, 28 (3): 383-396.

[45] Hoitash U., Hoitash R., Bedard J. C. Corporate Governance and Internal Control over Financial Reporting: A Comparison of Regulatory Regimes [J]. The Accounting Review, 2009, 84 (3): 839-867.

[46] Holmstrom B. Pay without Performance and the Managerial Power Hypothesis: A Comment [J]. Journal of Corporation Law, 2005, 30 (4): 703-715.

[47] Hoag M. L., Hollingsworth C. W. An Intertemporal Analysis of Audit Fees and Section 404 Material Weaknesses [J]. Auditing: A Journal of

Practice & Theory, 2011, 30: 173-200.

[48] Hogan C. E., Wilkins M S. Evidence on the Audit Risk Model: Do Auditors Increase Audit Fees in the Presence of Internal Control Deficiencies?[J]. Contemporary Accounting Research, 2008, 25 (1): 219-242.

[49] Järvinen T., Myllymäki E. Real Earnings Management before and after Reporting SOX 404 Material Weaknesses[J]. Accounting Horizons, 2016, 30 (1): 119 -141.

[50] Jeanjean T., Stolowy H. Determinants of Board Members' Financial Expertise-Empirical Evidence from France [J]. The International Journal of Accounting, 2009, 44 (4): 378-402.

[51] Jensen M. C. The Modern Industrial Revolution, Exit, and the Failure of Internal Control Systems [J]. Journal of Finance, 1993, 48 (3): 831-880.

[52] Jensen M., Meckling W. Theory of the Firm: Managerial Behavior, Agency cost, and Ownership Structure [J]. Journal of Financial Economics, 1976, 3 (4): 305-360.

[53] Johnson R. A., Hoskisson R. E., Hitt M A. Board of Director Involvement in Restructuring: The Effects of Board Versus Managerial Controls and Characteristics [J]. Strategic Management Journal, 1993, 14: 33-50.

[54] Johnson S., Rafael L P., Florencio L. et al. Tunneling [J]. American Economic Review, 2000, 90 (2): 22-27.

[55] Johnson S. G., Schnatterly K., Hill A. D. Board Composition Beyond Independence: Social Capital, Human Capital, and Demographics [J]. Journal of Management, 2013, 39 (1): 232-262.

[56] Johnson J. L., Daily C. M., Ellsttrand A. E. Board of Directors: A Review and Research Agenda[J]. Journal of Management, 1996, 22 (3): 409-438.

[57] Johnstone K., Li C., Rupley K. H. Changes in Corporate Gover-

nance Associated with the Revelation of Internal Control Material Weaknesses and Their Subsequent Remediation [J]. Contemporary Accounting Research, 2011, 28 (1): 331-383.

[58] Kim J. B., Song B. Y., Zhang L D. Internal Control Weakness and Bank Loan Contracting: Evidence from SOX Section 404 Disclosures [J]. The Accounting Review, 2011, 86 (4): 1157-1188.

[59] Kim K., Mauldin E., Patro S. Outside Directors and Board Advising and Monitoring Performance [J]. Journal of Accounting and Economics, 2014, 57 (2-3): 110-131.

[60] Klamm B. K., Kobelsky K. W., Watson M. W. Determinants of the Persistence of Internal Control Weaknesses [J]. Accounting Horizons, 2012, 26(2): 307-333.

[61] La Porta R., Lopez-De-Silanes F., Shleifer A. Corporate Ownership around the World [J]. Journal of Finance, 1999, 54, 471-517.

[62] La Porta R., Lopez-De-Silanes F., Shleifer A., et al. Investor Protection and Corporate Governance [J]. Journal of Financial Economics, 2000, 58: 3- 27.

[63] Lipton M., Lorsch J. W. A Modest Proposal for Improved Corporate Governance [J]. The Business Lawyer, 1992, 48 (1): 59-77.

[64] Lorsch J. W., MacIver E. Pawns or Potentates: The Reality of America's Corporate Boards [M]. Boston, MA: Harvard Business School Press, 1989.

[65] Munsif V., Raghunandan K., Rama D. V. Early Warnings of Internal Control Problems: Additional Evidence [J]. Auditing: A Journal of Practice & Theory, 2013, 32 (2): 171-188.

[66] Munsif V., Raghunandan K., Rama D. V. Internal Control Reporting and Audit Report Lags: Further Evidence [J]. Auditing: A Journal of Practice & Theory, 2012, 31 (3): 203 - 218.

［67］Myllymäki, Emma-Riikka. The Persistence in the Association between Section 404 Material Weaknesses and Financial Reporting Quality ［J］. Auditing: A Journal of Practice & Theory, 2014, 30 (1): 93-116.

［68］Peng M. W. Outside Directors and Firm Performance during Institutional Transitions［J］. Strategic Management Journal, 2004, 25 (5): 453-471.

［69］Pfeffer J. Merger as a Response to Organizational Interdependence ［J］. Administrative Science Quarterly, 1972a, 17 (2): 382-394.

［70］Pettigrew A. M. On Studying Managerial Elites ［J］. Strategic Management Journal, 1992, 13 (2): 163-182.

［71］Pfeffer J. Size and Composition of Corporate Boards of Director: The Organization and Its Environment ［J］. Administrative Science Quarterly, 1972b, 17 (2): 218-229.

［72］Pfeffer J., Salancik G. R. The External Control of Organizations: A Resource Dependence Perspective ［M］. New York: Harper & Row, 1978.

［73］Public Company Accounting Oversight Board (PCAOB). An Audit of Internal Control over Financial Reporting Performed in Conjunction with an Audit of Financial Statements, Auditing Standard No.2 ［M］. Washington, D. C.: PCAOB, 2004.

［74］Public Company Accounting Oversight Board (PCAOB). An Audit of Internal Control over Financial Reporting that Is Integrated with an Audit of Financial Statements, Auditing Standard No.5 ［M］. Washington, D.C.: PCAOB, 2007.

［75］Rose J. M., Norman C. S., Rose A. M. Perceptions of Investment Risk Associated with Material Control Weakness Pervasiveness and Disclosure Detail ［J］. The Accounting Review, 2010, 85 (5): 1787 -1807.

［76］Securities and Exchange Commission (SEC). Final Rule: Strengthening the Commission's Requirements Regarding Auditor Independence, Release 33-8183; Release 34-47265; Release35-27642 ［M］. Washington, D.

C.: SEC, 2003.

[77] Securities and Exchange Commission (SEC). Standards Relating to Listed Company Audit Committees, Release 33 –8220; Release 34 –47654 [S]. Washington, D.C.: SEC, 2003.

[78] Shleifer A., Robert W. V. A Survey of Corporate Governance [J]. The Journal of Finance, 1997, 52 (2): 737–783.

[79] Schmidt S. L., Brauer M. Strategic Governance: How to Assess Board Effectiveness in Guiding Strategy Execution [J]. Corporate Governance: An International Review, 2006, 14 (1): 13–22.

[80] Schwartz –Ziv M., Weisbach M. S. What Do Boards Really Do? Evidence from Minutes of Board Meetings[J]. Journal of Financial Economics, 2013, 108 (2): 349–366.

[81] Spence M. Job Market Signaling [J]. Quarterly Journal of Economics, 1973, 87 (3): 355–374.

[82] U.S. House of Representatives. The Sarbanes –Oxley Act of 2002. Public Law 107 –204 [H.R. 3763] [M]. Washington, D.C.: Government Printing Office, 2002.

[83] Wernerfel T. B. A Resource–based View of the Firm [J]. Strategic Management Journal, 1984, 5 (2): 171–180.

[84] Wu Y. J, Tuttle B. The Interactive Effects of Internal Control Audits and Manager Legal Liability on Managers' Internal Controls Decisions, Investor Confidence, and Market Prices [J]. Contemporary Accounting Research, 2014, 31 (2): 444–468.

[85] Zahra S. A., Pearce J. A. Board of Directors and Corporate Financial Performance: A Review and Integrative Model [J]. Journal of Management, 1989, 15 (2): 291–334.

[86] Zhang Y., Zhou J., Zhou N. Audit Committee Quality, Auditor Independence, and Internal Control Weaknesses[J]. Journal of Accounting and

Public Policy，2007，26（3）：300-327.

[87] 敖小波，林晚发，李晓慧. 内部控制质量与债券信用评级［J］. 审计研究，2017（2）：57-64.

[88] 白云霞，林秉旋，王亚平等. 所有权、负债与大股东利益侵占——来自中国控制权转移公司的证据［J］. 会计研究，2013（4）：66-72+96.

[89] 财政部，证监会，审计署，等. 企业内部控制规范［M］. 北京：中国财政经济出版社，2010.

[90] 财政部会计司. 企业内部控制规范讲解［M］. 北京：经济科学出版社，2010.

[91] 曹洋，林树. 会计专业人士担任独立董事的效果研究［J］. 山西财经大学学报，2011，33（2）：109-116.

[92] 陈汉文，王韦程. 谁决定了内部控制质量：董事长还是审计委员会？［J］. 经济管理，2014，36（10）：97-107.

[93] 陈武朝. 在美上市公司内部控制重大缺陷认定、披露及对我国企业的借鉴［J］. 审计研究，2012（1）：103-109.

[94] 程小可，杨程程，姚立杰. 内部控制、银企关联与融资约束——来自中国上市公司的经验证据［J］. 审计研究，2013（5）：80-86.

[95] 邓峰. 董事会制度的起源、演进与中国的学习［J］. 中国社会科学，2011（1）：164-176+223.

[96] 丁沛文. 董事会治理结构对企业内部控制的影响探究［J］. 金融经济，2014（22）：130-132.

[97] 丁友刚，王永超. 上市公司内部控制缺陷认定标准研究［J］. 会计研究，2013（12）：79-85+97.

[98] 董卉娜，朱志雄. 审计委员会特征对上市公司内部控制缺陷的影响［J］. 山西财经大学学报，2012，34（1）：114-124.

[99] 董卉娜，朱志雄. 上市银行内部控制缺陷认定研究［J］. 证券市场导报，2014（6）：57-62.

[100] 段海艳.外部董事任期对董事会监督与咨询效率的影响研究——基于中小板上市公司的经验数据 [J].华东经济管理，2016，30（8）：124-129.

[101] 方红星，陈娇娇，于巧叶.内部控制审计收费的影响因素研究 [J].审计与经济研究，2016，31（4）：21-29.

[102] 方红星，金玉娜.高质量内部控制能抑制盈余管理吗？——基于自愿性内部控制鉴证报告的经验研究 [J].会计研究，2011（8）：53-60+96.

[103] 范经华，张雅曼，刘启亮.内部控制、审计师行业专长、应计与真实盈余管理 [J].会计研究，2013（4）：81-88+96.

[104] 盖地，盛常艳.内部控制缺陷及其修正对审计收费的影响——来自中国 A 股上市公司的数据 [J].审计与经济研究，2013，28（3）：21-27.

[105] 龚辉锋，茅宁.咨询董事、监督董事与董事会治理有效性 [J].管理科学学报，2014，17（2）：81-94.

[106] 桂荷发，黄节根.非执行董事与股东—管理层代理冲突——兼论管理层权力与产权属性对非执行董事治理效应的影响 [J].当代财经，2016（12）：55-64.

[107] 韩传模，刘彬.审计委员会特征、内部控制缺陷与信息披露质量 [A].中国会计学会教育分会：中国会计学会 2012 年学术年会论文集 [C].北京：中国会计学会教育分会，2012.

[108] 何卫东.论非执行董事对公司战略的参与 [J].南开管理评论，1999（4）：20-22.

[109] 胡奕明，唐松莲.独立董事与上市公司盈余信息质量 [J].管理世界，2008（9）：149-160.

[110] 胡诗阳，陆正飞.非执行董事对过度投资的抑制作用研究——来自中国 A 股上市公司的经验证据 [J].会计研究，2015（11）：41-48+96.

[111] 黄志忠，白云霞，李畅欣.所有权、公司治理与财务报表重述 [J].南开管理评论，2010，13（5）：45-52.

[112] 李端生，周虹.高管团队特征对特征差异与内部控制质量［J］.审计与经济研究，2017，32（2）：24-34.

[113] 李秋蕾.独立董事与外部董事制度比较研究——基于我国上市公司和中央企业［J］.云南财经大学学报（社会科学版），2010，25（3）：108-110.

[114] 李庆玲.内部控制信息披露经济后果研究述评［J］.财会通讯，2016（4）：110-113.

[115] 李庆玲，沈烈.近年国际内部控制研究动态：一个文献综述［J］.经济管理，2016，38（5）：187-199.

[116] 李宇立.内部控制缺陷识别与认定的技术路线——基于管理层视角的分析［J］.中南财经政法大学学报，2012（3）：113-119.

[117] 李晓慧，杨子萱.内部控制质量与债权人保护研究——基于债务契约特征的视角［J］.审计与经济研究，2013，28（2）：97-105.

[118] 李英，周守华，窦笑晨.我国内部控制规范的颁布抑制了认知性盈余管理吗？［J］.审计研究，2016（5）：82-88.

[119] 李越冬，张冬，刘伟伟.内部控制重大缺陷、产权性质与审计定价［J］.审计研究，2014（2）：45-52.

[120] 林钟高，丁茂桓.内部控制缺陷及其修复对企业债务融资成本的影响——基于内部控制监管制度变迁视角的实证研究［J］.会计研究，2017（4）：73-80+96.

[121] 林钟高，曾祥飞，储姣娇.内部控制治理效率：基于成本收益视角的研究［J］.审计与经济研究，2011，26（1）：81-89.

[122] 刘颖，钟田丽，张天宇.连锁董事网络、控股股东利益侵占与融资结构关系——基于我国中小板上市公司的实证检验［J］.经济管理，2015，37（4）：148-158.

[123] 刘立安，刘海明.上市公司为子公司担保之谜——缓解融资约束还是控股股东利益侵占？［J］.证券市场导报，2017（7）：34-42.

[124] 刘启亮，罗乐，张雅曼等.高管集权、内部控制与会计信息质

量［J］.南开管理评论，2013，16（1）：15-23.

［125］刘亚莉，马晓燕，胡志颖.上市公司内部控制缺陷的披露：基于治理特征的研究［J］.审计与经济研究，2011，26（3）：35-43.

［126］刘中华，梁红玉.内部控制缺陷的信贷约束效应［J］.审计与经济研究，2015，30（2）：13-20.

［127］卢现祥，朱巧玲等.新制度经济学（第3版）［M］.北京：北京大学出版社，2012.

［128］陆正飞，胡诗阳.股东—经理代理冲突与非执行董事的治理作用——来自中国A股市场的经验证据［J］.管理世界，2015（1）：129-138.

［129］穆勒.2013版COSO内部控制实施指南［M］.秦荣生，张庆龙，韩菲译.北京：电子工业出版社，2015.

［130］权小锋，吴世农，文芳.管理层权力、私有收益与薪酬操纵［J］.经济研究，2010，45（11）：73-87.

［131］石水平.控制权转移、超控制权与大股东利益侵占——来自上市公司高管变更的经验证据［J］.金融研究，2010（4）：160-176.

［132］孙光国，郭睿.CFO内部董事有助于董事会履行监督职能吗？［J］.会计研究，2015（11）：27-33+96.

［133］谭燕，施赞，吴静.董事会可以随意确定内部控制缺陷定量认定标准吗？——来自A股上市公司的经验证据［J］.会计研究，2016（10）：70-77+97.

［134］田娟，余玉苗.内部控制缺陷识别与认定中存在的问题与对策［J］.管理世界，2012（6）：180-181.

［135］万伟，曾勇.基于策略信息传递的外部董事占优型董事会投资决策机制研究［J］.管理科学，2013，26（2）：72-80.

［136］王跃堂，朱林，陈世敏.董事会独立性、股权制衡与财务信息质量［J］.会计研究，2008（1）：55-62+96.

［137］王斌，宋春霞，孟慧祥.大股东非执行董事与董事会治理效率——基于国有上市公司的经验证据［J］.北京工商大学学报（社会科学

版），2015，30（1）：38-48.

[138] 王海林. 企业内部控制缺陷识别与诊断研究——基于神经网络的模型构建 [J]. 会计研究，2017（8）：74-80+95.

[139] 王惠芳. 内部控制缺陷认定：现状、困境及基本框架重构 [J]. 会计研究，2011（8）：61-67.

[140] 王俊，吴溪. 管理层变更伴随着更严格的内部控制缺陷认定标准吗？[J]. 会计研究，2017（4）：81-87+96.

[141] 王凯，武立东，许金花. 专业背景独立董事对上市公司大股东掏空行为的监督功能 [J]. 经济管理，2016，38（11）：72-91.

[142] 汪丽，茅宁，潘小燕等. 董事会职能、决策质量和决策承诺在中国情境下的实证研究 [J]. 管理世界，2006（7）：108-114.

[143] 吴清华，王平心. 公司盈余质量：董事会微观治理绩效之考察——来自我国独立董事制度强制性变迁的经验证据 [J]. 数理统计与管理，2007（1）：30-40.

[144] 肖华，张国清. 内部控制质量、盈余持续性与公司价值 [J]. 会计研究，2013（5）：73-80+96.

[145] 谢凡，曹健，陈莹等. 内部控制缺陷披露的经济后果分析——基于上市公司内部控制强制实施的视角 [J]. 会计研究，2016（9）：62-67.

[146] 晏国菀，谢光华. 董事联结、董事会职能与并购绩效 [J]. 科研管理，2017，38（9）：106-115.

[147] 杨婧，郑石桥. 上市公司内部控制缺陷认定标准的行业异质性研究 [J]. 当代财经，2017（3）：117-125.

[148] 杨青，薛宇宁，Yurtoglu 等. 我国董事会职能探寻：战略咨询还是薪酬监控？[J]. 金融研究，2011（3）：165-183.

[149] 杨清香，俞麟，宋丽. 内部控制信息披露与市场反应研究——来自中国沪市上市公司的经验证据 [J]. 南开管理评论，2012，15（1）：123-130.

[150] 叶陈刚，裘丽，张立娟. 公司治理结构、内部控制质量与企业

财务绩效 [J]. 审计研究, 2016 (2)：104-112.

[151] 叶康涛, 祝继高, 陆正飞等. 独立董事的独立性：基于董事会投票的证据 [J]. 经济研究, 2011, 46 (1)：126-139.

[152] 尹律. 盈余管理和内部控制缺陷认定标准披露——基于强制性内部控制评价报告披露的实证研究 [J]. 审计研究, 2016 (4)：83-89.

[153] 尹律. 绩效公开导向下的内部控制缺陷认定标准披露研究 [J]. 审计与经济研究, 2016, 31 (5)：30-37.

[154] 尹律, 徐光华, 易朝晖. 环境敏感性、产品市场竞争和内部控制缺陷认定标准披露质量 [J]. 会计研究, 2017 (2)：69-75+97.

[155] 俞红海, 徐龙炳, 陈百助. 终极控股股东控制权与自由现金流过度投资 [J]. 经济研究, 2010, 45 (8)：103-114.

[156] 余海宗, 丁璐, 谢璇等. 内部控制信息披露、市场评价与盈余信息含量 [J]. 审计研究, 2013 (5)：87-95.

[157] 赵琳, 谢永珍. 异质外部董事对创业企业价值的影响——基于非线性的董事会行为中介效应检验 [J]. 山西财经大学学报, 2013, 35 (11)：86-94.

[158] 张继勋, 何亚南. 内部控制审计意见类型与个体投资者对无保留财务报表审计意见的信心——一项实验证据 [J]. 审计研究, 2013 (4)：93-100.

[159] 郑志刚, 吕秀华. 董事会独立性的交互效应和中国资本市场独立董事制度政策效果的评估 [J]. 管理世界, 2009 (7)：133-144+188.

[160] 朱彩婕, 刘长翠. 公司治理与内部控制缺陷修复的相关性研究——来自于国有上市公司 2010~2014 年的经验数据 [J]. 审计研究, 2017 (4)：97-105.

[161] 祝继高, 叶康涛, 陆正飞. 谁是更积极的监督者：非控股股东董事还是独立董事? [J]. 经济研究, 2015, 50 (9)：170-184.

[162] 祝继高, 王春飞. 大股东能有效控制管理层吗? ——基于国美电器控制权争夺的案例研究 [J]. 管理世界, 2012 (4)：138-152+158.